マテリアルフローコスト会計の理論と実践

國部克彦・中嶌道靖 編著
KOKUBU KATSUHIKO　NAKAJIMA MICHIYASU

MATERIAL FLOW COST
ACCOUNTING
THEORY AND PRACTICE

同文舘出版

はしがき

　MFCA（Material Flow Cost Accounting）は，1990年代末にドイツでその原形が開発され，2000年代に経済産業省のMFCA開発普及プロジェクトを通じて，日本で大きく発展した。その後，日本からの提案として，ISO規格化が進められ，2011年にはISO14051（MFCAの一般枠組み），2017年にはISO14052（サプライチェーンでのMFCAの導入）が発行され，現在はISO14053（中小企業のMFCA）が審議中である。これらの規格は，ISO/TC207/WG8が担当しており，國部はWG8のConvenorとして，中嶌はWG8の日本Expertとして主導的に参画している。

　MFCAは，従来の環境マネジメント手法とは異なり，環境保全を目的とするだけでなく，コスト削減を同時に実現することを目指すことによって，環境と経済のwin‒win関係を促進する手法として注目を集めてきた。日本では，経済産業省のMFCA開発普及プロジェクトをはじめとして，各地域や実務界での導入プロジェクト，学界での研究プロジェクトなどを通じて，数多くの活動が生まれ，MFCAの手法そのものも進化し，多くの事例が蓄積されてきた。それに呼応して，研究も大きく進展し，MFCAに関する理解はかなり広まってきた。さらに，ISO規格の発行後は，世界的な注目も高まり，世界レベルで様々な実務や研究がなされている。特に，アジアでは，アジア生産性機構（APO）の活動などもあって，多くの国で普及活動が展開されており，各地でかなりの成果を上げている。

　しかし，MFCAの開発から20年，日本での導入から15年以上の歳月が過ぎ，MFCAの方法は格段に進化した一方で，MFCAの課題も明らかになってきた。それは，MFCAを，一時的な適用に終わらせることなく，持続的な環境保全とコスト削減を実現するための経営手法として，継続的に活用するためのプロセスや方法を開発することである。環境と経済のwin‒win関係を目指す

といっても，企業経営ではすぐに経済目的が優先されてしまう。そこでMFCAの視点を持続させるためには何が必要なのか，この点の理論的解明と具体的な提案が求められている。特に，サプライチェーンへのMFCAの適用のように，適用すれば効果が大きいことがわかっていても，組織の壁に阻まれてしまって一企業だけでは実現困難な課題に，どのように対処するのかということは，持続的な経済成長にとっても，地球環境保全にとっても重要な課題である。

本書は，このような課題を認識したうえで，約20年のMFCAの歴史を振り返り，その理論と実務の到達点を取りまとめたものである。本書は3部構成になっており，第Ⅰ部では「MFCAの理論」を議論し，第Ⅱ部では「MFCAの実践」を検討する。第Ⅲ部では近年普及が進んでいる「アジアにおけるMFCAの展開」について解説する。

第Ⅰ部では，MFCAとサステナビリティマネジメント，管理会計システム，予算管理，イノベーション，サプライチェーンマネジメント，さらにはLCAとの関連性が理論的に分析される。これらの研究によって，MFCAの特徴と関連手法との関係が明らかにされる。MFCAは単独で企業の中に存在するのではなく，他のマネジメント手法と有機的な関係を保つことでより有効に機能することが理解されるであろう。

第Ⅱ部では，大企業，中小企業，サプライチェーンなどでのMFCAの実践について，具体的な事例を中心に，理論的な立場から考察を行う。これまで蓄積されてきた多くのMFCA事例の内容は極めて多様である。単にケーススタディとして紹介するだけでなく，特定の理論的フレームワークから分析することによって，その特徴と課題をより明確にすることができると考えている。

第Ⅲ部では，MFCAの普及が進んでいるアジアでの展開について，最新の動向を紹介する。MFCAはものづくりの先進国である日本で発展したが，環境保全のために経営資源を十分に割くことのできないアジアにおいても効果が大きいことが，これまでの研究調査から示されている。ここでは，中国，韓国，ベトナム，台湾，タイ，マレーシア，インドなどの動向を，企業事例を中心にまとめている。インド以外は，執筆者が実際に訪問して調査した国々である。これらの考察は，現地に進出している日本企業にも参考になるであろう。

本書は，このように20年のMFCAの歴史を背景として，現在までのMFCAの理論と実践の集大成としてまとめられたものである。さらに，アジアの動向に関する最新の情報も提供されている。本書は，研究者が中心になって執筆しているので，MFCAの実務書とは違い，理論的な視点が重視されている。日本でのMFCAの展開は実務の紹介の段階を過ぎ，いかに実務に深く浸透するかが課題となっている。このときに鍵を握るのが理論である。理論の力によって，次の実践のステージの扉を開くことが，本書の最大の目的である。

　本書は，MFCAにかかわってきた執筆者の長年の研究成果を取りまとめたものであるため，これまで非常に多くの方々にお世話になっている。そのすべての方のお名前を挙げることはできないが，日東電工株式会社の古川芳邦氏，サンデン株式会社の斉藤好弘氏，FMICの下垣彰氏，MFCA研究所の安城泰雄氏，株式会社プロファームジャパンの立川博巳氏，株式会社環境管理会計研究所の梨岡英理子氏と山田明寿氏には，ともにMFCAの開発と普及に努力してきた共苦共楽の仲間として，心からお礼申し上げたい。また，MFCAの開発であるドイツ・アウグスブルク大学のB.ワグナー博士とIMU AugsburgのM.ストローベル博士との変わらぬご支援と共同研究に感謝申し上げる。さらに，ISO規格の開発にご協力いただいている一般社団法人産業環境管理協会の胡桃澤昭夫氏にも感謝したい。また，神戸大学大学院の増子和起氏と阿部健人氏には，校正作業を手伝っていただいた。最後に本書の企画の意義を直ちに理解していただき，迅速な出版に努力いただいた同文舘出版株式会社取締役の市川良之氏にも厚くお礼申し上げる。

2018年1月15日

國部　克彦
中嶌　道靖

〈付記〉

　本書はJSPS科研費基盤研究（B）JP16H03679，JPS科研費基盤研究（C）17K04087，文部科学省私立大学戦略的研究基盤形成支援事業（平成26年～平成30年）および（独）環境再生保全機構の環境研究総合推進費（S-16）の成果の一部である。

目　　次

はしがき　　(1)
頭字語一覧　　(11)

第Ⅰ部　MFCAの理論

第1章　MFCAの意義と本質 ―――3

1. はじめに……………………………………………………………3
2. MFCAの発展経緯…………………………………………………4
3. MFCAの計算原理…………………………………………………7
4. MFCAによるマネジメント………………………………………10
5. マテリアルフローとマネーフロー―MFCAの本質………13
6. おわりに……………………………………………………………17

第2章　MFCAとサステナビリティマネジメント ―――19

1. はじめに……………………………………………………………19
2. 国際規格（ISO14051とISO14052）におけるMFCAの特徴と環境負荷要因の取扱い………………………………………………20
3. より広範な範囲および環境影響・社会的影響をも取り込んだMFCA分析―ドイツでの事例から…………………………23
4. おわりに……………………………………………………………28

第3章　MFCAと管理会計システム ―――32

1. はじめに……………………………………………………………32
2. MFCAと既存の生産システムとの関係…………………………33
3. JIT生産システムと管理会計システム…………………………36

4. MFCAと管理会計システムの連携の可能性……………………………40
　　5. おわりに………………………………………………………………43

第4章　MFCAによる改善活動と予算管理ーーーーーー 46

　　1. はじめに………………………………………………………………46
　　2. MFCAによるマテリアルロス改善活動の課題………………………47
　　3. MFCAと予算管理との連携による課題と可能性……………………51
　　4. おわりに………………………………………………………………56

第5章　MFCAとイノベーションーーーーーーーーーー 59

　　1. はじめに………………………………………………………………59
　　2. 資源動員の正当化プロセスへの管理会計の寄与……………………60
　　3. MFCAとイノベーションの関係性……………………………………67
　　4. 資源動員の正当化プロセスにおけるMFCA…………………………69
　　5. おわりに………………………………………………………………75

第6章　MFCAのサプライチェーンへの導入ーーーーー 78

　　1. はじめに………………………………………………………………78
　　2. サプライチェーンへのMFCAの導入の意義…………………………79
　　3. MFCAのサプライチェーンでの効果…………………………………83
　　4. サプライチェーンへのMFCA導入の課題……………………………86
　　5. サプライチェーンでのMFCAによる省資源化活動を
　　　 促進するための方法……………………………………………………88
　　6. おわりに………………………………………………………………91

第7章　MFCA と LCA の統合モデルの可能性―――――94
　　　―環境と経済の連携を再考する―

1. はじめに……………………………………………………94
2. MFCA の原理と企業経営への貢献……………………………95
3. MFCA による環境と経済の連携の意義と限界…………………97
4. MFCA の環境保全手法としての可能性―LCA との統合………100
5. 環境目標の設定と MFCA―LCA 統合モデルの活用……………102
6. おわりに……………………………………………………105

第8章　日本における MFCA の研究動向―――――――――107

1. はじめに……………………………………………………107
2. MFCA の国内外の発展動向…………………………………107
3. 研究方法……………………………………………………111
4. 日本の MFCA 研究の特徴……………………………………112
5. おわりに……………………………………………………118

第Ⅱ部　MFCA の実践

第9章　MFCA による資源管理活動のフレイム化―――――137
　　　―サプライチェーンでの導入事例分析―

1. はじめに……………………………………………………137
2. MFCA と組織行動の変化への視点……………………………139
3. 資源管理活動とフレイム化…………………………………142
4. 会計における拡張的性質―サンデンにおける MFCA の事例……145
5. おわりに……………………………………………………155

第10章 MFCAの継続的適用 ―――――――――― 158
――「尾張会社」の事例分析――

1. はじめに………………………………………………………158
2. MFCA継続の課題……………………………………………159
3. 研究手法およびMFCA導入の背景…………………………161
4. 継続を可能にするための取り組み…………………………164
5. 企業の目的とMFCA…………………………………………168
6. MFCA継続を可能にする構造………………………………171
7. おわりに………………………………………………………174

第11章 MFCAによる知識創造 ―――――――――― 176
――中小企業への導入事例から――

1. はじめに………………………………………………………176
2. 翻訳の社会学を通じた会計による知識創造プロセスの理解………177
3. 日本電気化学におけるMFCAの導入実践…………………180
4. おわりに………………………………………………………190

第12章 MFCAによる環境と経済の統合と離反 ―――― 193

1. はじめに………………………………………………………193
2. 環境と経済の連携―環境管理会計の視点から……………194
3. ケーススタディ………………………………………………197
4. 考　察…………………………………………………………203
5. おわりに………………………………………………………206

第13章 MFCAの実践への普及 ――――――――――― 209
――日本MFCAフォーラムの活動分析――

1. はじめに………………………………………………………209
2. MFCAの普及支援策…………………………………………211
3. イノベーションの知覚属性…………………………………216

4. イノベーションの知覚属性からの評価……………………………218
　5. さらなる普及に向けての方策………………………………………226
　6. おわりに………………………………………………………………229

第14章　サプライチェーンにおけるMFCA情報の共有 ─── 233

　1. はじめに………………………………………………………………233
　2. MFCAのサプライチェーンへの展開と課題………………………234
　3. 分析方法………………………………………………………………240
　4. 分析結果………………………………………………………………244
　5. おわりに………………………………………………………………248

第Ⅲ部　アジアにおけるMFCAの展開

第15章　中国におけるMFCAの展開 ─── 253

　1. はじめに………………………………………………………………253
　2. 中国における環境会計・環境管理会計の展開……………………254
　3. 中国におけるMFCA研究の特徴……………………………………256
　4. 中国におけるMFCA普及の可能性…………………………………262
　5. おわりに………………………………………………………………267

第16章　韓国におけるMFCAの展開 ─── 270

　1. はじめに………………………………………………………………270
　2. 韓国におけるMFCAの導入時期……………………………………271
　3. 第1期MFCA導入プロジェクト─2005年～2007年………………272
　4. 第2期MFCA導入プロジェクト─2008年～2010年………………276
　5. 韓国におけるMFCA導入プロジェクト以降─2011年～2012年……280

6. おわりに··282

第17章 ベトナムにおけるMFCAの展開────286

1. はじめに··286
2. MFCAプロジェクトの展開································287
3. MFCAの実施例···290
4. おわりに··297

第18章 台湾,タイ,マレーシア,インドにおけるMFCAの展開──300

1. はじめに··300
2. 台湾におけるMFCAの普及と特徴······················301
3. タイにおけるMFCAの普及と特徴······················305
4. マレーシアにおけるMFCAの普及と特徴·············310
5. インドにおけるMFCAの普及と特徴···················314
6. おわりに··317

索　引────────────────────321

執筆者紹介─────────────────327

頭字語一覧

ABC	Activity Based Costing
ANT	Actor Network Theory
APO	Asian Productivity Organization
BSC	Balanced Scorecard
CFP	Carbon Footprint of Products
DOE	Design of Experiments
ECOMAC	Eco-Management as a Tool of Environmental Management
EMAN	Environmental and Sustainability Management Accounting Network
ERP	Enterprise Resource Planning
ESG	Environment, Social and Governance
FCA	Full Cost Accounting
GHG	Greenhouse Gas
GPM	Georges Perrin Method
IE	Industrial Engineering
IFAC	International Federation of Accountants
IGES	Institute for Global Environmental Strategies
IMU	Institute für Management und Umwelt, Augsburg
JIT	Just in Time
KPI	Key Performance Indicator
LCA	Life Cycle Assessment
LIME	Life Cycle Assessment Method Based on Endpoint Modelling
MCS	Management Control System
ME	Mottainai Engineering
MFCA	Material Flow Cost Accounting
MPC	Malaysia Productivity Corporation
NPC	National Productivity Council
PMS	Performance Management System
QC	Quality Control

SCS	Sustainability Control System
TOC	Theory of Constraints
TPM	Total Productive Maintenance
TPS	Toyota Production System
TQC	Total Quality Control
TQM	Total Quality Management
TRIZ	Theory of Inventive Problem Solving
UNDSD	United Nations Division of Sustainable Development
VA	Value Analysis
WG	Working Group

第I部
MFCAの理論

第1章

MFCAの意義と本質

1. はじめに

　マテリアルフローコスト会計（MFCA）は，組織（主に企業）におけるマテリアルのフローとストックを捕捉し，そのフローから生じる製品やマテリアルロスを物量単位と貨幣単位の両方で評価する手法である。MFCAはその原型となる手法が1990年代にドイツで開発され，日本では2000年代に手法開発と普及が積極的に展開された。2011年にはMFCAの国際規格ISO14051が発行され，2017年には，サプライチェーンへのMFCAの導入に関する規格ISO14052が発行された。現在は，中小企業向けのMFCA規格ISO14053が審議中である。ISO化の効果もあって，MFCAはアジア諸国を中心に国際的に普及しつつある。

　MFCAは，環境管理会計の主要手法として，環境と経済のwin-win関係を促進する手法であることがこれまで強調されてきた。ISO14051ではその序文において，「MFCAは，組織における，マテリアルおよびエネルギーの使用上の変更による環境・財務両面の改善を達成する機会を追求することができる管理ツールである」と述べている。実際，MFCAを企業へ導入する際には，環境改善効果よりも，生産管理手法としてのコスト削減効果が強調される場合が少なくない。環境保全活動によるコスト削減効果は，多くの環境保全活動がコスト増になるため，企業にとっては歓迎される傾向があり，財政的な力の弱い中小企業にとっては，経済効果のあるところから環境保全活動を進めようという

動機づけにもなる。

　MFCA は手法が開発されてから 20 年以上，日本に紹介されてからでも 15 年以上の年月を経て，世界レベルで手法の改善が進むと同時に，多くのケーススタディが積み上げられ，企業現場における MFCA による環境と経済の連携のあり方についても知見が蓄積されてきた。当然のことであるが，企業現場における環境と経済の連携は言葉で示すほど単純なものではない。MFCA は成功するケースもあれば，思ったほどの効果が出ない場合もある。全社展開して大きな成果を上げるケースもあれば，単発の活動でとどまるケースもある。これらの相違は，組織が MFCA をどのような手法として理解して実践しているかによって生じている。

　本書は，MFCA の理論と実践の過去 20 年間の蓄積を取りまとめ，将来を展望することを目的としている。第 1 章となる本章では，MFCA の意義を本質的なところから考察し，本書全体に共通する基礎を示すことにしたい。MFCA の本質とは，MFCA による環境と経済のマネジメントの関係を最も根本的なところで理解することにある。MFCA は，導入を促進する側からすれば，そのメリットばかりが強調される傾向にあるが，それを過信すると予想通りの効果が得られなかった時に落胆することになる。MFCA は，経済と環境を連携する手段であるが，その理解を表層的な段階にとどめるのではなく，本質を理解しておくことが必要である。そのために，まず MFCA の発展経緯と計算手法の特徴から説明を始めることにしたい。

2.　MFCA の発展経緯

　MFCA の原型となる手法は，1990 年代後半にドイツのアウグスブルク大学の B. ワグナーを中心とするグループによって開発された (Wagner, 2015)。MFCA の原点は，マテリアルのフローを物量単位で捕捉するエコバランス（マスバランス）で，それにコスト情報を追加することで MFCA の計算方法が開発された。開発者のワグナーは，コスト情報を追加することで，マテリアルの

フローへの経営者の関心が格段に高まったと，筆者に対して，開発当初の状況を述懐してくれたことがある。ドイツでは，同手法は「フローコスト会計」と呼ばれ，ドイツ政府のプロジェクトやバイエルン州のプロジェクトにも採用され，2003年にドイツ環境省・環境庁が刊行した『環境コストマネジメントガイド』（FEM/FEA, 2003）では，MFCAは環境管理会計の主要手法として位置づけられている。

日本でも，2000年以降，経済産業省の主導で環境管理会計手法の開発が実施された。このプロジェクトではドイツの「フローコスト会計」の導入を試み，その成果として2002年に発行された『環境管理会計手法ワークブック』では，日本企業での事例研究も踏まえて「マテリアルフローコスト会計」として収録されている。また，2005年にIFACが発表した『国際ガイダンス文書—環境管理会計』では，MFCAはケーススタディの一部で取り上げられているだけであるが，環境管理会計の基礎はマテリアルのフローを会計的に分析することにあるという考え方が示されており，企業もしくはサイト全体で廃棄物のコストを含めた原価計算が提唱されている（IFAC, 2005）。

ドイツで提唱された「フローコスト会計」は，エコバランスを基本とする手法であったため，すべての投入原材料をその種類のまま捕捉する方法であった。つまり，投入材料が3種類であるとすると，製品も廃棄物も投入材料の3種類の材料の割合で示されることになる。実際には，投入材料の種類は数百種類以上にものぼるため，「フローコスト会計」の導入にはERPシステムを活用した情報システムが不可欠とされた。これは，ドイツの手法が，マテリアルのフローを正確に追跡することを目的としたエコバランスから出発しているためであり，「フローコスト会計」は，環境保全のために，マテリアルのフローを追跡することを第一の目的として，そのうえで，経営効果を明示するためにコスト情報を追加する手法であった。マテリアルにはエネルギーも含むことが原則とされているが，その後のMFCAでは計算上の利便性からエネルギーのフローをマテリアルとは別に測定することが一般化した。

日本の経済産業省のプロジェクトでは，当初はドイツでの「フローコスト会計」の忠実な再現を目指したが，すべての投入原材料を投入時点の種類のまま

で製品もしくは廃棄物としてのアウトプットまでを追跡することは、計算上極めて複雑になるため、次第により簡易な手法が追求されることになった。それと同時に、MFCAによるコスト削減効果が強調され、MFCAは環境と経済のwin‐win関係を実現する手法として注目を集めることになる。実際、経済産業省プロジェクトのMFCAの導入実験に参加した企業事例では、いずれも環境負荷削減だけでなく、コスト削減面で効果があったことが示されている（國部, 2008）。マテリアルのフローの計測に関しても、「フローコスト会計」のように詳細かつ包括的なものではなく、エクセルでも計算できる簡易な方法が開発された。「フローコスト会計」は、究極的には工場全体のマテリアルのフローすべてを物量とコストで測定することを目指すものであったが、MFCAは一製品もしくは一プロセス単位で導入可能なもので、対象とするコストの範囲も目的に応じて柔軟に変更できるとされた。

　ワークブックの発行後、経済産業省は2004年度から2010年までMFCAに特化した普及・促進策を展開し、日本企業へのMFCAの普及が進んだ。さらに、2008年度からはサプライチェーンでの省資源化活動にMFCAを活用するプロジェクトが開始され、サプライチェーンへのMFCAの導入という新たな展開が見られるようになる。その過程で2007年には、日本からの提案として、ISOでのMFCAの規格化が審議されるようになり、2011年にMFCAの一般的な枠組みを定めたISO14051が発行され、2012年にJIS化（JIS Q 14051）された。その後、サプライチェーンへのMFCAの導入に関する規格が提案され、2017年にISO14052として発行された。さらに、2017年には、中小企業向けのMFCAに関する新規提案が承認され、現在はISO14053として審議中である。なお、ISOにおけるMFCAは、日本の委員会が主導したこともあって、ドイツ式の原材料の区別をフロー全体で維持する詳細な計算ではなく、日本式の簡易型の計算方法が採用されている。

3. MFCAの計算原理

　MFCAは，工程内のマテリアル（原材料）を実際の流れ（フローとストック）に応じて投入物質ごとに物量を計算し，それに単価を乗じることでコスト計算を行う手法である。工場をマテリアルのフローとしてイメージすれば，図表1-1のように表現できる。すなわち，サプライヤーからマテリアルが導入され，最終的に製品もしくはマテリアルロスとして，企業（工場）の外へ出ていくことになる。このフローを物量単位と金額単位で追跡することがMFCAの目的になる。

　製造プロセスの中でマテリアルロスを計算する単位は，MFCAでは物量センターと呼ばれる。プロセスの中でどこを物量センターとして設定すべきかは，理論的に考えれば，マテリアルロスが生じるすべての地点で計算を実施すべきということになる。ドイツの「フローコスト計算」は原則としてこの考えに基づいている。ちなみに，マテリアルロスの多くは廃棄物であるが，エネルギー

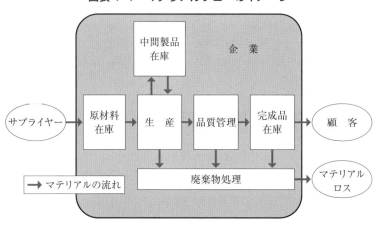

図表1-1　マテリアルフローのイメージ

（出所）　國部・鈴木（2015）173頁。

ロスや化学物質の自然揮発などもマテリアルロスに含まれる。一方，ISO では，経営判断で物量センターを設定することが可能であり，実際には，廃棄物の多く出るポイントを中心に物量センターが設定される傾向が強い。したがって，一般には生産工程が物量センターとして設定される。

物量センターにおいては，まず，マテリアルの量が測定されることになる。仮にマテリアルの種類が1つとして，投入原材料が 95kg，期首在庫 15kg，期末在庫 10kg，製品 80kg，マテリアルロス（廃棄物）20kg であるとすれば，その物量のフローは図表1-2 のようになる。なお，以下の事例は，ISO14051 の計算事例に基づいて，数値を一部修正した國部・鈴木（2015）に準拠している。

これを 1kg＝10円と考えて，通常の原価計算で計算すると，図表1-3 のようになる。通常の原価計算の目的は，売上高から回収すべき原価を算出することが目的であるから，一旦購入したマテリアルのコスト（材料費）は，そのマテリアルが製品に体化されたとしても，廃棄されたとしても，売上から回収すべきであることは共通なので，製品とマテリアルロスのコストを区別する必要はない。

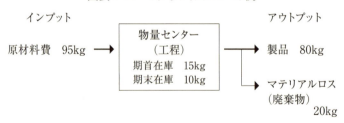

図表1-2　マテリアルフローの例

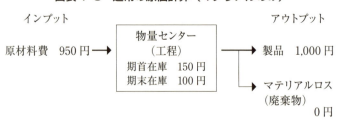

図表1-3　通常の原価計算（マテリアルのみ）

ちなみに，原価計算のテキストでは，製造工程から出てくる仕損や減損を区別して原価を計算する「非度外視法」という方法が説明されていることがあるが，実務で非度外資法（仕損や減損を度外視しないという意味）を採用している企業を筆者は今まで見聞したことがない。しかも，原価計算のテキストが説明する非度外視法はマテリアルのフローを計測する方法までは持たないので，非度外視法の適用によってMFCAが提唱するような計算を実施することはできない。

　通常の原価計算に対して，MFCAは製品とマテリアルロスのコストを区別して計算する。環境から見れば，マテリアルロスも製品と同じく工程から製造された「製品」だからである。上述の例に，物量センターでエネルギーコスト（50円），システムコスト（500円），廃棄物管理コスト（40円）が発生し，これらは在庫に影響しないとすれば，MFCAの計算は図表1-4のようになる。マテリアルロスとなった原材料コスト（200円）が製品から分離されて，マテリアルロスのコストに含まれる。ちなみに，システムコストとは，MFCA特有の用語で，労務費や減価償却費等からなる加工費を指す。

　図表1-4の計算方法によれば，マテリアルコスト，エネルギーコスト，システムコストはすべてマテリアルの重量比で製品とマテリアルロスに配分され，

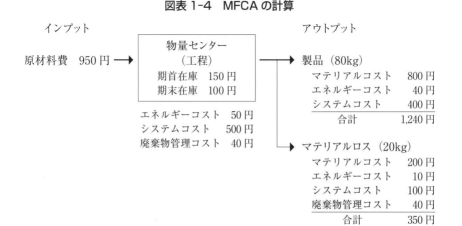

図表1-4　MFCAの計算

廃棄物管理コストはマテリアルロスに関してのみ生じるのでマテリアルロスに直課される。そのように計算すると，通常の原価計算では認識されていなかったマテリアルロスのコストが350円として識別されることになる。ちなみに，通常の原価計算であれば，マテリアルロスのコストが分離して示されることはなく，原則として製品コストの中に含まれる。

このようにMFCAでは，マテリアルロスも製造プロセスで製造された「正の製品」とみなして計算することになる。日本では，マテリアルロスは「負の製品」と呼ばれ，MFCAによって「負の製品」コストの削減が目指されることになる。マテリアルロスのコストは，通常は製品原価の中に含まれていて，見えなくなっているので，MFCAによって見える化することの効果は大きい。通常は，マテリアルロスにかかわる費用は，廃棄物処理にかかるものだけのように見られたり，有価で引き取られる場合は無料もしくは「もうけ」があるように錯覚される場合もあるが，実際には，廃棄物処理コストや有価での引き取り価格の何倍ものコストが生じていることがMFCAによって示されるのである。

このような情報によって，経営現場がマテリアルロスに対する見方が変わり，資源生産性の向上が図られ，投入材料・エネルギーと廃棄物の削減を通じた環境改善と，コスト削減の同時実現へ向けて動機づけることがMFCAの最も重要な目的とされる。

4. MFCAによるマネジメント

MFCAから提供される情報は，経営の様々な場面で活用することができる。これまでの環境マネジメント手法の多くが，環境への負荷が生じてからの無害化やリサイクルなどのエンドオブパイプ型の活動であったのに対して，MFCAは生産プロセスそのものの革新を目指すインプロセス型の環境対応を促進する。企業にとっても，環境負荷の低減とコスト削減の両方を目指すことができるので，有効性が高まる。

MFCAによるマネジメントは様々な領域で適用可能であるが，主要領域とし

ては，①設備投資，②原材料調達，③製品設計・生産計画，④現場改善，⑤サプライチェーンへの応用の諸側面が列挙できる。

(1) 設備投資決定への活用

設備投資決定は企業意思決定においても非常に大きなウエートをもつもので，新設備の導入にあたっては，生産効率の向上が最大限に追求される。しかし，一旦，設備投資が実施されると，その後は当該設備を前提として管理標準が設定されるため，設備そのものの効率性は現場管理の視点では見落とされている場合が少なくない。

これに対しMFCAは，工程における廃棄物の経済的な大きさを正確に把握することができるので，製造設備そのものの効率性を根本から検討することができる。設備に起因する廃棄物の発生は製造現場ではどうしようもないものとみなされやすいが，MFCAは廃棄物のコストを評価することによって，設備の経済評価を可能にする。すなわち，設備を取り替えることによって廃棄物が減少する場合，MFCAによって設備そのものの効率性を廃棄物の原価削減（投入材料費の削減を含む）という観点から分析することにより，代替案との比較が可能となるのである。これはMFCAによる情報が最も効果的に活用できる側面の1つである。

(2) 原材料調達への活用

廃棄物発生の原因は設備にある場合も少なくないが，納入された原材料の形状や性質に起因する場合も多い。現場で生じる廃棄物の多くは，調達材料を刳り抜いたり削ったりすることで生じるが，このような部分が少なければ少ないほど廃棄物は少なくなり，かつ資源保護にもつながることになる。ただし，購入原材料の形状に関しては，サプライヤーとの交渉が必要である。サプライヤーが，形状や性質の変更が有利であると判断すれば，この点での改善が期待できるし，サプライヤーにおいてもMFCAを導入すれば，それをどのくらいのコストをかけて実施すればよいのかを計算することができる。この問題は，MFCAのサプライチェーンへの拡張によって，より有効に対応することが可能

となる。

(3) 製品設計・生産計画への活用

原材料の変更のみならず,製品の設計方法が廃棄物発生の原因になっている場合もある。このような場合には,MFCAの結果から得られた情報を,製品の設計開発担当者にフィードバックして改善の可能性を追求することが重要である。また,工程で排出される廃棄物の原因の1つに,ラインの段取り替えがある。同一の製造ラインから生産される製品の種類を変更する段取り替えの間に,機械の洗浄や試験運転などを行う必要があり,それが原因で廃棄物が発生することになる。環境の観点からすれば,できるだけ段取り替えを行わないことが望ましいが,生産管理の観点からすれば,在庫はできる限り少なくしたいので,ここで見解が対立することになる。

MFCAをこの点に活用すれば,廃棄物の排出によるコスト増と,在庫の増加によるコスト増を比較することが可能になるため,生産計画を見直す場合に利用することができる。ただし,後述するように在庫によるコスト増とは機会損失の増加であるが,廃棄物は実際のマテリアルコスト等から構成されるので,この両者は基本的な概念を異にするコストであることに注意が必要である。

(4) 現場改善への活用

MFCAを,現場改善活動の中で活用することも可能である。企業の製造現場では,日常的に生産効率の向上やコスト改善を目指す活動が行われている。日本企業は,TQMやTPMなど現場でのグループ単位の改善活動に熱心に取り組んできており,日本企業の競争力の源泉となっている。しかし,これらの活動は,活動単位ごとに実施されているため,その範囲を超えた全体状況の把握が十分ではないことが多かった。これに対しMFCAは,現場での改善活動を経済単位で評価・統合し,各活動の有効性を相対的に評価することを可能にする。つまり,製造現場全体を俯瞰的に評価することが可能となるので,現場の改善活動と連動させることで,より体系的なマネジメントを促進することができるのである。

(5) サプライチェーンへの応用

　MFCAはもともと一企業への適用を念頭に開発された手法であったが，マテリアルのフローは一企業に限定されるものではなく，原材料の採掘から廃棄まで続くことになる。したがって，MFCAの適用は，一企業のみならず，サプライチェーン全体に拡張したほうが，効果的な改善が期待できる。また，一企業で発生するマテリアルロスの原因は，その企業の中に存在しない場合も少なくない。バイヤー企業の仕様書が原因で発生するロスや，サプライヤーの原材料の設計に起因するロスは，中間にある企業では解決できないものである。しかし，サプライヤーやバイヤーと協力して改善を検討することができれば，問題は意外と簡単に解決できる場合も多い。

　ところが，企業の壁が存在するということは，情報の遮断を意味するので，サプライチェーンでのMFCAの導入は，組織的な問題を生起させる。この点を克服するためには，組織間で協力してMFCAを進める標準的なステップを示すことが必要である。ISO14052はこのステップを標準化することを目的とした規格であり，この規格の発行を契機にサプライチェーンでのMFCAの導入促進が期待されている。

　MFCAは，このように製造現場の様々な側面で有効に活用することができるとされるが，実際の経営の現場においては，思うように進まない場合もある。企業はコスト削減の可能性があるからと言ってすぐに飛びつくわけではない。MFCAの普及が進むにつれて，MFCAによる環境改善効果とコスト削減効果の関係は，環境と経済のwin-win関係というような単純なものではないことが明らかになってきた。この点を明らかにするためには，MFCAの思考と管理思考の本質的な相違を理解する必要がある。

5. マテリアルフローとマネーフロー—MFCAの本質

　MFCAは，上述のようにマテリアルのフローを追跡して，製品やマテリアル

ロスを物量とコストで評価する手法であり，これは，マテリアルフローを前提としたものである。これに対して，企業の意思決定はマネーのフローに基づいている。この両者を簡略化して図示すれば，図表1-5のように示すことができる。図表の上段の矢印がマテリアルのフローであり，下段がマネーのフローである。このように，マテリアルのフローとマネーのフローは完全に逆行する。

　マテリアルフローとは，エネルギーを含む物理的な資源一般のフローを指す。人間活動はマテリアルのフローを作り出し，人為的なマテリアルのフローが環境への負荷を生じさせるのである。マテリアルが人為的にフローしなければ，環境破壊は起こらない。この観点から，マテリアルのフローを追跡することがMFCAの本質である。持続可能性を意識して企業経営を行うには，マテリアルのフローを把握して，資源利用の効率化と環境影響の最小化に努めなければならないことが主張される。しかしながら，企業経営の思考は，このようなマテリアルのフローとは真逆のフローであるマネーのフローを基本とするのである。

　経済活動は，商品・サービスと貨幣（マネー）の交換として成立する。マテリアルが経済活動の対象となるとき，それは製品もしくはサービスとして実体化され，貨幣の流れが同時に発生する。そして，当然のことながら，マネーのフローは，マテリアルのフローとは逆向きに流れることになる。企業経営をマテリアルとマネーのフローの観点から見るならば，マテリアルをフローさせることによってマネーを回収する組織的活動と定義することができる。したがって，マテリアルのフローとマネーのフローは企業経営者にとって，平等のウエ

図表1-5　マテリアルフローとマネーフローの関係

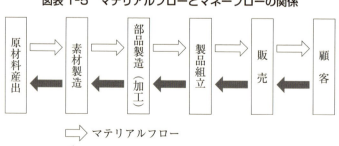

ートを持つものではない。企業経営においては，マネーのフローを起点として，マテリアルのフローが管理されるのであり，その逆ではない。

　これは，経営者がビジネスを行うときの考え方を見てみればよくわかる。何か材料を買ってきて，製品を製造してから，その製品がいくらで売れるかを考えるような経営者はいるであろうか。そのようなやり方では企業はたちまち破綻してしまうであろう。経営者の発想はむしろ逆で，顧客がどのようなものをどの程度欲しているかを分析し，それを起点に製品の設計や仕様を考案し，原材料を調達する。つまり，マテリアルが実際にフローするときには，それとは逆向きのマネーのフローがすでに前提とされているのである。換言すれば，マネーのフローが想定されて初めて，マテリアルのフローが生じるのであり，マテリアルのフローはマネーのフローに規定されるのである。

　このようにMFCAが基本とするマテリアルのフローと，ビジネスの思考の基本であるマネーのフローは，その視線を異にする。MFCAを企業に導入した場合に，「新しいロス」が発見されるのは，既存のマネーフローの視点からは見過ごされていたロスが顕在化するためである。しかし，一方では，MFCAが明らかにするロスは，通常のビジネスの思考ではこれまで対象としてこなかったか，あるいはそれを前提としてビジネスが構築されてきたため，マネジメントの対象とするためには経営上の工夫が必要になる。

　企業の製造現場では，日常的に改善活動が行われている。そのような改善活動とMFCAによる改善提案は必ずしも同じではない。製造現場での改善活動の多くは，トヨタ生産システムに代表されるように，時間あたりの生産性の向上が究極の目的となる。そのために，JITのような手法が採用されることになる。このような考え方は，たくさん作れば作るほどモノが売れるという前提で構築されている手法であり，製造すれば獲得できたであろう利益の喪失（機会損失）を最大限まで削減しようという発想に基づいている。これは本章で議論してきたマネーフローの立場に立つものである。

　一方，MFCAで示されるロスは，実際に投入されたインプットとアウトプットの差であるから，機会損失の回避とは根本的に発想を異にする。そこでは時間あたりの生産性の向上を考える際に前提とされている製造方法そのものの非

効率性が改善の対象となる。このことは，生産現場における改善の対象が拡張されることを意味するが，実際面ではそれほど単純ではない。なぜなら，製造方法そのものの非効率性は，製造現場の管理責任の範囲の外にある場合が多く，MFCAの結果をそのまま製造現場に持ち込んで，通常の改善活動と一体化させて運用しようとしても組織内に齟齬が生じてしまう可能性があるからである。

MFCAが明らかにする改善ポイントは，通常の生産管理手法や改善手法が前提としている，製造方法，製品設計，購入材料の性質などに起因するのであり，通常の管理の範囲を拡張して，可能であればクロスファンクショナルチームを結成して，全社レベルで取り組むことが必要となる。MFCAはマネーフローとは逆向きの思考であるため，これまでマネーフロー重視では見えてこなかったマテリアルロスコストという「新しいロス」を発見することができたのであり，これが新しい改善の機会を提供することになる。

しかし一方で，マネーフローの論理とマテリアルフローの論理が対立する場合には，MFCAは思うような効果があげられない恐れもある。それは，マテリアルフローの改善が，マネーフローのコスト対効果の計算から受け入れられない場合に生じることになる。したがって，MFCAによる資源生産性の向上を追求するためには，MFCAは生産改善の手法であると同時に，環境保全の手法であると理解する必要がある。MFCAが単なる生産改善の手法であれば，他の手法と同様に短期的な成果が求められ，その効果がなければ継続して活用されなくなる。しかし，MFCAはマテリアルのフローを物量と金額で捕捉し，その非効率な部分を改善するための情報を提供する手段であるから，短期的な改善よりも長期的な改善に適したものである。したがって，そこでは環境保全の視点を維持した長期的な判断が必要とされる。

たとえば，廃棄物の発生原因がMFCA分析によって製造設備に起因することがわかっても，機械の更新が無理であればMFCAを断念してしまうかもしれない。しかし，環境の観点からすれば，現在の製造設備が資源生産面でどの程度非効率かを理解し，将来的な更新の際に役立てることは非常に重要である。また，資源生産性の向上は，労働生産性または時間あたり生産性の向上と対立する場合があるが，このときでも環境の視点を加味して，解決案を図るべきで

ある。

　したがって，MFCAを単に生産改善の手段として位置づけると，その最も重要な特徴が失われてしまう危険性がある。MFCAの本質は，通常の経営判断がマネーフローに基づいているのに対して，マテリアルのフローの観点からの分析を提供するものであり，その効果は短期よりも長期で発揮される。しかし，マテリアルのフローの把握は，経済目的からすればマネーのフローの後景に退く可能性があるので，そこで環境の視点を重視して，資源生産性の向上という新たな評価指標を導入する必要が出てくるのである。

6. おわりに

　MFCAは，マテリアルフローを捕捉して物量と金額で評価する手法であり，マネーフローを中心に構成されているビジネスの思考に対して，新しい観点を提供し，資源生産性の向上に役立つことができる。しかし，一方では企業への導入に際しては，ビジネスの考え方と整合性を取るための工夫も必要とされる。

　環境と経済の両立はすべての企業にとって喫緊の課題であるが，そのための手法はまだ十分に確立されていない。MFCAは，資源生産性の向上という環境目的を持った手法であるが，使用材料の削減を通して大きなコスト削減効果をもたらす可能性がある。MFCAによる改善効果は，短期よりも長期においてより大きな効果を発揮する場合が多い。しかし，短期と長期の問題をうまく調整しなければ，MFCAはその効果を発揮することはできない。ISOでのMFCAの規格化が相次ぎ，MFCAの国際的な普及が期待されているが，MFCAによる環境と経済の連携の本質的な意味を正しく理解したうえでの実践的展開が求められる。

　〈付記〉　本章は（独）環境再生保全機構の環境研究総合推進費（S-16）およびJSPS科研費16H03679の成果の一部である。

[参考文献]

FEM/FEA (2003) *Guide to Corporate Environmental Cost Management*, Germany Federal Environmental Ministry and Federal Environmental Agency.

IFAC (2005) *International Guidance Document: Environmental Management Accounting*, International Federation of Accountants.

ISO14051 (2011) *Environmental Management-Material Flow Cost Accounting-General Framework*, ISO. (JIS Q 14051『環境マネジメント―マテリアルフローコスト会計――一般的枠組み』日本規格協会, 2012年).

ISO14052 (2017) *Environmental Management-Material Flow Cost Accounting-Guidance for Practical Implementation in a Supply Chain*, ISO.

Wagner, B. (2015) "A Report on the Origins of Material Flow Cost Accounting (MFCA) Research Activities," *Journal of Cleaner Production*, Vol.108, Part B, pp.1255-1261.

國部克彦編著 (2008)『実践マテリアルフローコスト会計』産業環境管理協会.

國部克彦 (2010)「MFCAの本質と展望―マテリアルフローとマネーフローの視点から」『経営システム』第20巻第1号, 3-7頁.

國部克彦・鈴木新 (2015)「環境会計と経営分析」日本経営分析学会編『新版経営分析事典』税務経理協会所収, 169-177頁.

中嶌道靖・國部克彦 (2008)『マテリアルフローコスト会計―環境管理会計の革新的手法 (第2版)』日本経済新聞出版社.

*経済産業省のMFCAプロジェクト関係の資料は, 第13章の参考文献を参照されたい.

(國部 克彦)

第2章

MFCAとサステナビリティマネジメント

1. はじめに

　環境管理会計の1つであるMFCAは，組織が自らの事業経営に関する意思決定をする際に，環境保全の促進と組織利益の向上という両側面において，より効果的に目標を達成する経営情報を提供する手法として，2000年以降日本を中心に発展してきた。また，近年では，MFCAの基本的枠組が，国際規格（ISO14051）として発行されるに至り，アジア諸国を中心にMFCAが普及し試行され，MFCAの発案国でもあるドイツなど，国際的にも改めて活用され始めている。さらに，2017年には，サプライチェーンでのMFCAの適用に関する新たな国際規格（ISO14052）が発行され，MFCAは，一組織を超えてサプライチェーンでの資源生産性を向上させる環境管理会計手法として発展し始めている。

　また，MFCAの適用範囲の拡張と合わせて，より環境保全に寄与する経営情報を開発するために，たとえば，MFCAとLCAとの統合モデルなども研究されてきている（國部他，2006；中嶌・伊坪，2015）。本章では，このようなMFCAの発展において，環境影響評価手法であるLCAに代表される環境影響情報とMFCAの統合モデルの可能性と統合モデルを促進するうえでの課題について，日独両国での知見を共有しながら解説する。

2. 国際規格（ISO14051とISO14052）におけるMFCAの特徴と環境負荷要因の取扱い

まず，MFCAとは何かという定義であるが，もともと，MFCAは企業の内部マネジメント手法として発案され，マスバランスと製品ならびにマテリアルロスへのコスト評価を基本概念としながら発展してきた。環境管理会計ということから，MFCA使用者の独自的な活用が可能であり，実務的には様々なMFCAが存在しうる。たとえば，日本でのMFCAに関する経済産業省委託事業とその報告書などが日本企業でのMFCAのひな形として活用されたと考えられる（経済産業省，2002；中嶌・國部，2002，2008）。委託事業による企業事例も，2000年以降10年以上にわたって継続的に作成・公表され続け，MFCAは事例発表会などを通じて日本国内を中心に積極的に普及・促進されてきた。そして，このような日本でのMFCAの発展を基礎に，MFCAの国際規格化が提案・実施されたことから，日本でのMFCAならびに国際規格（ISO14051）化されたMFCAが，国内外で一般的なMFCAとして理解される傾向にある。したがって，本節では国際規格化されたMFCAを基礎に，MFCAの環境マネジメント手法としての可能性と今後の課題について見ることとする。

MFCAの導入範囲は，組織内の1つのプロセスまたはその組織全体（＝広範囲なプロセス）としている。しかし，MFCAが本源的に1つの組織を最大の適用範囲にしているわけではない。国際規格化の検討過程で，LCAとの違いを明確にし，両者を区別するうえで，MFCAは1つのプロセスまたは組織を手法の範囲としているだけである。したがって，MFCA分析，特にマスバランスによる物量単位でのマテリアルフロー分析をより広範囲なライフサイクルに拡張することは理論上可能である。ただし，MFCAが実務での適用事例をもとに発展してきたことから，広範囲なライフサイクルでのすべての投入マテリアルに関する物量を単位とするマテリアルフローを個別に把握することは現実的にはまだ不可能であり，さらに，そのマテリアルフローをコスト評価することは実務的にはまだまだ解決しなければならない多くの課題がある。

既存のマネジメント情報を基礎に実務上での適用可能性を検討すると，MFCAは，現時点では企業もしくは企業間の意思決定を支援するマネジメント手法である。MFCAのユーザーである企業が，自社内または自社と他社間において発生するマテリアルロスの削減を企業経営上で実現することに限定している，もしくは限定せざるを得ない限り，企業内のプロセスまたは企業間をMFCAの導入範囲とすることになる。一般的に，自社の（1次）サプライヤーの上流に存在するサプライヤー（2次サプライヤーなど）や自社の顧客の先に存在する顧客（企業や消費者など）に，自社の意思決定が直接的に影響を及ぼすことはできないからである。このように自社の意思決定の可能な範囲での有用性を目的としたMFCAを発展させたことから，日本企業において比較的多くの成功事例を生み出せたと考えられる。

　このように経営における意思決定での有用性の根拠としては，既存のマネジメント手法である原価計算制度の情報を援用していることもあり，費用対効果による意思決定にある。したがって，環境影響の相対的な大きさではなく，経済的な価値であるコストの大きさやコストに見合う利益の大きさでの判断に基づいている。MFCAが直接的には経済的な効果を強調しすぎていると批判される所以であり，より環境影響の低減を促進する手法への展開が期待されている（ISO, 2011；Nakajima *et al*., 2015；Wagner, 2015；國部他，2015）。

　たとえば，環境負荷の重要な要因の1つであるエネルギーに関しても，ドイツのIMUでMFCAを発案した当初から，マテリアルの1つであると定義していた（Strobel and Redmann, 2001）。このことから，日本でのMFCAプロジェクトでもエネルギー消費も個別に工程内で分析しようとした（中嶌・國部，2002, 2008）。しかしながら，一般的なマテリアルに対して，エネルギー消費を工程内の細かな作業ごとや設備ごとに，さらに製品やマテリアルロスの関係ごとに測定することは難しい。また，投入エネルギー量も実務レベルでは月次での把握であり，さらに一般的には複数の作業や設備が混在した消費量データしかわからないことも多い。

　日本でのMFCA導入プロジェクトの初期では，エネルギー（業種的には，機械・設備等の電気代）のコスト額がマテリアルロス評価額に比して大きくなく，

コスト削減対象としての重要性からのみ判断された結果，エネルギーに関して細かな測定ならびに十分な分析も実施されてこなかったこともある。後に，MFCAにおけるこのエネルギーの取扱いが，MFCAの国際規格化の過程では改めて重要な課題の1つとなったが，結果として，ISO14051の付録でのエネルギー消費に関する説明に留まっている。要点としては，投入されたエネルギーに関して，当該の加工や作業において理論的に必要とされるエネルギー量以上が消費されていることが多く，投入エネルギー量の削減も重要であると指摘されているだけである。

また，環境影響評価でも重視される水に関しても，日本においては，水の使用量が当時，業種にもよるが，製造コスト的に大きく意識されることがなかった。さらには井水などを使用した場合には，企業の感覚としてはタダ（無料）の水という意識が強く，流量計を個別に設置してまで測定しようということもなかった。

したがって，MFCAは環境管理会計手法として，ISO14000ファミリーの中で国際規格（ISO14051）化されたが，MFCAのユーザーの意識として，MFCAは新たなコスト削減手法であり，そのコスト削減はマテリアルロスの削減によって実現され，結果として，環境負荷削減にも貢献するという手法として確立したと言える。さらに，自社内でのマテリアルロス削減を実施するうえで，サプライヤーや顧客との協働が必要な場合が多く見られることや，このような企業間に起因するマテリアルロスが企業内部に起因するマテリアルロスに対して相対的に大きいことなどが明らかとなった（経済産業省，2011；Schmidt and Nakajima, 2013；中嶌，2009；中嶌・木村，2012，2014）。この結果，サプライチェーンへのMFCA展開の重要性が認識され，2017年にはサプライチェーンでのMFCAの実効を解説したISO14052が発行されるに至るのである。

また，日本におけるサプライチェーンでのMFCA事例において，サプライチェーンを構成する企業とは，MFCAを最初に自社に導入しサプライチェーンでのMFCAを先導する企業と，その企業のサプライヤー（たとえば，1社）と（または）顧客（たとえば，1社）をモデルとして構想・企画されている。したがって，理論的に考えられるサプライチェーンやライフサイクルのように，複

数のサプライヤーやサプライヤーのサプライヤー，また複数の顧客や顧客の顧客は，具体的なMFCAの実用例としては想定されていない。さらに，LCAの事例研究とは異なってMFCAの事例研究においては，揺りかごから墓場までのライフサイクルを範囲とした一気通貫のMFCA分析はまだ実施されていない。ライフサイクルでのMFCAの実施を想定した場合には，自社の事業に関連する一連の組織におけるマテリアルフローモデルを作成し，その全データを収集し，その調査結果をプロジェクトメンバー間で情報共有する必要があり，現時点では現実味がない。したがって，前述の2社もしくは3社による企業間におけるMFCA分析が最小のセルとなり，この最小単位である各セル（2-3社からなる複数企業単位）がそれぞれに連携することで，たとえば，ライフサイクルの範囲に拡張することを目指している。

　このようなMFCAにおける現実的な制約や課題がある一方で，日本だけでなく，東アジア・東南アジアなど産業集積が進む国々で，MFCAが企業に広く普及し始めていることも事実である。このような普及に合わせて，たとえば，これまでのMFCAをより環境配慮志向のマネジメント手法として発展させるために，MFCAとLCAの統合可能性を検討し，経済と環境が「同等に」両立するマネジメント手法へと発展させることは企業において重要である。そして，この発展型のMFCA手法によってマネジメントすることで，サステナビリティ経営が実現できると考えられる。

3. より広範な範囲および環境影響・社会的影響をも取り込んだMFCA分析
—ドイツでの事例から

　先にも述べたように，日本におけるMFCAの導入当初から，日本でのMFCAは製造工程のようなプロセスをその導入範囲として設計され，環境管理会計手法として発展した。それに対して，ドイツ・IMUでのMFCAはSAPやORACLEなどERPシステムにMFCAの概念を挿入し，企業の情報システム全体に組み込んだようなMFCAが企画され試行された（Wagner and Enzler, 2005）。そのような適用の拡張性があるにもかかわらず，日本でのMFCAを基

礎とした現在の一般的なMFCAでは，必ずしも，企業全体を範囲とした膨大なデータを測定・収集し，MFCA分析に合わせて処理することを必要要件としていない。したがって，MFCAとLCAの統合モデルを考えた場合に，ともに製品製造に関する物質的・物理的なインプット・アウトプットのフローを評価するにもかかわらず，MFCAとLCAのデータ収集の範囲の相違から両者の統合が困難となっている。

　たとえば，MFCAの適用範囲が，1つの製造工程であるにもかかわらず，LCAは原材料の取得から最終処分に至るまでの製品システム全体を範囲としたライフサイクルである（日本規格協会，2014）。MFCAの適用範囲は比較的狭いが，個別性の高い実測値など実際値をもとに，意思決定に有用な情報を作成する。それに対して，LCAでは相対的に広範囲なライフサイクルのデータに基づいて環境影響を評価するので，すべてのデータがMFCAと同様に実測値など実際値に基づくならば，意思決定上の有用性は同次元にあると考えられるが，実際にはライフサイクルデータの一部（大部分）は一般的な推測値になる。このようなデータ範囲の違いをまずは克服する方法はないのであろうか。

　このような課題に対する1つの解として，MFCAの範囲を拡張することが考えられる。次に，著者（B. ワグナー）が深く参画したドイツのバイオマスでのMFCAプロジェクトをもとに，より広範な範囲でのMFCAの可能性ならびにLCAとの統合可能性について論じることとする。

　次頁の図表2-1は，著者（ワグナー）が指導したドイツのバイオマスにおけるMFCAプロジェクトのマテリアルフローモデルであり，MFCA分析とカーボンフットプリント分析を組み合わせた分析結果の総括を示すものである（Nertinger and Wagner, 2011）。図表2-1にあるように，マテリアルフローモデルは，左から物量センターとして，「森林の育成と保全」・「木材伐採と輸送」・「余情材木の輸送」・「木材チップ加工」・「木材チップの輸送」・「木材チップの燃焼」・「輸送と埋蔵」が設定されている。簡単に言えば，森林から木材が切り出され，その木材（一部）によってバイオマス発電が実施され，熱・パワー（電力）・灰が最終的にアウトプットされる。また，このマテリアルフロー間においても，MFCA分析や環境影響・社会的影響の調査が各物量センターで実施され

第 2 章　MFCA とサステナビリティマネジメント　25

図表 2-1　ドイツにおけるバイオマスでの MFCA 事例

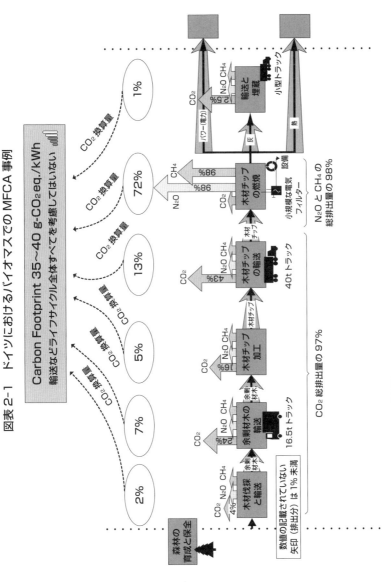

(出所) Nertinger and Wagner (2011).
著作権者 (Springer-Verlag) の許諾を得て和訳して転載。

ている。特に，物量センター「木材伐採と輸送」では，マテリアルロスや環境影響・社会的影響も含めて，栄養塩除去・固め土壌・騒音・生物多様性の喪失・富栄養化が挙げられている。また，物量センター「木材チップ加工」では，廃棄物・騒音・事故・臭気・土壌による封止・過重な仕事が挙げられている。

図表2-1で体系的に示されている内容は，カーボンフットプリント（CFP）情報ということで，CO_2（二酸化炭素）・N_2O（亜酸化窒素）・CH_4（メタン）の各物量センターでの排出状況である。これらの情報に基づき，バイオマスの経済・環境・社会に関するサステナビリティを評価することが目的となっている。カーボンフットプリント情報ということでは，CO_2・N_2O・CH_4をCO_2換算して全体を評価した場合には，図表2-1に示すように，35～40g-CO_2eq./kWhとなり，他の発電との比較情報が提供でき，バイオマスの優位性を説明することができる。また，CO_2排出という観点では，物量センター「木材伐採と輸送」から「木材チップの輸送」までのプロセスで全体の97％を占めており，N_2O・CH_4の排出という観点では，物量センター「木材チップの燃焼」が全体の98％を排出している。また，CO_2換算された排出量全体の72％を物量センター「木材チップの燃焼」が排出している。

このように，バイオマスと他の発電との比較情報や温暖化ガス排出の現状の見える化を提供する。さらには，MFCAに基づく貨幣価値情報も提供することが可能であり，プロセス改善に伴う費用対効果の判断に活用されているとのことである。このような分析においてLCAに基づく情報は，CO_2換算係数の提供という形で活用されており，情報の活用という点では積極的な連携関係にあると言えよう。

ドイツにおいて，このような広範囲なMFCA分析ならびに環境影響・社会的影響の分析を実施できるのには，次のような背景があるようである。まずは，重要なエネルギー産業の1つであるバイオマスであることが挙げられる。ドイツでのエネルギー政策の中で，再生可能エネルギーによるエネルギー供給に関しては補助金申請ができるようである。補助金の規程において，必要要件を満たしているかという客観的かつ科学的根拠が必要である。また，本バイオマス事業において，銀行などの金融機関や投資家の支援も必要であり，金融機関や

投資家への説明情報として，補助金申請と同じく，本プロジェクトでの図2-1に示したような情報が必要である。具体的には，たとえば，MFCAによる資源生産性情報に基づく環境とコストなどの経済情報，また温暖化ガス排出に関する環境影響情報，さらには地域社会や人的な影響などの社会的影響に関する情報を揃える必要がある。

　ドイツにおいても，一般的には，このような広範囲なMFCA分析には，複数の組織責任者の同意が必要で，かつ容易ではないとのことであった。また，このようなプロジェクトは面倒であることから，プロジェクトにおいて，参加者（組織）にとってwin-winの関係が可能であること，将来性が高いことを示す必要がある。さらに，一般的に，このようなプロジェクトを実施するためには契約が必要で，製品やサービスの価格や品質に関するコミュニケーションと取り決めが必要である。本プロジェクトでは資本的には独立しているが，関係する組織との取引関係が長期的ではあった。この点は，コミュニケーションの取りやすさに影響しているように思われる。

　政策的なインセンティブ（補助金など）がこのような広範囲なプロジェクトを可能とし，その必要要件が環境・経済・社会というサステナビリティを向上させる内容であることがMFCAを有効に活用する機会を与え，さらには，環境影響を測るうえで，LCA情報を利用することにつながったと思われる。この事例を1つの見本とするならば，日本の政策においても参考にすべき点はあると思われる。

　参考までに，ドイツのバーデンヴュルテンベルク州（州都：シュツットガルト）による地域産業での資源効率向上に関するプロジェクトを紹介する。2013年から3年計画で，当該州の産業（地元企業）の資源効率を高めるという政策プロジェクトが始まり，そのなかで，ISO14050ファミリーに関するドイツのエキスパートでもあるM.シュミット教授が所属するフォルツハイム大学を拠点として，資源効率性を向上させる100企業事例を実施することとなった。実際には2017年度も継続する形で，100社での企業事例の実施を達成するようであるが，2016年度までの企業事例をまとめて出版した（Schmidt *et al.*, 2017）。シュミット教授へのインタビューで，MFCAの企業事例（数社）がいくつか含

まれているということで，著者（中嶌）はMFCA実施の2社を訪問した[1]。資源効率性の改善ということで，マテリアルロスの見える化とマテリアルロスのコスト評価，さらにはLCAやCFPなどと連携させた環境負荷の低減などが目標とされ，それに必要な物量データが簡易的なソフトを活用して集計され評価されていた。これからがマテリアルロスや環境負荷の改善段階ということで，日本でのMFCAの事例（英語版）などが参考にされていた。このように，ドイツにおいても，政策的な地域産業の発展において資源生産性の向上が促進され，MFCAも活用されようとしている。

4. おわりに

これまでの議論を踏まえて，結論的に言えば，現在のISO14050シリーズのMFCAとLCAを簡単に統合することは，経営実務上では難しいと言えよう。ただし，サステナビリティ経営への社会の関心と期待に応えるマネジメントシステムを構築することは必要不可欠であろう。そのためには，これまでの議論で，特に日本での事例を基礎としたプロセス改善に資するコストマネジメントという比較的固定化したMFCAをいったん解体し，ドイツでの事例を参考にしながら，再構築することが重要ではないかと思われる。

要するに，厳密なマスバランスはまずは必要とせずに，マテリアルフローを追跡することをMFCAの第1段階とし，広範囲な様々なマテリアルフローをまずは見える化することが重要であろう。次いで，マテリアルロスやその環境影響・社会的影響を特定し測定する必要がある。なお，その測定された事実を客観的かつ科学的に根拠づける必要があり，その場合にマスバランスを活用することが有用である。この段階において，物質的な排出に関しては，客観的か

---

[1] ただし，出版された事例集にはMFCA実施事例という明記はない。シュミット教授によれば，MFCAの効果とはコスト削減であることから，MFCAによって効果が出たという情報を実施企業としては対外的に公表したくないというのが大きな理由であるとのことであった。

つ科学的根拠によって見える化できる。

　そして，これらの情報をもとに，経済的な機会はコスト評価手法を活用して評価し，同時に環境影響に関しては，たとえば，LCAの支援を得ることで評価することが有効であると考えられる。ただし，LCAの環境影響がCO_2などの温暖化ガス排出に依拠することがないのに対して，昨今の環境影響の多面性に十分に応えることが可能かはさらに検討が必要であると思われる。

　また，現状のプロセス改善における意思決定に際して，コスト情報は，意思決定者である企業にとっては，ある程度，情報の信頼性を得るに至っており，またコスト情報の活用経験も蓄積されている。それに対して，環境影響を評価するうえで，「ある程度正確ではあるが厳密性を欠く部分がある」という状況から「実務上の意思決定において信頼の置ける正確性」であるという段階へと向上したLCAの経験と蓄積を期待したい。なお，原価計算史の研究を踏まえて，私見であるが，「実務上の意思決定において信頼の置ける正確性」とは，必ずしも科学的な正確性の根拠だけでなく，適当な正確性の追求と，その正確性の目的適合性の説明，何よりもその正確性への社会的な理解を得ることであると思われる。その実験的な見える化を実施するだけでも，今日の課題となっているサステナビリティ経営では，適用可能であると考えられる。

　社会的影響もLCAの応用として考慮可能なのかもしれないが，一般的に，MFCAが経済的な側面を，LCAが環境的な側面を評価し，意思決定情報を提供するならば，先の図表2-1でもあったように社会的側面での評価も見える化の中では取り入れる必要がある。マテリアルフローモデルの作成過程では，物質的なフローだけでなく，その現場での社会的な問題も垣間見ることは可能である。MFCAがサステナビリティに寄与するための課題と可能性はすでに見出されていると言えよう。

〈付記〉

　本章は，中嶌道靖・B.ワグナー「サステナビリティマネジメント手法としてのマテリアルフローコスト会計（MFCA）の新たな可能性に向けて―ISO14051とISO14052の国際規格化を参考に」『日本LCA学会誌』（第12巻第2号，2016年，

54-59頁）に加筆修正したものである。

また，JSPS 科研費（基盤研究 C, 25380629 ならびに基盤研究 B, 26282082）の成果の一部である。

[参考文献]

ISO14051 (2011) *Environmental Management -Material Flow Cost Accounting- General Framework*, ISO.（JIS Q 14051『環境マネジメント──マテリアルフローコスト会計──一般的枠組み』日本規格協会，2012年）。

ISO14052 (2017) *Environmental Management -Material Flow Cost Accounting- Guidance for Practical Implementation in a Supply Chain*, ISO.

Nakajima, M., Kimura, A. and Wagner, B. (2015) "Introduction of Material Flow Cost Accounting (MFCA) to the Supply Chain: A Questionnaire Study on the Challenges of Constructing a Low-carbon Supply Chain to Promote Resource Efficiency," *Journal of Cleaner Production*, Vol.108, Part B, 1 December 2015, pp.1302-1309.

Nertinger, S. and Wagner, B. (2011) "Carbon Footprint und Carbon Management am Beispiel eines Biomasse-Heizkraftwerkes," *Umwelt Wirtschafts Forum*, Vol.19, No.1-2, pp.37-47.

Schmidt, M. and Nakajima, M. (2013) "Material Flow Cost Accounting as an Approach to Improve Resource Efficiency in Manufacturing Companies," *Resource*, Vol.2, No.3, pp.358-369.

Schmidt, M., Spieth, H., Bauer, J. and Haubach, C. (2017) *100 Betriebe für Ressourceneffizienz – Bnad 1 Praxisbeispiele aus der produzierenden Wirtschaft*. Springer.

Strobel M. and Redmann, C. (2001) *Flow Cost Accounting*, Institute für Management und Umwelt Augsburg, Germany.

Wagner, B. (2015) "A Report on the Origins of Material Flow Cost Accounting (MFCA) Research Activities," *Journal of Cleaner Production*, Vol.108, Part B, 1 December 2015, pp.1255-1261.

Wagner, B. and Enzler, S. (2005) *Material Flow Management : Improving Cost Efficiency and Environmental Performance*. Physica-Verlag.

経済産業省（2002）『環境管理会計手法ワークブック』経済産業省。

経済産業省（産業技術環境局 リサイクル推進課）（2011）『平成22年度 経済産業省委託事業 サプライチェーン省資源化連携促進事業 事例集』経済産業省。

國部克彦・伊坪徳宏・中嶌道靖（2006）「マテリアルフローコスト会計とLIMEの統合可能性」『國民経済雑誌』第194巻第3号，1-11頁。

國部克彦・伊坪徳宏・中嶌道靖・山田哲男編著（2015）『低炭素型サプライチェーン経営──MFCAとLCAの統合』中央経済社。

中嶌道靖（2009）「サプライチェーンにおけるマテリアルフローコスト会計の可能性について──「環境系列化」の可能性」『環境管理』第45巻第4号，348-353頁。

中嶋道靖・伊坪徳宏（2015）「MFCA と LCA の統合モデルの開発」國部克彦・伊坪徳宏・中嶋道靖・山田哲男編著『低炭素型サプライチェーン経営―MFCA と LCA の統合』，中央経済社所収，135-148 頁。

中嶋道靖・木村麻子（2012）「MFCA による改善活動と予算管理」『原価計算研究』第 36 巻第 2 号，15-24 頁。

中嶋道靖・木村麻子（2014）「サプライチェーンへの MFCA 活用の課題―バイヤー企業とサプライヤー企業とのヒアリング調査を通じて」『原価計算研究』第 38 巻第 1 号，59-69 頁。

中嶋道靖・國部克彦（2002）『マテリアルフローコスト会計―環境管理会計の革新的手法』日本経済新聞社。

中嶋道靖・國部克彦（2008）『マテリアルフローコスト会計―環境管理会計の革新的手法（第 2 版）』日本経済新聞出版社。

日本規格協会（2014）『JIS ハンドブック 58-2 環境マネジメント』日本規格協会。

（中嶋 道靖，ベルン・ワグナー）

第3章

MFCAと管理会計システム

1. はじめに

　MFCAは，生産現場におけるマテリアルロスの削減や投入マテリアルの削減を通じて，資源生産性の向上を目指す手法である。マテリアルロスは多くの場合，製造ラインで発生するため，その改善策との関係で，MFCAと，JITやTPM，TQCなどの既存の生産管理手法との関係がよく議論の俎上にあがる。特に先行研究では，MFCAと既存の生産管理手法のロス概念の相違について検討されてきた（圓川，2008；國部，2011；中嶌，2003；中嶌・國部，2008）。

　しかし，ロス概念の相違がどのような意味を持つかについて詳細に考察した研究は，國部（2011）などに限られている。そこで本章は，MFCAと既存の生産管理手法のロス概念とその改善効果に焦点を当て，その相違がどのような意味を持つのかについて考察する。その際に特に注目したのが，ロス削減の活動とそれを支える管理会計システムとの関係についてである。それは，個別の意思決定を支援する会計というよりも，企業全体の利益目標の達成を支援する管理会計システムとの関係である。

　この点に注目する理由は，MFCAが抱える課題と密接に関係する。MFCAは多くの導入事例から，マテリアルロスの発見と，改善活動の検討・評価に有効であることが指摘されてきた。しかし，マテリアルロス削減のための活動の中には，中長期的な活動が必要とされることが多くある。それは，設備投資や生産計画といった製造のプロセスであったり，製品の設計や仕様材料の変更と

いった設計・開発プロセスを見直すことが，マテリアルロス削減のために必要となる場合があるからである。しかし，これらの活動は検討されるにとどまり，実現には至っていない事例が見られる。

こうした課題を克服するために，MFCAは，生産現場における会計システムとして議論されるだけではなく，会社全体の管理会計システムとの関係についても考察することが重要である。なぜなら，マテリアルロスが発生する生産現場では，多くの場合，中長期的な活動を可能にする資源や権限を有していないからである。こうした活動を実現するためには，会社全体を統括する経営者，もしくは利益責任を有する事業部長がMFCA情報について理解し，会社全体や事業部の戦略の中にマテリアルロス削減を位置づけ，それに関わる責任と権限，資源を配分する必要がある。そのためには，会社全体の利益目標の達成を導く管理会計システムとの連携が必要となろう[1]。

以下，2節ではMFCAとの比較でよく取り上げられる歩留管理やTPMとの関係を，3節では日本の多くの企業に影響を与えたJIT生産システムと管理会計の関係を考察する。以上の考察をもとに，4節では，MFCAと管理会計システムの連携の可能性を探る。

2. MFCAと既存の生産システムとの関係

(1) MFCAと歩留管理

MFCAが日本で紹介され始めた当初から話題にあがるのが，材料のムダは歩留管理やTPM，TQCなどで取り組んできており，新しい手法を導入しても削減できる余地がないという，企業の人たちの声であった。そこで，MFCAの有

---

[1] 第4章も同様の問題意識のもとで検討されている。そこでは，マテリアルロスを削減する活動と予算管理の連携について直接的に考察している。他方，本章は既存の生産管理手法との比較から，MFCAが企業全体の管理会計システムと連携する可能性を有することを主張しようとしている。

効性を明らかにするために，既存の生産管理手法が対象とするロス概念と，MFCAが対象とするロス概念の相違が考察されてきた。

MFCAで対象とするロスは，生産プロセスに投入される材料・補助材料，エネルギー，水などのあらゆるマテリアル（物質）の内，次工程に進まないものである。物量センターに投入されるマテリアルのコストをマテリアルコストと呼び，次工程に進まないマテリアル，つまり廃棄やリサイクルに回るマテリアルのコストが，マテリアルロスコストである。

従来は，標準管理で用いられる標準値のような，何らかの条件をもとに作成される基準値をもとに算出されたロスが管理対象であった。ところが，MFCAにおいて，マテリアルロスは実際のインプットとアウトプットの物量の差であり，その量は実測されることが望ましい[2]。つまり，測定の面では，標準値のような基準値を基に算出されるロスか，実際投入量と実際産出量の差としての実際に排出されるロスであるかという点に違いがある。

MFCAは，まずはマテリアルロスコストの削減を目指す。マテリアルロスが削減できれば，その分，投入マテリアル量が減る。つまり，MFCAは，単にマテリアルロスを減らすだけではなく，投入されるマテリアル量の削減も視野に入れているのである。

これらの投入マテリアルは，原価計算では材料費や電力費（経費）という形で管理されている。材料費は，素材費と買入部品費に分けられる。買入部品費の削減は購買部門の担当である。したがって，製造段階で対応できることは，素材費の削減と，生産プロセスにおける不良品などの仕損を少なくすること，つまり仕損・減損の削減である。これらは歩留管理として取り組まれるが，そこでは，異常な要因で発生した量が管理対象となり，毎期標準的に発生する仕損・減損は管理対象とならないことが多い。また，これらの削減は，その発生箇所の工程で個別に行われるもので，生産システム全体で相対的な優先順位を見ながら改善に取り組むというものではなかった（中嶌・國部，2008）。またMFCAでは，エネルギーや水もマテリアルとして管理対象とするが，原価計算

---

[2] 企業の状況などによっては推定値を使うことも可能であるが，あくまでもマテリアルロスを限りなくゼロに近づけることを目指す（中嶌・國部，2008）。

を用いた管理では電力などの動力費は固定製造間接費として扱われ，これまで積極的な管理対象ではなかった．

このように，材料費の多くは買入部品費であり，また生産工程では歩留管理を行っており，製造現場での改善余地は大きくないと指摘されてきた．そこで多くの企業が注目したのが，JIT や TPM のような労働生産性，もしくは時間あたり生産性の向上を目指す手法である．

(2) TPM におけるロス概念と経済的効果

TPM の出発点は設備保全であったが，現在では設備から生産システム全体にわたる生産効率を高めるための阻害要因を排除する活動と考えられている．TPM における典型的なロスとして，設備の 6 大ロス（故障，段取り・調整，チョコ停，速度低下，不良，立上歩留まり）がある．これらのロスを削減し，設備の真に付加価値を生む時間の割合（設備総合効率）を高めることを目指す．また，近年ではこの 6 大ロスに，人のロスやマネジメントのロスを加えた 16 大ロスの概念も提案されている．

TPM のロス概念には不良のようなマテリアルに関するものも含まれるが，その最大の特徴は，設備や人が価値を生み出さない時間に着眼している点にある．たとえば，従業員の作業効率を高めても，従業員数を減らさない限り，コストの削減にはならない．しかし，作業効率を高めなければ，将来得られる予定の売上増の機会を逃すことになる．このような機会概念を取り入れることで，より広範囲のロスを管理対象とし，生産管理能力の向上が可能になったのである．[3]

次に，これらのロスの削減効果について見てみよう．TPM による効果の測定は非常に複雑である．TPM のロス概念に沿えば，効果として故障件数の削減，段取り替え時間の短縮，チョコ停時間の削減などが考えられる．これらは物量的に測定することは可能であるが，その効果を金額で表すことは非常に難しい．なぜなら，故障件数の削減は，故障件数が減り，機械稼働時間が増える

---

[3] 実際に原価として発生するロスを対象とする MFCA に対して，TPM は機会概念を含むロスを対象としていることから，MFCA よりも広範囲のロスを対象とすることができるとの指摘がある（圓川，2008）．

ことで生産量が増大し，増加した生産量が売上の実現につながって初めて，実現した経済的効果として認識できるからである。他の効果も同様である。中には，設備保全費のような，支出額の減少で効果を経済的に測定できるものもあるが，多くの場合，ロス削減活動の後，即座に実現利益に直接つながる経済効果を表すことはできない[4]。したがって，TPM による経済的効果の測定は，TPM を実施すれば発生し，実施しなければ発生しない差額収益と差額原価の差額としての差額利益でないと測定が難しい（岡本, 1991）。実際には多くの企業で，物量値による効果と経済的効果の複数の指標を用いて評価するのが現状のようである（岡本, 1985）。また，たとえ差額概念を用いて効果を算出したとしても，差額概念であるがゆえに意思決定上用いることは可能であるが，この効果は実現利益には直接結びつかない（岡本, 1985）。このロス削減効果が企業利益と直接結びつくかどうかが，会社全体の管理会計システムとの関係を考察するうえで重要である。

次に，TPM と同様，多くの企業の生産管理に影響を与えたトヨタ生産システムの代表的な仕組みである JIT 生産システムと MFCA の関係について考察しよう。

3. JIT 生産システムと管理会計システム

(1) JIT 生産システムにおけるロス（ムダ）概念と経済効果について

トヨタ生産システムにおける主要システムの 1 つが，JIT 生産システムである。JIT 生産システムの目的は，あらゆる種類のムダを徹底的に排除することである。そして，そこで対象とされるムダは，①つくりすぎのムダ，②手待ちのムダ，③運搬のムダ，④加工そのもののムダ，⑤在庫のムダ，⑥動作のムダ，⑦不良をつくるムダである（大野, 1978）。この中でも，「つくりすぎのムダは

---

[4] 尾関他（1996）が示すように，TPM の効果は様々な関連する効果を経由した後，財務的効果につながる。

ど恐ろしいものはない」（大野，1978，28頁）という。それは，つくりすぎのムダが他の6つのムダを誘発したり，また隠したりするからである。このように，つくりすぎのムダを中心に，それに関連するムダを徹底的に削減しようとするのがJIT生産システムの出発点である。

　ここで，上記7つのムダについて改めてみてみると，マテリアルに関するもの（つくりすぎ，在庫，不良）と，作業に関するもの（手待ち，運搬，加工，動作）に分けることができる。このように分けると，作業に関するムダがマテリアルのムダを生み，またマテリアルのムダが新たな作業のムダを生むと捉えることができる。

　作業のムダの削減によって目標とされるのが，正味作業時間比率の向上である。正味作業とは，ムダな作業や，ムダではないが現在の作業環境ではしなければいけない，また付加価値を生まない作業（部品を取りに行く，梱包を解くなど）を除いた，真に必要な作業を指す。この「実労働時間に占める正味作業時間の比率」を高めることで，トヨタは量産効果が期待できない不況時において利益を上げることができる仕組みをつくってきたのであり，JIT生産システムを中心としたトヨタ生産システムは単に生産スピードを重視した取り組みとは異なると指摘される（藤本，1997）。

　他方，マテリアルに関するムダを環境の視点から見てみよう。MFCAが対象とするマテリアル（物質）に関係するムダは，①つくりすぎのムダ，⑤在庫のムダ，⑦不良をつくるムダである。このうち，⑦不良をつくるムダは，MFCAのマテリアルロスに含まれるものである。①つくりすぎのムダと⑤在庫のムダは，それらが廃棄またはリサイクルされることが決まった時点でマテリアルロスとして扱われる。しかしここで最も重要な点は，加工段階で発生する削りかすや抜きかす，あるいは補助材料やエネルギーに関わるマテリアルロスが，JIT生産システムのムダの概念の中には含まれていないことである。

　これには，JIT生産システムが組立工程を中心とするトヨタ自動車で生まれた手法であることが要因として考えられる。「部品を組み立てて作る機械製品などの場合，部品の品種ごとに「製品1つ当たりいくつの部品が必要か」は設計段階において決まっており，…（中略）…工程内における不良発生の低減を除

けば，原材料生産性そのものが製造上の最大の問題としてクローズアップされることはあまりない」（藤本，2001，120頁）。

　また，JIT生産システムが製造現場の改善を主たる目的として発展してきたことも，マテリアルロスに注意が向けられていないことと関係するだろう。というのも，マテリアルを材料費と捉えれば，それは調達部門の業務範囲となり，製造現場の対象ではない。また，不良以外のマテリアルロスが仮にあったとしても，その量が設計や生産技術の定めた標準値の範囲内であれば，製造現場で改善が求められるものではないからである。これらが，あらゆるムダの徹底排除を目指しながら，マテリアルロスに十分な関心が払われていなかったと考えられる背景である。しかし，これらは，JIT生産システムの欠陥を示すものではない。各手法は，その目的，またその手法が生まれ，発展するコンテクストを反映して形を変えるものである。したがって，環境負荷削減という新たな時代の要請に対して，何が不足しているかを明らかにし，その課題にどのように対応するかを考えることが重要なのである。

　ここまで，MFCAとJIT生産システムの目的，対象とするロス（ムダ）について比較してきた。最後に，ロスの削減によって得られる効果について考察しておこう。

　JIT生産システムは，徹底的なムダの排除を通じてリードタイムの短縮を目指すものである。その効果は，人や機械，スペースといった経営資源の余剰が顕在化したり，部品在庫が減れば運転資金を削減できるという形で貸借対照表上に表れる。しかし，JIT生産システムの効果は即座に損益計算書上で明らかにはならない。売上が増えない限り，その効果はキャッシュには表れるが，損益には直ちに影響しない。つまり，JIT生産システムの効果として，会社の資金循環を速くし，同じ人数でより多くの売上を増やす速度と機会の追求が実現可能になるが（河田，2009），売上増が実現しないと効果は損益計算書上には表れない。

　このように，会社全体の目標である利益とは直接結びつかないため，トヨタ生産システム（TPS）の効果を本社の管理会計システムにおいて捉えることができないという課題を抱えていた（河田，2009）。だからこそ，JIT生産システ

ムの効果を表す手法として，棚卸資産に占める営業利益の比率である利益ポテンシャル（河田，2009）が提案されているのである[5]。このように，実際に発生しているロスを対象としているのか，売上機会の最大化を目指すのかという点においては，JIT 生産システムと MFCA は異なる視点を持つ（國部，2007，2011）。

(2) JIT 生産システムと管理会計システムの関係

上記のように，JIT 生産システムの効果は損益計算書上の利益とは直接結びつかない。しかし，JIT 生産システムを活用するトヨタ自動車（以下，トヨタ）において原価低減活動は，原価維持・原価改善・原価企画によって行われてきており，これらは，改善予算と呼ばれる管理会計システムによって支援されている。そこで，JIT 生産システムを含むトヨタの原価改善活動と，それを支援する管理会計システムである改善予算について，田中（1991，1997）を基にその特徴を見てみよう。

トヨタの原価改善の仕組みを理解するためには，予算システムから話を始める必要がある。トヨタでは短期の目標利益が，長期目標に基づいて設定される。目標利益は目標売上高と売上高利益率の積として表される。そして，この目標利益に基づいて固定費予算と変動費予算が作成される。製造部門において重要なのは，変動費予算である。

変動費予算には，①素材費予算，②変動間接費予算（補助材料，動力費など），③変動販売費予算（発送費，運送費など），④購入部品費予算が含まれる。④購入部品費予算は購買管理として扱われるものであり，他の変動費予算とは区別される。

この変動費予算の達成を目指して，変動費の改善額を見積もった改善予算が作成される。これが製造部門の予算となる。改善額とは，目標売上高と目標売上高の達成のために必要な生産量に基準原価（標準原価）を掛けたものの差として表される見積利益と，目標利益の差額である。通常，基準原価（標準原価）

---

[5] 利益ポテンシャルの他にも，JIT 生産システムの効果を表す手法として，J コストが提案されている（田中，2009）。

から導かれる見積利益は，目標利益に達しない。この不足額は，半分は売上高の増加によって，残りの半分は，費用の節減によって達成が目指される。そして，この費用節減による改善予算達成のために，TQC[6]を活用した材料消費量の節減や，標準作業の改善，あるいはVAなどが実施されるのである。

つまり，「トヨタの予算管理システムはTQCを軸としたトヨタの全社的な管理システムと表裏一体の関係にある」（田中，1997，239頁）。一方，JIT生産システムは，短期目標利益達成のための売上増に対応するための，生産能力の向上には影響しているが，その効果は，損益上は表れないため，製造部門の改善目標額達成には間接的にしか影響していない（田中，1997）。したがって，トヨタの原価低減を考える場合，JIT生産システムだけでは十分ではなく，改善予算達成のための活動と併せて考察する必要がある。

この改善予算という管理会計の仕組みは，会社全体の利益目標と，製造現場の原価改善の活動をつなぐものである。JIT生産システムの効果は，直接的に，費用の削減や収益の増加につながらないため，改善予算とは直接には結びつかない。しかし，製造変動費の削減に関わるものは，改善予算の仕組みと結びつき，本社の理解を得ることができる。

MFCAによるマテリアルロスの削減は，実際に発生しているコストの削減につながる手法である。したがって，トヨタの改善予算のような，本社主体で設定される利益目標を基にした予算管理システムとの連携の可能性を示唆している。

4. MFCAと管理会計システムの連携の可能性

既存の代表的な生産システムとして，本章ではTPMとJIT生産システムを取り上げた。TPMが対象とするロスには，不良のようなマテリアルに関するものも含まれるが，主たる対象は，故障，段取り・調整，チョコ停，速度低下などであり，つまり設備を中心に，製造における時間価値の向上を目指してい

---

6 TQCはJIT生産システムと並んで，トヨタ生産システムを支える両輪と言われる。

る（圓川，2008）。これらのロスを削減することは，時間あたり生産量の増加という形で，生産能力の増強につながる。

　しかしながら，これらのロス削減による効果は，増加した生産量が売上として実現しない限り，財務上の損益として表れないことから，実際のコスト削減や収益の増加には直接結びつかない。そこで，TPMの効果は，故障件数やチョコ停件数，在庫量，時間稼働率などの物量情報か，もしくはTPMを実施すれば発生し，実施しなければ発生しない差額収益と差額原価の差額としての差額利益など，複数の指標を組み合わせて評価することになる（岡本，1985，1991）。

　JIT生産システムでも，同様のことが指摘できる。JIT生産システムでは，正味作業時間比率の向上が目指される。つまり，材料や仕掛品に加工が行われている時間以外の時間である在庫，運搬，手待ちの時間を削減し，タクトタイムに合わせて材料や仕掛品が流れる状態をつくることを目指す。その効果は，在庫の削減とキャッシュの増加という形で，貸借対照表に表れる。しかし，増加した生産能力を活用して増産し，それが売上とならない限り，損益計算書上には効果が表れない（河田，2009）。そこで，本社に対してJIT生産システムの効果を会計の観点から説明するために，棚卸資産に占める営業利益の比率である利益ポテンシャル（河田，2009）のような指標が考案されているのである。

　このように，TPMもJIT生産システムも，生産能力の向上に大きな効果を発揮してきた。しかし，その経済的効果は，増強した生産能力を活用して売上増を導かない限り，損益計算書上は表れないという課題を抱えている。TPMのロス概念に典型的に表れているように，機会概念を含むため，管理対象としてのロスの範囲は広がるが，そのロスを削減しても，直接的には費用の削減にも収益の増加にもつながらないのである。したがって，本社の会計システムを利用して，製造現場の努力を捉えることができないというジレンマを抱えることになる。

　このことは，JIT生産システムやTPMのように，すでに本社の理解があり，全社的に取り組まれている生産管理手法ではあまり問題ではないのかもしれない。これらを導入している多くの企業では，生産現場の努力を評価する個別の

指標を設定し，管理している。

　他方，MFCAの事例では，その導入によって効果を予測できても，本社のサポートを得られにくいという問題を抱えている。しかし，MFCAで対象とするマテリアルコストは，実際に発生しているものであり，マテリアルロスとしてのマテリアルロスコスト，もしくは投入されたマテリアルそのものであるマテリアルコストを削減することができれば，それは損益上，費用の削減として効果が直接的に表れる。したがって，MFCAによるマテリアルコスト（マテリアルロスコストを含む）削減の取り組みは，会社全体もしくは事業部などの利益目標に直結するのである。つまり，MFCAとマテリアルロスの削減活動は，利益目標を出発点とする全社もしくは事業部の管理会計システムと連携できる可能性が高いと考えられる。

　MFCAによって明らかになるマテリアルロスを削減するために，MFCA情報は，①設備投資面への活用，②原材料調達への活用，③製品設計・生産計画への活用，④現場改善への活用が企業事例などから示されている（國部，2007，2011）。マテリアルロスは基本的には製造現場で発生するため，発生箇所である現場でどのような改善活動を行うかに焦点が当てられる。しかし，そうした取り組みはすでにTQCやTPMで行われてきており，改善できる部分は限られる。

　むしろ，MFCAはこれまでとは異なる環境（マテリアルフロー）の視点から工程を見ることで，従来はロスとは見ていなかったもの，または従来ロスであるかどうかの考察の対象にすらならなかったものを対象とすることで，新たなロスを見つけ出そうとするのである。そうしたマテリアルロスは，従来の生産現場の改善活動によって削減することが難しく，設備投資や原材料調達，製品設計・生産計画の変更といった活動が求められる。そしてこれらの活動を実施するためには，設計，購買，生産技術等が協力して部門横断的に取り組む全社的な活動が求められる。またこれらのマテリアルロス削減の取り組みは，即座には実施できず，改善案の実施に1年以上の時間を要する場合もある。

　こうした全社的な改善活動を実施するためには，経営者の理解が必要であるが，直接利益につながる効果を示すことができるMFCAは，理解が得られや

すいはずである。また，利益に直接結びつくがゆえに，会社全体の管理会計システムに取り入れることが可能であると考えられる。

したがって，MFCA は，マテリアルロスを明らかにし，マテリアルロス削減のための改善案の評価を行うだけでは十分でない。さらに，改善案の実行を支援するために，その効果を本社に説明し，全社の管理会計システムと連携することが求められるのである。トヨタを代表する生産システムである JIT 生産システムは，会計システムとの連携が不十分である点が課題として残るが，その一方で，長期目標から導かれた短期目標達成のための予算システムは構築されており，その中で材料費や動力費のような製造に関わる変動費が対象となっている（田中, 1997）。MFCA と既存の生産システムとの関係を議論する際には，製造現場での取り組みだけでなく，それらを統括する役割が期待される全社の管理会計システムと合わせて比較することで，MFCA の既存の生産管理手法と比べた優位性，また MFCA と既存の生産管理手法との連携について，有意義な知見が導けるのである。

5. おわりに

MFCA と既存の生産管理手法の相違を検討する研究は，これまでいくつか蓄積されてきた。しかし，その多くは，対象とするロス概念の範囲や性質の相違に焦点を当てたものであった。MFCA が抱える課題について考えるとき，ロス概念と本社を中心とした管理会計システムの関係を考察することが重要となる。

本章では，既存の生産管理手法における経済的効果の測定，および管理会計システムとの関係について考察することで，機会概念を含むロスの削減効果は，実現利益とは直接は結びつかないため，予算管理のような，企業全体の利益目標から導かれる管理会計システムとは，直接連携しないことを示した。

一方，MFCA による経済的効果は，損益上直接的に表れるものである。つまり，企業全体の利益目標と直接結びつくがゆえに，全社の管理会計システムとの連携の可能性を有することを示した。

MFCAによって明らかになるマテリアルロスの削減には，設備投資や設計の変更が求められ，製造現場だけでは対応できない場合が多い。また，取り組みには大きな資金が必要であったり，活動の実施には時間がかかる場合もある。

このような活動を実施するためには，経営者の理解が必要である。マテリアルロス削減による利益への貢献が説明できることは，経営者の理解を得るうえで非常に重要である。また，会社全体の管理会計システムに組み込むことができれば，本社のサポートを得て，全社的にマテリアルロスの削減に取り組むことが可能になるであろう。

マテリアルロスの削減は，ロスが発生する製造現場だけでは対処できないからこそ，本社の協力が必要であり，本社で設定される管理会計システムと連携することで，その可能性が広がるのである。

〈付記〉

本章は，東田明「マテリアルフローコスト会計と既存の生産管理手法との比較検討の意義 ―マテリアルフローコスト会計と管理会計システムの連携の可能性」『社会関連会計研究』（第24号，2012年，113-123頁）に加筆修正したものである。また，JSPS科研費（若手研究B，22730371）の研究成果の一部である。

[参考文献]

大野耐一（1978）『トヨタ生産方式―脱規模の経営を目指して』ダイヤモンド社。
圓川隆夫（2008）「マテリアルフローコスト会計とTPM」國部克彦編著『実践MFCA』所収，社団法人産業環境管理協会，67-79頁。
岡本清（1985）「わが国企業におけるTPM運動と管理会計の役割」『會計』第128巻第3号，1-15頁。
岡本清（1991）「TPMの経済的効果測定方法に関する研究（その1）」『日本設備管理学会誌』第3巻第2号，55-60頁。
尾関博・棟近雅彦・飯塚悦功（1996）「設備管理による改善効果の把握―定性的損益構造モデルの提案」『品質』第26巻第4号，123-135頁。
河田信編著（2009）『トヨタ―原点回帰の管理会計』中央経済社。
國部克彦（2007）「マテリアルフローコスト会計の継続的導入に向けての課題と対応」『国民経済雑誌』第196巻第5号，47-61頁。
國部克彦（2011）「マテリアルフローコスト会計における生産と環境のマネジメント」『日本情報経営学会誌』第31巻第2号，4-10頁。

田中隆雄（1991）「トヨタの原価企画とカイゼン予算」田中隆雄編著『フィールド・スタディ　現代の管理会計システム』中央経済社所収，29-58頁。

田中隆雄（1997）『管理会計の知見』森山書店。

田中正知（2009）『トヨタ式カイゼンの会計学』中経出版。

中嶌道靖（2003）「マテリアルフローコスト会計と伝統的原価計算との相違について―マテリアルフローコスト会計への疑問と誤解に答えて」『関西大学商学論集』第48巻第1号，63-83頁。

中嶌道靖・國部克彦（2008）『マテリアルフローコスト会計―環境管理会計の革新的手法（第2版）』日本経済新聞出版社。

藤本隆宏（1997）『生産システムの進化論―トヨタ自動車にみる組織能力と創発プロセス』有斐閣。

藤本隆宏（2001）『生産システム論Ⅰ』日本経済新聞社。

（東田　明）

第4章

MFCA による改善活動と予算管理

1. はじめに

　MFCA は，製造プロセスにおけるマテリアルロスを見える化させる環境管理会計手法である。このマテリアルロスを MFCA の原則に基づきコスト評価することによって，結果としてこれまで伝統的な生産コスト情報ではあまり注視されてこなかった製造プロセスでの資源非生産性に関するコスト情報（負の製品コスト）を多くの企業事例で明らかにしてきた。このマテリアルロスのコスト額は新たなコスト削減の可能性を示し，先進的な管理会計情報として有用性を発揮している。しかしながら，MFCA 導入企業での MFCA プロジェクト後のインタビュー調査を重ねると[1]，負の製品コストを見える化するだけでは，必ずしも生産工法や生産設備を変更するようなマテリアルロスの削減は実行されていないことが多く見られる[2]。

---

[1] 2000 年以降多くの事例研究とインタビュー調査が実施され，最近では，文部科学省私立大学戦略的研究基盤形成支援事業（平成 26 年～平成 30 年），文部科学省科学研究費（基盤研究（C）課題番号 17K04087）などにおいても，継続的に日本の MFCA 導入企業にインタビュー調査が実施されている。

[2] 日本能率協会コンサルティング（2010）「第 5 部　おわりに―マテリアルフローコスト会計の進化，発展，普及に向けて」において，「製造段階で発生するマテリアルロスの削減には，製品の設計仕様変更，生産技術的な型変更を必要とするものも少なくない。その中には，量産移行後の型変更や再投資，他部門への設計変更の波及等の問題のため，変更が難しいものも多い。」（224 頁）という指摘もあり，統計的な分析は今後必要ではあるが，設備変更などの投資に及ぶ事例は事例集などに多くはない。

理論的には，MFCAはマテリアルロスのコスト評価額からマテリアルロス削減によるコスト削減額が明確に算定でき，費用対効果分析から投資意思決定が容易であると考えられる。しかしながら，これまでの企業調査を見ると，実際の投資意思決定は容易ではない。本章では，まず，マテリアルロス（負の製品コスト）の見える化だけではマテリアルロスの改善に結びつかない理由を探る。そして，マテリアルロスの削減を促進するために，その1つの方策として，MFCA情報と予算管理を結びつけ，マテリアルロスの削減を企業行動に組み込み，体系的なマテリアルロス削減を実現する際の課題と実現可能性を検討する。[3]

2. MFCAによるマテリアルロス改善活動の課題

　MFCAによって見出されるマテリアルロスは，次の図表4-1に示すように，マテリアルロス削減の課題解決に要する期間という観点から，大きく2つに分類できる。マテリアルロスは，図表4-1の右側に分類したように，「①MFCAプロジェクトに関わる現場マネジメントがすぐに改善に取りかかることのできるマテリアルロス」と，「②中長期的な検討を必要とするため，新たな生産設備や生産工法などの研究開発なしにマテリアルロス削減が実現しないマテリアルロス」に大別される。ここでの区分の基準としては，MFCAを導入した企業自らが判断する難易度に応じて①もしくは②に区分するものとする。

　特に，中長期的な検討を必要とするマテリアルロスは，研究開発部門以外の協力も必要とされる。たとえば，購買部門や製造部門が主導することが望ましい課題もある。中長期的課題としてのマテリアルロスの削減は，複数の部門の協力が不可欠であり，責任の所在が必ずしも明示的ではない。

　ゆえに，図表4-1に示す②の中長期的な検討が必要と区分されるマテリアル

　3　マテリアルロスとそのロスの発生原因（活動）との連関表として，伊藤（2011）において「MFCA予算マトリックス」が提案されている。この表においても，マテリアルロスを解消する難易度の欄が設定されている。本章では，この難易度の高いマテリアルロスの検討が実際には滞ることを課題として取り上げている。難易度の高い課題を解決するための予算を明示して計上することが重要であると考えられる。

図表 4-1　MFCA におけるマテリアルロス削減に関する分類

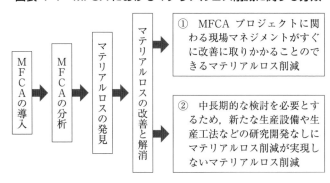

（出所）　中嶌・木村（2012）16 頁を加筆修正。

ロスの中には，管理責任の区分により，当該の管理者が異なる管理区分であることからマテリアルロス削減に着手できないものも含まれる。しかし，本章では技術課題の解決を必要とするマテリアルロスを考察対象としており，この管理責任の区分によるマテリアルロスは対象としない[4]。

ところで，MFCAではマテリアルロスの物量情報と既存の製造コスト情報に基づく正と負の製品コスト評価情報が導き出される。このことから，マテリアルロスの物量的削減によって製造コストが実質的にどの程度削減されるかが算定可能である。したがって，マテリアルロスの削減に要する投資の費用対効果の分析が容易であり，マネジメントにおいてマテリアルロスの改善投資の優先順位付けが容易で，現実的な投資の実現に結びつけやすいとMFCAの有用性が評価されてきた。しかしながら，企業へのインタビュー調査からは，必ずしも投資を伴うようなマテリアルロス改善が簡単には進んでいないことが明らかとなった。

これまでの導入事例での成功例を見ると（國部，2008；安城，2007；沼田，2007），MFCAプロジェクトでの参画者の組織内での影響力・推進力が成功を導き出してきたと考えられる[5]。また，MFCAとは分析対象のプロセスに対する

---

[4] なお，國部（2007）において，経営管理原則，特に管理可能性原則とマテリアルフローコスト会計との対立関係について説明し，ロス削減の実現に関する課題を述べている。

図表 4-2 従来の MFCA から MFCA マネジメントシステムへの拡張

```
┌─────────────────────┐  ┐
│  MFCA 分析の実施      │  │
└──────────┬──────────┘  │ 従来の
           ▽             │ MFCA
┌─────────────────────┐  │ の範囲
│ MFCA の分析結果による │  │
│ 明確な課題認識        │  │
└──────────┬──────────┘  ┘
           ▽
┌─────────────────────┐     ┐
│ マテリアルロス削減のための│   │ マテリアルロス削減
│ アクションプランの策定  │   │ マネジメントを包含した
└──────────┬──────────┘     │ MFCA マネジメント
           ▽               │ システムへの発展
        Plan                │
                            │
  マテリアルロス削減   改善計画 │
   の課題析出                 │
           ╱⎯⎯⎯⎯⎯╲          │
     Act │マテリアルロス削減│ Do │
         │ マネジメント    │    │
         │  サイクル      │    │
           ╲⎯⎯⎯⎯⎯╱         │
                 マテリアルロス  │
                  削減の実施    │
  マテリアルロス削減              │
  実施後の MFCA 分析  Check      ┘
```

(出所)　中嶌・木村（2012）17 頁。

「CT スキャン」的な手法で，当該プロセスでの資源生産性の「見える化」のツールであると理解されてきた。したがって，マテリアルロス削減への動機づけは可能ではあるが，MFCA は技術的な解決策などのような具体的なマテリアルロス削減方法を提供するツールではないと説明され，資源生産性情報として運用されてきた。それでは，体系的な企業マネジメントサイクルの中で，対象とするマテリアルロスの削減投資を可能にするにはどのようにすればよいのであろうか。

　その解の 1 つとして従来の MFCA の範囲を拡張する必要があると考える。図表 4-2 に示したように，これまでの MFCA の分析を基礎にアクションプラン

5　中嶌（2011）において，MFCA の企業内および企業グループへの普及には，MFCA の理解者を MFCA の推進リーダーとして，企業トップからの方針展開によるトップダウン型導入が最も効果的であることを論述している。

を策定し，そのアクションプランをも含んだ形でのMFCAマネジメントシステムの構築を提案したい。

これまでもMFCA分析結果から，対象としたプロセスから発生しているマテリアルロスのコスト総額（負の製品コスト）と，マテリアルロスのコスト総額の内訳としてのインプットマテリアル別のコスト額が提供された。そして，そのコスト額に基づくマテリアルロス削減に向けた課題優先順位づけが可能であった。それらの情報から課題優先順位順に当該マテリアルロスの発生場所（MFCAでいう物量センター）と当該マテリアルロスの発生原因を特定できた。その結果，その発生原因を解決することによってマテリアルロスの発生を削減することができた。

しかしながら，企業へのインタビュー調査によれば，発生原因を特定した場合に，その発生原因の解決を実施しようとすると，多くの場合，技術的な容易さと予算的な制約に左右されると説明されることが多い。すなわち，技術的に容易で，もしくは現場での改善活動レベルで実施可能で，かつ投資（追加費用）が生じない，もしくは現場で決済可能な金額レベルであれば実施されるが，それ以外に関しては着手困難もしくは将来の課題として棚上げされてしまうということである。

MFCAは資源生産性の非効率性をマテリアルロスとして物量で表し，さらにコスト評価することで経営情報として活用可能となり，マテリアルロス削減に向けた費用対効果情報を提供し，環境経営の実現に向けたイノベーション[6]を引き起こす環境管理会計手法であると説明されている（中嶌・國部，2008）。しかし，実務においては，イノベーションを生起させることは難しいようである。これは技術課題の困難さというよりも，経営課題として持続的に取り上げられないという理由でイノベーション（生産設備や生産工法の変更や開発）を必要とされるマテリアルロスは忘れ去られたり，そのような大きなことは無理であるということで課題からは外されたりするということである。

---

[6] ここで筆者が言うイノベーションとは，マテリアルロスを削減するために，従来の生産設備を変更または新規開発したり，生産工法を変更・新規開発したりすることを指している。

このような現状に対する問題意識から，具体的にマテリアルロス削減に向けたアクションプランの策定の可能性を検討することとした。基本的には，MFCA を導入した企業で，かつ生産設備や生産工法に起因するマテリアルロスの発生を削減するためには新たな技術開発が必要であると考えている企業へのインタビュー調査によって，本章ではその可能性と実務的な課題を析出しようとしている。

3. MFCA と予算管理との連携による課題と可能性

企業において，マテリアルロスの削減の実施を意図してアクションプランの策定を検討することを想定する。一般的には MFCA の分析結果をもとにマテリアルロスの削減とその実施に伴う投資検討を実施することなる。その場合に，まず投資案件の策定時期と予算編成時期との関係（タイミング）が問われることが多い。また，生産設備や生産工法など製造プロセスを変更することは，特に量産工程では生産を中断することになりかねず，生産計画との調整も不可欠となる。

MFCA 導入事例を見ると，一般的には量産もしくは継続的な生産を実施するプロセスを対象に MFCA 分析は実施され，マテリアルロスの見える化が行われる。しかし，マテリアルロスの削減のために，生産を中断してまでも改善（投資）を実施するかは簡単に判断できない。また，継続的な生産効率（製品歩留まりの安定など）の維持が最重要であり，また今期も量産品の生産計画はすでに中長期に策定済みであることがほとんどであり，それらの変更を伴うような活動は難しいと判断されることが多い。

しかしながら，このような状況において，現状を肯定し，マテリアルロスの削減を断念することは現状維持であり，ここでいうようなイノベーションを実現することは不可能となってしまう。何よりも，このような生産設備や生産工法に起因するようなマテリアルロスをいつ検討するのかという課題の解は見出されていない[7]。したがって，MFCA 分析とその結果をプロセス改善に組み入れ

るとともに，予算編成にMFCAによる費用対効果情報を取り入れることで，体系的かつ自働的なマテリアルロスの改善投資を実現すべきであると考える。[8]

一般的な企業の予算体系を見ると，小林他（2009）や小菅（2008）で説明されているように，「長期利益計画に基づいた短期利益計画→部門予算案作成と調整→予算案の承認→執行」という流れで計画（予算編成）と執行（企業活動）が行われ，事後的に「当該期間における実績と予算との比較検討→予実の差異分析とトップマネジメントへの報告」という流れでマネジメントされる。このような体系的な流れの中で，本章で課題としている生産設備または生産工法に起因するマテリアルロスの削減活動を実施するための予算編成は可能であろうか。

先にも書いたように，予算編成は通常，短期利益計画を基礎として製造・販売・財務の各部門で予算編成される（小林他，2009，158-165頁）。したがって，中長期経営計画が短期利益計画に分解されることから，この中長期経営計画にマテリアルロスの改善を組み込むことが必要であり，その結果，短期利益計画にも反映され，予算化されると考えられる。

ただし，本章でいう中長期的な改善（投資）を行うためには，研究開発部門だけでなく，購買部門や製造部門の協力も不可欠であることに留意する必要がある。つまり，いずれの部門がリーダーシップを取る場合でも，通常の個別予算では，他部門の目標と改善課題が必ずしも適合的でない可能性があると考えられる。たとえば，改善のためには購買部門の目標値と改善課題が整合的でなければ，協力を得られない。ゆえに，必ずしも単一の部門の個別予算，あるい

---

[7] 生産設備や生産工法に起因するマテリアルロスの検討は，新商品や新製品の企画・設計の段階で考えれば良いという意見がある。しかしながら，筆者の経験では，新商品や新製品の企画・設計の場合でも，製品歩留まりや製造技術の安定などの観点から，既存の設備や生産工法が踏襲されることが一般であり，イノベーティブな変更が行われることは少ないように思われる。継続的な課題の検討の結果ではなく，そのタイミングで偶然に新しい生産技術や生産工法があった場合に，突発的に取り入れられるだけのように思われる。

[8] 他方で，コスト削減の考え方をコスト作り込み型とコスト改善型に区分し，前者は基本設計の段階でコスト削減，製品使用の源流から検討する考え方で，後者が詳細設計・生産の段階でのコスト削減，現状の延長・改善の検討である（三澤，2007，107頁）とするならば，MFCAの拡張範囲に原価企画など製品設計などの源流管理を含める必要があるのでは考えている。この点も，今後の課題とするとともに，事例研究を実施したいと考えている。

は部門ごとの個別予算に改善課題を組み込んで編成するのではなく，プロジェクト予算のような長期指向かつ職能横断的な予算を編成することが望ましいであろう。

職能横断的な長期予算は，改善課題に対する責任を明示する。責任の明示は，中長期的なマテリアルロスの削減のための課題を克服するための出発点となる。中長期的なプロジェクトとして長期予算を編成し，そのうえで単年度の予算を編成すればよい。

なお，ここでいうプロジェクトとは，「独自の製品・サービスまたは成果を創造するために実施する有期の「業務」」（PMI，2008，p.3）をいう。本章では，プロジェクト予算を独自の製品・サービスまたは成果を創造するための予算編成と予算統制からなる一連のプロセスとする。

たとえば，従来の部門予算を前提にするならば，技術的課題については新たな生産設備や生産工法の開発を伴う可能性があるため，研究開発費予算に組み込まれることになると考えられる（小林他，2009，161-162頁）。ただし，小林他（2009，162頁）でも指摘されるように，年度予算で管理される研究開発費予算と中長期的な研究開発を伴う場合の研究開発予算とは区別する必要がある。[9]

しかしながら，このような一般的な予算の区分・分類においては，本章で取り上げるマテリアルロス削減という活動には必ずしも適していない側面がある。なぜならば，図表4-3に示すように，中長期経営計画を前提に，マテリアルロスの削減課題を分類した場合には，たとえば，同図に示したような5つのパターンが想定できる。当該企業がMFCAを201X年に導入し，マテリアルロスが見える化し，マテリアルロス削減の検討が実施されたとしよう。その結果，見出されたマテリアルロスそれぞれの技術課題が5つ見出されたとする。

この場合に，予算編成の時期に技術課題1から3までは短期および中期計画の中で解決できそうな課題で，課題4と5は長期的な研究開発が必要と考えら

---

[9] ここで言う改善投資は，長期的に検討すべきであり，期間損益計算を前提とする短期予算で実現することは難しい。資本予算のような長期予算を用いることが望ましい。プロジェクト予算管理（小飯田，2004）の方が一般的な予算管理よりも，柔軟性も高く，MFCAで課題となるマテリアルロス削減プロジェクトの予算管理に適していると考えられるからである。

図表 4-3 マテリアルロス削減を実現する技術課題の研究開発期間

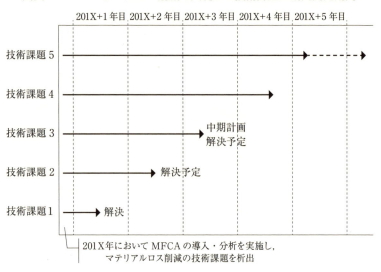

(出所) 中嶌・木村 (2012) 20 頁を加筆修正。

れ，必ずしも解決が可能とは限らないとする。すなわち，技術課題の1から3は解決方法に目処が立っているが，技術課題の4と5は不確実性が高い案件ということである。

これまでのインタビュー調査では，技術課題に対する解が見出せていない技術課題4と5に，一般的な企業予算の仕組みにおいて，特別な理由がある場合を除き，図表4-3に示した「201X＋1年目」の年度に予算配分されることは困難である。また，技術課題2と3においても，同じく予算配分されるとは限らない。その理由としては，技術課題の解決の確実性の高さと短期的な実現可能性からである。またさらには，今日では何よりも日本企業（日本国内工場）の生産環境の変化に対して，生産拠点としての不確実性が高いためと考えられる。簡単に言えば，マテリアルロス削減が実現可能な技術課題（技術課題1または2）には予算の配分はされるが，実現性が見えないもしくは試行結果としてしか実現性が見出せていないような技術課題（技術課題3，4または5）は仮想表記として図表4-3のように表すことは可能でも，予算配分や投資の対象とはなら

ないのである。

　また，技術課題1または2においても，既存の予算が硬直的で新たな投資案件を入れることが困難である場合も多い。特に相対的に金額が大きい場合に，現状の予算執行に追加的に組み込むのではなく，次期の予算編成時に組み込むことが想定される。しかしながら，このような場合にも，次に論じるような生産計画との関係から予算化が見送られる現状がある。予算の硬直化[10]と現状の生産体制の変化を嫌う現在の日本企業の体質に由来していると考えられる。

　最後に，マテリアルロス削減施策の実施と生産計画との整合性について論じることとする。MFCAは現状の生産状況を分析することから一般的に現在の量産品の分析に導入されることが多い。そして，その分析結果から具体的なマテリアルロス削減を実現するために，生産計画にその改善活動を盛り込もうとする。たとえば，企業では中期経営計画の見直しを毎年もしくは半期ごとに行うようなローリング方式を実施している場合もある。

　しかしながら，中長期の生産計画は，毎年（毎半期），見直しや調整を実施するとは言え，量産品の生産計画は2-5年間にわたって一般的に確定的であり，MFCAの改善施策を組み込むことは容易でないことが多い。換言すれば，中長期の研究開発が必要とされるマテリアルロスの改善は紙の上では検討されるものの，具体的な実施を検討すると，すでに確定している生産計画の次段階ということになる。次段階では企業環境や主力である製品や品種なども変わる可能性があり，現時点で見出されたマテリアルロスは結果として削減対象から外されてしまうのである。これは，MFCAによるマテリアルロスの見える化の結果とマテリアルロスの改善投資のタイミングのズレに起因していると考えられる。このタイミングのズレを明確にするとともに，その連携を可能にするような予算管理の研究開発が必要である。そして，そのズレを解消するマネジメントこそが，MFCAマネジメントシステムであると言えよう。

---

[10] たとえば，一般的な企業予算の硬直性に対して，「脱予算経営（Beyond Budgeting）」が提案されている（Hope and Fraser, 2003）。中長期的な視点からのアクションプランの策定と経営資源の配分によって，変化に対応したプロセスの構築が可能であると思われる。また，中長期業績と短期業績との調整も考えていることから，今後，このような脱予算経営におけるMFCAマネジメントを研究したいと考えている。

このタイミングのズレを解消する具体的なマネジメントとしては，研究開発と商品設計などとの量産前の段階において，マテリアルロス情報を共有することである。たとえば，マテリアルロスをその決定要因別に，製造・商品設計・商品企画・研究開発別に分類し，管理責任を明確化する。次いで，マテリアルロスの見積発生額（年間）・必要検討機関・必要検討予算・技術の波及効果など[11]予算編成に必要な基礎情報を作成する。そして，それらを体系的に理解し，検討事項の優先順位化を図るマトリックスを作成することが考えられる。たとえば，伊藤（2011）のMFCA予算マトリックスを援用することも可能であると考えられる。

4. おわりに

MFCAはこれまで主に資源生産性のマネジメント評価ツールとして発展してきた。そのコスト評価の結果が企業にとっては大きなインパクト情報として示されてきたが，「マテリアルロスの見える化」情報だけでは具体的なマテリアルロスの削減に繋がらなかった。本章では，その原因の1つがマテリアルロス削減活動とその活動の予算編成との関係にあると捉え，なぜそのようなことが生じるのかを考察するとともに，その課題の解決方法を検討した。

現段階では，企業調査を通して，MFCAマネジメントシステムのフレームワークの構築を試みている。我々が目指すマテリアルロス改善と予算編成とを密接に連携させたMFCAマネジメントシステムが完成し，企業の基幹的なマネジメントと有機的に融合させることができれば，環境経営を支える技術的課題に解をもたらすような環境管理会計手法が開発可能になると考える。

最後に，このように既存の管理会計手法とMFCAとの融合に関して本質的

---

11 ここでの，技術の波及効果とは，図表4-3に示されている技術課題1から5において，技術間の相互依存性について調査し，その水平展開の可能性を見積もる必要がある。また，難易度の高い技術の解決や新しい技術によって，この技術課題1から5の技術の開発優先順位や必要とされる研究開発予算に変化がある可能性があり，常に情報を更新する必要がある。

図表 4-4　環境管理会計の体系

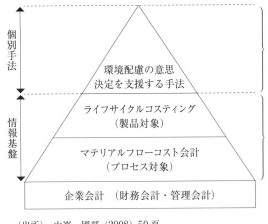

(出所)　中嶌・國部 (2008) 50 頁。

課題があることを指摘したい。図表 4-4 に示すように，MFCA は既存の管理会計手法とは次元の異なるマネジメント情報として活用されてきた。既存の管理会計情報はコスト評価額を一元的に管理データとして使用し，異なるマテリアルのコストを製品コストのように集合的に管理しようとする。これに対して，MFCA は投入マテリアルの物量データを一義的な管理対象とし，投入マテリアルの物量データを各プロセスの成果の測定単位としている。この異質性によって，MFCA は既存の管理会計情報が導き出してきた資源非生産性を明らかにし，既存のマネジメント情報の見直しを展開しようとしてきた。

　このように相互に異質性がある MFCA と既存の管理会計手法とを融合させようとすることは，MFCA の有用性と特異性を失わせないかどうかを検証する必要がある。MFCA は，物量情報を首尾一貫して体系的かつ日常的に基礎情報として扱い，資源非生産性を解消するという有用性と，コスト情報は経営判断を行う際にのみ活用し物量情報が基本情報であるという特異性を持っている。従来の金額情報を基本情報とする管理会計情報と MFCA を接合することで，これらの MFCA の有用性と特異性にどのような変化がもたらされるのかについては，より詳細な検討が必要である。

〈付記〉

　本章は，中嶋道靖・木村麻子「MFCAによる改善活動と予算管理」『原価計算研究』（第36巻第2号，2012年，15-24頁）に加筆修正したものである。また，環境省の環境研究総合推進費「(E-1106) アジア地域を含む低炭素型サプライチェーンの構築と制度化に関する研究」および科学研究費補助金（基盤研究（C）課題番号22530503）により実施された研究成果の一部である。

[参考文献]

Hope, J. and R. Fraser (2003) *Beyond Budgeting : How Managers Can Break Free from the Annual Performance Trap*, Harvard Business School Press. (清水孝監訳 (2005)『脱予算経営』生産性出版。)

Project Management Institute (PMI) (Eds.) (2008) *A Guide to the Project Management Body of Knowledge*, 4th ed., Project Management Inst.

安城泰雄 (2007)「キヤノンにおけるマテリアルフローコスト会計の導入」『企業会計』第59巻第11号, 40-47頁。

伊藤嘉博 (2011)「環境配慮型業務改善を支援する環境管理会計」國部克彦編『環境経営意思決定を支援する会計システム』中央経済社所収, 51-67頁。

小飯田章 (2004)「予算管理の基礎」, ベリングポイント編『将来予測重視の予算マネジメント』, 中央経済社所収, 3-28頁。

國部克彦 (2007)「マテリアルフローコスト会計の継続的導入に向けての課題と対応」『国民経済雑誌』第196巻第5号, 47-61頁。

國部克彦編著 (2008)『実践マテリアルフローコスト会計』産業環境管理協会。

小菅正伸 (2008)「予算管理と責任会計」山本浩二・小倉昇・尾畑裕・小菅正伸・中村博之編著『スタンダードテキスト管理会計論』中央経済社所収, 339-373頁。

小林啓孝・伊藤嘉博・清水孝・長谷川惠一 (2009)『スタンダード　管理会計』東洋経済新報社。

中嶋道靖 (2011)「環境配慮型生産を支援する環境管理会計」國部克彦編『環境経営意思決定を支援する会計システム』中央経済社所収, 27-50頁。

中嶋道靖・國部克彦 (2008)『マテリアルフローコスト会計―環境管理会計の革新的手法（第2版）』日本経済新聞出版社。

中嶋道靖・木村麻子 (2012)「MFCAによる改善活動と予算管理」『原価計算研究』第36巻第2号, 15-24頁。

日本能率協会コンサルティング (2010)『マテリアルフローコスト会計導入実証・国内対策等事業報告書』日本能率協会コンサルティング。

沼田雅史 (2007)「積水化学グループにおけるマテリアルフローコスト会計導入の取り組み」『企業会計』第59巻第11号, 56-62頁。

三澤一文 (2007)『技術マネジメント』日本経済新聞出版社（日経文庫）。

八木君敏 (2005)『開発購買』文芸社。

（中嶋　道靖・木村　麻子）

第5章

MFCAとイノベーション

1. はじめに

　イノベーションの概念を世に広めることに貢献したJ. シュムペーターは,「生産するということは,われわれの利用しうるいろいろな物や力を結合することである。……われわれの意味する発展の形態と内容は新結合の遂行という定義によって与えられる」(シュムペーター,1977,182頁) と「新結合」の遂行が経済発展において重要であると主張する。ここで「新結合」は,「イノベーション」を意味し,「新しい財貨」,「新しい生産方法」,「新しい販路の開拓」,「原料あるいは半製品の新しい供給源の獲得」,「新しい組織の実現」を含む概念である。

　経済発展におけるイノベーションの重要性がシュムペーターによって指摘されて以降,イノベーション研究は,その対象を拡げながら今日まで発展することになる。一方でそれに伴い,イノベーションの定義は,論者によって多様となっており,一致していない。この点について,「イノベーション研究における

---

1 シュムペーターは,「新結合が非連続的にのみ現れることができ,また事実そのように現れる限り,発展に特有な現象が成立する」(シュムペーター,1977,182頁) と,イノベーションは非連続的なものであることを想定しているが,その後,連続的なイノベーションもイノベーション研究に含まれるようになる (Ettlie *et al.*, 1984 ; Abernathy and Clark, 1985 ; Tushuman and Anderson, 1986)。そのイノベーションが非連続的なものか連続的なものかそれを明確に区分することが重要となる場合もあるが,本章においてはその重要性が相対的に低いため,イノベーションを連続,非連続に区分して把握しない。

イノベーションの定義とは，その研究が明らかにしたい対象をイノベーションという観点から切り取るための手段であり，その言葉が持つ最大公約数的な部分を外さない限り，研究目的に依存した定義づけが行われてきたのである」という國部・岩田（2010）の解釈は興味深い。イノベーションを研究対象とするにあたっては，研究目的と向き合ったうえで，それに即した定義づけを行うことが有用である。

本章は，MFCAがイノベーションを促進するための方策を提示することを目的とする。原価低減と環境負荷削減を支援するMFCAが促進するイノベーションは，これまで明らかにされていなかった資源生産性情報をもとに，それを高める方向性で新たな資源が動員されることで実現されると想定される。したがって，MFCAがイノベーションを促進するための方策を考察するためには，MFCAが「新結合」をもたらす局面を捉えることがまず重要となろう。そこで本章では，シュムペーターの「新結合」の定義を踏襲し，「新結合」をもたらす局面を捉える方法として，「資源動員の正当化プロセス」（軽部他，2007；武石他，2012）に着目することで議論を進める。

次節では，分析視角である「資源動員の正当化プロセス」を紹介し，この視角から会計とイノベーションの関係性を捉えた先行研究を分析することで知見を抽出する。3節では，MFCAとイノベーションの関係性を捉えた先行研究を概観し，続く4節で，「資源動員の正当化プロセス」の視角から，MFCAがイノベーションを促進するための方策を考察する。

2. 資源動員の正当化プロセスへの管理会計の寄与

(1) 資源動員の正当化プロセス

イノベーションにおける資源動員のプロセスに着目する視点を最初に提示したのは，一橋大学イノベーション研究センターのワーキング・ペーパーである軽部他（2007）「資源動員の正当化プロセスとしてのイノベーション——その予

備的考察─」である。その後，この議論は，武石他（2012）『イノベーションの理由─資源動員の創造的正当化─』として事例も加わる形で書籍化された。

軽部他（2007）は，資源動員の議論が知識創造のプロセスを明らかにする研究を補完するものとして必要であるという問題意識から，「資源動員の正当性の確立」という観点よりイノベーションのプロセスを検討する必要性を訴えた研究である。彼らは，知識創造に立脚する研究が，「知識創造のプロセス自体の解明に主眼がおかれているため，知識の創造に必要となる資源動員の問題はそこでは暗黙裡に仮定されている」（2頁）ことを問題とし，知識の創造と相互依存関係にある資源の動員についても議論する必要性を指摘する。軽部他（2007）によると，知識創造のプロセスを通じて生み出された新しい知識が，新しい製品や工程，そして事業や産業として具現化していくためには，多様な主体の協力が必要であり，彼らが保有する資源をイノベーションの実現のために動員する必要がある。したがって，「イノベーションのプロセスとは，新しい知識の創造プロセスであると同時に，その知識がイノベーションとして実現するために必要な資源が動員されるプロセスでもある」（2頁）のである。

ここでの問いは，「技術の実現可能性とその市場性に対して少なくとも事前には客観的な確証のない状況で，新しいアイデアや技術の開発・事業化を目的として経営資源が投入され，動員されたのはなぜか。また，そこにはイノベーションを推進する主体とそれに協力する主体のどのような判断・考え方があったのか」，すなわち「イノベーションを実現していく過程で一体どのような「理由」が知識の創造と資源の動員を可能にしていったのか」（軽部他，2007）というものである。この問題は，イノベーションの特質に関係する。

武石他（2012）は，イノベーションの実現過程において2つの重要な特質，すなわち，「革新である故に不確実性に満ちているという特質」と「経済成果を実現するためには他者の資源を動員する必要があるという特質」を捉えているが，これらの2つの特質は，1つの矛盾をはらんでいることを意味する。それは，「事前には技術的にも経済的にも成否が不確実な中でさまざまな他者の資源を動員しなくてはならない，という矛盾」（11頁）である。

イノベーションに関する問題に取り組む際には，イノベーションの実現を困

難にする，この矛盾と向き合う必要があるが，そこで彼らが提示するのが「正当化」の概念である。ここで正当化とは，「多様な相手に向かって多様な理由によって資源動員への支持を獲得していく」(24頁) 様と定義される。正当化に着目することは，「イノベーションの推進者が資源動員のためになんらかの正当性を訴えることによって他者の支持を獲得していく過程に着目する」(20頁) ことを意味する。ここで「正当性」とは，イノベーションの実現に必要な資源を動員することを他者が支持するためのなんらかの「真っ当な理由」を示す (21頁)。

　正当化プロセスを捉える際には，「相手」，すなわち「正当性を誰に向かって訴えるのか」(23頁) と，「理由」，すなわち「どのような理由によって資源動員が正当化されたのか」(24頁) に着目することが重要となる。ここでイノベーションの推進者が正当性を訴える「相手」はそのプロセスが進むにつれ変化するし，「理由」も「相手」によって多様で，またプロセスの中で変化することもある。このプロセスは，「時として極めて人間くさいプロセス」(179頁) であり，「さまざまな相手・理由を駆使して資源動員を正当化していく多義的で，流動的で，創発的な過程としてイノベーションの実現過程をとらえてみる」(25頁) ところに，「資源動員の正当化プロセス」を利用した分析の意義がある。

　一方で，軽部他 (2007)，武石他 (2012) においては，「資源動員の正当化プロセス」における会計計算の役割は捉えられていない。彼らの議論は，「そもそも，イノベーションの実現過程において，経済合理性を事前に追求することはしばしば困難である」(軽部他，2007，17頁) ことが前提とされ，相対的な意味での客観的な経済合理性がない (一定の水準を下回っている) 場合が想定 (武石他，2012，21-23頁) されており，経済合理性を計算する会計の正当性はその分析の枠外とされている。しかしながら，会計が提供する情報の多様性を思考の枠組みに入れれば，「資源動員の正当化プロセス」において会計計算を分析対象とする意義が前景化する。

　そこで次項では，「資源動員の正当化プロセス」における会計計算の関わりに着目した分析を行う。「資源動員の正当化プロセス」の視点から，この概念を構成する「相手」と「理由」，またイノベーションの推進者に焦点を当てること

で，知見を導出することを目指す。

(2) 資源動員の正当化プロセスへの会計の寄与

イノベーションを促進する会計の役割を捉えた研究は，主に管理会計研究の文脈でなされている。そこで，本項では，イノベーションを促進する管理会計を捉えた研究を「資源動員の正当化プロセス」の視点から解釈し，知見を導出することを目指す。イノベーションと管理会計の関係性を扱う研究は，Simons (1995) の「インタラクティブコントロールシステム」の概念に着目し組織を分析単位としたクロスセクションのサーベイを利用したものがメインストリームであり (Davila *et al*., 2009)，主に上司が自身の行動を決めるための情報システムとしての役割に焦点を当てている（天王寺谷，2011；2012）。しかし一方で，マイクロなプロセスに着眼する本章の分析視角から言えば，これらの研究群の成果から知見を導出するのは困難である。そこで本章では，事例をベースとした研究（Miller and O'Leary, 2005；Revellino and Mouritsen, 2009；Mouritsen *et al*., 2009；堀井，2015）を対象にしたレビューを通じて，「資源動員の正当化プロセス」における会計の役割を捉える。

Miller and O'Leary (2005) は，Intel 社の全体的な組織戦略に対して企業内・企業間の投資調整に重要な役割を有しているテクノロジー・ロードマップに着目した研究である。Intel がイノベーションを実現するためには，サプライヤー企業による，たとえば新しい製造装置や原材料の設計開発など補完的な投資が重要となるが，これを促すためにテクノロジー・ロードマップが重要な役割を担っている。ここでテクノロジー・ロードマップは，「システム全体としてイノベーションを実現するために，各構成要素が利用可能になる時期や，構成要素が技術的，経済的に相互に影響する仕方について，それらを設計するために投資を行うさまざまなグループが共有している期待を表現している」（p.163, 訳書 220 頁）ものである。「企業間レベルの補完的投資を行うか否かは，関係者が互いの主張や約束の信頼性を証明する手段を有しているかどうかに依存している」（p.176, 訳書 235 頁）が，Intel にとってテクノロジー・ロードマップは，サプライヤーからの信頼を得る手段として利用されていると解釈できる。Intel

では，投資プロセスにおいて，正味現在価値が計算されるが，投資が承認されるためには，正味現在価値で正の値が得られるだけではなく，テクノロジー・ロードマップとの調和が求められる（p. 163，訳書 219-220 頁）。「投資を明示的にテクノロジー・ロードマップと関連づけることによって，投資の提案者は，その投資が Intel の社内だけでなく他社によって行われる関連した補完的投資と同期し，適合していることの説明が求められる」(p. 164，訳書 221 頁) のである。

この事例において，イノベーションの推進者を投資の提案者と捉えた場合，資源動員の正当性を求める「相手」は，投資を承認するトップマネジメントであり，「理由」は，「正味現在価値が正の値で，テクノロジー・ロードマップと適合的である」という指針にあると解釈できる。Intel の事例は，会計計算の結果だけでは資源動員の「理由」としては不十分で，補完的な関係にある企業内・企業間の利害を調整するものが，資源動員の「理由」を構成する重要な存在であることを示唆する。さらにこの「理由」に関する指針は，テクノロジー・ロードマップの信頼性を高め，サプライヤーの資源を動員することを可能にしていた。

Revellino and Mouritsen（2009）は，イタリアの有料道路運営グループ Autstrade 社のイノベーションである料金自動徴収装置 Telepass を事例にした研究であり，イノベーションプロセスの最初に位置づけられる技術の識別段階の考察が面白い。もともと，Autstrade において，Telepass の元となる技術はエンジニアたちの中に存在していた。しかしながらこの技術が存在している中でも，有料道路の交通を流動化させる手段は，莫大な財務投資を必要とする料金所の数を増やすという方向で進められていた。一方で，この技術は，CEO（最高経営責任者）が資金の欠乏を認識してから，動員されることとなった。

ここでイノベーションの推進者をエンジニアとしたとき，その技術の正当性を訴える「相手」はトップマネジメントであると解釈できる。武石他（2012）も指摘するように「技術優先の考え方で正当化できるのは，基本的には技術開発部門内での資源動員まで」(79 頁) であり，この事例でも実際に技術がすぐに動員され事業化されるわけではなかった。しかし，CEO が投資予算の欠乏を

認識することで，技術は動員されることとなった。このことから会計計算は，事業化の壁を越えることを支援していることが窺えよう。武石他（2012）も「推進する主体，もしくは支持を打ち出す主体がなんらかの危機感や切実な事情を抱えていたことが原動力として作用することがある」(95 頁) と指摘しているが，この事例では，会計情報が，トップマネジメントの危機感や切実な事情を醸成していたと解釈できる。

　Mouritsen *et al*. (2009) は，管理会計計算がいかにイノベーション活動を動員するかについて取り組んだ研究である。ここでの管理会計計算は，イノベーション活動と企業全体の関心事を結びつけるものとして捉えられている (p. 739)。測定問題がそれぞれかなり異なる R&D 部門や大学の実験室などに測定システムを製造，販売しているために「ソリューションを与え，問題を解決すること」が社是で強調されている SuitTech 社（仮名）の事例（pp. 741-743）では，顧客と交渉プロセスを行う販売エンジニアがイノベーションの担い手となっている。かつて販売エンジニアの業績評価指標としては販売業績が採用されており，販売エンジニアは，顧客のソリューションを与えるためにコストを顧みることなく，社内外の様々な部品を動員し組み合わせることによってイノベーションを起こしていた。一方で，SuitTech 社の業績管理者は，コストを顧みないという点を問題化し，競合計算として直接費を包含した貢献利益を業績指標として提示する。貢献利益が創造した「緊張」によって，販売エンジニアが資源を動員するプロセス，すなわち様々な部品を動員するプロセスは正当化されなくなった。代わりに販売エンジニアは，プログラム化された部品を動員し，内部のソフトウェアのコンピテンシーを向上させることが求められた。

　この事例では，イノベーションの推進者は販売エンジニアである。正当性を訴えられる「相手」は社内の製造部門や社外のサプライヤーである。貢献利益が創造した「緊張」に焦点を当てると，会計計算が正当性を訴える「相手」を規定している側面を捉えることができる。新たな会計計算を動員することは，正当性を訴える既存の「相手」を問題化し，異なる資源の動員へと導く役割を有している。また，それは業績評価指標に組み込まれることで促進されていることが示唆される。

堀井 (2015) は, 株式会社バッファローの事例を通じて, 予算管理が能動的・主体的にイノベーションを促進している様を捉えた研究である。ここでのイノベーションの推進者は, マーケティング・グループであり, 彼らにとっては, 売上, 利益, 市場シェアの目標達成が最重要課題である。また目標達成の重要度にはアクセントが存在し, 一年・半年の目標達成が最も重要で, 次いで月ごとの達成が重要である (66頁)。環境が変化しても目標は変更されないが, それは必達目標である。したがって, マーケティング・グループは, 環境変化が起こった場合, 必達目標である予算目標を達成するために修正行動をとることになるが, そのタイミングは半年・月々の予算管理というアクセントが決めている (67頁)。さらに, 予算管理を構成する予実差異計算は, 課題の設定を通じて, イノベーションの場所を決定しているだけでなく, どの程度のイノベーションが必要かという大きさを決めていることを明らかにしている (67頁)[2]。

この事例から得られる知見は,「相手」に正当性を訴えるタイミングを, 予算管理のアクセントが決定しているという点である。この事例を「資源動員の正当化プロセス」の視角から捉えると, 予算目標が達成できそうにないタイミングにおいて, マーケティング・グループは, 新たに開発部門等の資源を動員する必要が生じていることがわかる。さらに予実差異計算は, どのような資源を動員する必要があるかを, 課題設定を通じて決定すると解釈できる。

本項では, 会計計算と「資源動員の正当化プロセス」の接点について, 既存研究で記述されている事例を解釈することで考察した。会計情報は, 正当性を訴える「相手」を規定し (主に, Mouritsen et al., 2009), タイミングを決定する (主に, 堀井, 2015) 役割を有する。「理由」に関しては, 会計情報は危機感を醸成する (主に, Revellino and Mouritsen, 2009) ことに寄与する。また, 業績評価指標に組み込まれることは, その会計計算に正当性を与える (Mouritsen et al.,

---

[2] イノベーションのタイミングや大きさを管理会計が決定する議論は, Mouritsen et al. (2009) においてもなされている。上述のSuitTech社の事例において, 販売業績は, 顧客とのダイアローグが終了した時点, すなわち顧客が契約した時点で認識されることとなる。ここで販売予算と比べて不利差異となることが見込まれる場合は, 販売エンジニアの関心は発注の締結へと向けられ, それに伴いイノベーションは縮小された。一方で, 有利差異となることが見込まれる場合は, イノベーションは拡張されていた。

2009)。さらに,サプライヤーなどからの資源の動員を目指すためには,信頼性が付与された「共有されている期待」のようなものが重要であること(Miller and O'Leary, 2005) も示唆されている。

3. MFCAとイノベーションの関係性

　本章の目的は,MFCAがイノベーションを促進するための方策を提示することであるが,その前に本節では,MFCAとイノベーションの関係性を捉えた研究(中嶌,2006；國部,2010；國部・天王寺谷,2017；Tennojiya, 2016) を概観し,これまで蓄積されてきた知見を抽出する。

　中嶌(2006)は,MFCAによるイノベーション促進の可能性について,キヤノン株式会社の宇都宮工場における一眼レフカメラ用のレンズ工程へのMFCA導入事例をもとに考察している。当該事例は,キヤノンがサプライヤーである硝材メーカーと協力することにより,レンズの原材料である硝材のニアシェイプ化に成功し,大幅な原価低減を果たしたというものである。中嶌(2006)はこの事例の記述的説明を通じて,「イノベーションの可能性を具体的に見つける手法」(171頁)として,MFCAが有用であることを示している。同様に,積水化学工業株式会社の事例を通じて,環境志向の生産革新へのMFCAの有用性を考察している國部(2010)も「既存の生産方法そのものの妥当性を問題にすることができる手法」としてMFCAを評価している。MFCAは,既存の手法では計算されていなかった廃棄物の原価を計算することを通じて,新たな資源を動員するきっかけを創ることができる。

　またMFCAは,計算対象とするマテリアルフロー全体の中での改善の優先度評価に役立つ(國部,2010)。これは,MFCAによる計算がイノベーションの起こる場所を提案することを意味し,この点は強調されるべきものである。國部・天王寺谷(2017)は,環境配慮型のグリーンイノベーションを製品に関するものと製造プロセスに関するものとに区分したうえで,製品のイノベーションは,最初から環境配慮の内容を特定して製品設計に落とし込むことが想定上

は可能であるが，製造プロセスの場合は改善すべき問題の特定から始めなければならないことを指摘している。ここで，製造プロセスに「緊張」を創造するMFCAは，問題を特定することが可能となるため，製造プロセスのイノベーション促進に効果的である。MFCAは，イノベーションの課題設定の局面においても役割を有するのである。

　実際に資源が動員される局面におけるMFCAの役立ちも議論されている。たとえば，原価として可視化された廃棄物を実際に削減するために投資が必要となる場合に，廃棄物の削減が可能となった場合の支出コストの削減額の算定によって改善策を費用対効果の観点から分析できるMFCAは有用である（中嶌,2006）。また，資源が動員されるための方策と捉えることができる知見も抽出できる。たとえば國部（2010）は，積水化学工業が，MFCAの「導入プロセスの中に改善活動のステップを組み込み，それを生産技術の専門家が支援するという体制」を確立したこと，またMFCAによって金額で明らかにされたムダに対して削減目標を設定していたことを，積水化学工業によるMFCAの優れた特徴の1つとして評価している。さらに，中嶌（2006）は他の環境管理会計手法のサプライチェーンにおける成功事例を通じて，「過品質」という視点を加えることで，より高次元の資源生産性を実現できると主張している。これらの実践は，可視化された情報を，具体的な経営資源の動員に繋げるための方策であると言えよう。

　また，國部・天王寺谷（2017）は，中嶌（2006）も対象としているキヤノンの事例と，パナソニックエコシステムズ株式会社とそのサプライヤーである日本産業資材株式会社の事例を通じて，MFCAがイノベーションを促進するための方策を提示している。MFCAがもたらす情報の本質は，資源生産性情報にある。その点を踏まえ，時間生産性向上を中心に構築されている既存の管理手法に対して緊張関係をもたらすための要件を内生的な要因と外生的な要因に分けて考察し，内生的にはMFCAを中心とするマネジメントモデルの構築が必要であること，外生的には企業に資源生産性を重視させる施策が必要であることを指摘している。

　このように先行研究は，MFCAがイノベーションの場を創ること，また新た

に資源が動員される局面でMFCAが支援できることを明らかにしており，さらにそれを促進するための方策に関する知見を提供している。一方で，これらの研究は単発的であるため，イノベーションを促進するMFCAについて体系的に理解する余地を残していると言える。この点について，Tennojiya（2016）の「緊張の創造→資源動員の正当化」というフレームワークは有用である。このフレームワークは，イノベーションを促進するための管理会計固有の役割を捉えるためのもので，これをMFCAに援用すると，MFCAが緊張を創造し，イノベーションの対象を特定し，それに必要な資源動員を正当化する一連の流れを捉えることができる。さらに，MFCAによるイノベーション推進力を高める方策は，「緊張の創造」を促進する方策，「資源動員の正当化」を促進する方策に分けることができ，体系的に方策を考察することが可能となる。上述した國部・天王寺谷（2017）の方策は，まさに「緊張の創造」を促進するためのものと位置づけることができる。では，「資源動員の正当化」を促進するための方策はどのようなものが考えられるであろうか。次節では，この問題に取り組む。

4. 資源動員の正当化プロセスにおけるMFCA

(1) MFCAが有する強み

「資源動員の正当化」の局面におけるMFCAの強みを把握することは，「資源動員の正当化」を促進するための方策を考察する際に重要となろう。本章と同じ「資源動員の正当化プロセス」の枠組みを利用した天王寺谷（2017）は，MFCAが有する「計算の方程式」である「資源生産性の方程式」の強みとして，環境負荷の削減に関する規範的性質，改善効果の物質的可視性，貨幣情報を介在しないコミュニケーションの可能性，経済的効果の確実性を抽出している。2節で指摘したように，「資源動員の正当化プロセス」では，正当性を訴える「相手」と資源動員が正当化された「理由」に着目することが重要となるが，MFCAが有する強みは，後者の「理由」へ寄与するものと考えられる。

「相手」と「理由」の組み合わせは，事例ごとに多種多様になると想定される。この点に関して，武石他（2012）は，「資源動員の正当化プロセス」の中で直面する壁を乗り越えるための方法の1つとして「多様な理由の共存」を挙げている（117頁）。イノベーションの推進者が有している「理由」と正当性が訴えられる「相手」の「理由」は異なる場合がある。たとえば，セイコーエプソン株式会社の自動巻発電クォーツウォッチのイノベーション事例では，「「水もの」の電池をウォッチから取り除くことと電池交換の手間を省くメリットが推進者の理由であったのに対し，支持者として登場したドイツ販売会社社長の理由は電池交換が不要であることが環境保護を重視するドイツの消費者に受け入れられるというものであった」（92頁）。このように，「多様な理由の共存」は，資源動員の可能性を高めると考えられる。そこで，本章では，天王寺谷（2017）が捉えているMFCAの強みを踏まえたうえで，さらに「相手」を想定しながら，「資源動員の正当化プロセス」におけるMFCAの「理由」への寄与を試行的に考察する。

　MFCAが寄与できる「理由」としてまず挙げることができるのは，「環境負荷低減への寄与」である。MFCAが環境負荷の低減に寄与することは，多数の蓄積事例や，MFCAがISO14000シリーズに組み入れられたことが証明している。MFCAは，廃棄物の原価を計算することを通じて，資源生産性を向上させる資源を動員することを支援する。環境負荷の低減は規範的性質を有しており，今日，企業は環境経営の遂行を求められている。さらに，MFCAを通じた環境負荷低減の情報を開示することも可能である。正当化を訴える「相手」をトップマネジメントと捉えた場合，この「理由」は，有用なものであると考えられる。上述のドイツ販売会社社長の「理由」も，まさにこの点に関するものである。資源生産性の向上により環境負荷の低減を促すための情報を生み出すMFCAは，この意味で強みを有すると考えられる。

　「原価低減への寄与」も当然ながら重要な「理由」となるであろう。MFCAは，資源生産性の向上を促すことで，原価低減にも寄与する。資源生産性が向上されると，同量の製品を生産するために投入しなければならないマテリアルの物量は減少する。また，廃棄物を処理するためのコストも低減させることが

できるかもしれない。さらに資源生産性は，物質として存在するマテリアルを対象としているため，その改善効果の可視性は高い。改善効果が理解しやすいという点でMFCAは強みを有していると考えられる[3]。また，資源生産性を向上させる経済的効果の表れ方にも着目すべきであろう。資源生産性向上の経済的効果は，主にマテリアル購入量の削減として表れる。この効果の優位性は，時間生産性の向上による効果と比較すればわかりやすい。時間生産性の向上による改善効果は，時間当たりのアウトプット（産出）が増えることを通じて表出する。しかし，時間生産性の計算対象である従業員や機械設備は，短期的には削減することが困難であるコミッティドキャパシティコストとして位置づけられるため，その経済的効果は，主に製造量の増加に伴う売上高の増加を通じて表れる。改善の効果を時間軸から捉えると，時間生産性を向上する効果は，マテリアルの購入時に効果が表れる資源生産性の向上の効果に比べると遅く表れる。このことから資源生産性の経済的効果の発現は，時間生産性の経済的効果の発現よりも確実性が高いと言える。この「理由」は，様々な「相手」に有効であることは論をまたない。原価低減は，トップマネジメント，製造コストに責任を有する製造部門のマネジャーなどの重要なアクターにとって重大な関心事だからである。

　資源動員が正当化される「理由」を考える際には，その資源動員がもたらすマイナス面のインパクトも捉える必要があろう。たとえば，労働生産性（労働力の時間生産性）を向上させると，一時間あたりの生産量を増やすことが可能となる。生産しただけ製品が売れる状況であれば，労働生産性を向上させる効果は大変高い。しかし，そうでない場合，労働生産性の向上によって，その現場で働く従業員は，リストラの危機にさらされることになるかもしれない。一方で，資源生産性は，マテリアルやエネルギーといった資源の生産性を向上させようという議論であることから，その生産性を向上させることによって，人員が削減されるということは考えられない。労働生産性の向上に見られるような弊害がない点もMFCAの強みであると言えよう。また，コミュニケーショ

   3　改善効果の可視性の高さ，それに伴う理解のしやすさは，「環境負荷低減」の正当性も支援することになろう。

ンの障害によって，資源動員の機会が失われることもある。ここで会計が生み出す貨幣情報は，コミュニケーションの障害となり得る情報であると考えられる。たとえば，サプライヤーを「相手」としたときに，貨幣情報がコミュニケーションの障害となることは想像に難くない。しかしながらMFCAでは，貨幣情報を必ずしも使わずに，物量情報のみを提供することも可能である。MFCAが有するこの特徴は，サプライヤーの資源を動員する可能性を拓く。

　このようにMFCAは，多様な「相手」に対して，多面的な「理由」を提示することが可能であると思われる。したがって，MFCAが創り出す情報は，「資源動員の正当化プロセス」において強みを有していると評価できる。

(2) MFCAによるイノベーション推進力を高める方策

　本項では，MFCAによるイノベーション推進力をさらに高めるための方策について，イノベーション促進の重要なアクターであると思われるエンジニア，サプライヤー，トップマネジメントに焦点を当て，これまで導出してきた既存研究の知見を援用することで試行的に考察する。

　イノベーションの実現において，エンジニアの役割は重要である。イノベーションは技術革新と訳されることがあるほど，新技術の動員は，イノベーションの議論の中心に位置づけられている。中嶌（2006）などが対象としているキヤノンの事例においても，これまで日の目を見ていなかったニアシェイプに関わる新技術が動員された。さらに，積水化学工業では，「導入プロセスの中に改善のステップを組み込み，それを生産技術の専門家が支援するという体制」が確立されている（國部，2010）。MFCAは，課題解決に必要となる技術を特定することが可能である。この特徴を活かすためには，MFCAが特定した技術に関わるエンジニアを「相手」とした正当化を行うことを可能とする組織体制の構築が重要である。

　新技術は，エンジニアが他者に説得されることで動員されることもあるが，エンジニアがイノベーションの推進者として他者を説得することで動員されることもある。MFCAは，新たな資源生産性情報を提示することで，組織に「緊張」を創造する。「既存の生産方法そのものの妥当性を問題にすることができる

手法」(國部, 2010) である MFCA は，資源生産性を高める技術を有しているエンジニアにとって自身の技術を売り込むために必要なデータを提供してくれる。イノベーション推進者としてのエンジニアの役割を引き出すためには，社内で MFCA から得られるデータをエンジニアが使えるようにできる仕組みが必要である。また，その機会を拡げるためには，全社的に MFCA を導入し，様々な製造工程を問題化することが重要である。さらに全社的に MFCA が導入され，そのデータが重要視されることになれば，資源生産性を高める技術の精度を上げる，また新たに技術を開発する方向へエンジニアを導く効果も出てくるであろう。このようにイノベーション推進者としてのエンジニアの側面を考慮し，彼らを主体的なイノベーション推進者とするためのシステムを構築することで，MFCA によるイノベーション推進力は大いに向上させることができると考えられる。

　資源動員を求める「相手」としてのサプライヤーも重要である。MFCA は，マテリアルのフローを捉えることから，その適用範囲を拡張することで，サプライヤーを問題化することができる。実際にサプライヤーと協働でコスト削減を実現した事例も多数存在し，サプライチェーンへの MFCA 導入の支援プロジェクトも経済産業省によって行われている。上述のように，MFCA による企業間のコミュニケーションは，貨幣情報を使わずに，物量情報のみで行うことも可能である。この強みは，サプライヤーから資源を動員する局面で発揮されうる。さらに，「過品質」という視点を加える (中嶌, 2006) ことでより高次元の資源生産性を実現する方向でコミュニケーションが活発になるかもしれない。企業という境界で分断されている部分には，「過品質」に関する改善の余地が残っている可能性が高い。國部・天王寺谷 (2017) が対象とするパナソニックエコシステムズと日本産業資材の事例は，まさにこの点が問題化されたものであった。一方で，Miller and O'Leary (2005) の事例から示唆されるように，「共有されている期待」のようなものが存在し，トップマネジメントがそれに正当性を付与していれば，資源の動員はより確実になるかもしれない。サプライヤーの資源を動員することを目指したロードマップのようなものを利用することで，MFCA のイノベーション推進力は高まると考えられる。

資源動員プロセスにおける，トップマネジメントの役割の大きさは強調してもしすぎることはない。武石他（2012）も，経営トップや，権限の大きい上級管理職を「より多くの資源を動員できる者」と位置づけ，彼らの支持獲得の重要性を主張している。では，トップマネジメントから支持を得るためには何が必要であろうか。トップマネジメントの「より多くの資源を動員できる者」という特徴を活かすためには，MFCAの強みを活かした多様な観点からの説得が必要であるように思われる。

トップマネジメントを巻き込み，國部・天王寺谷（2017）が提示しているMFCAを中心としたマネジメントモデルを構築することができれば，その効果は大きなものとなろう。MFCAは，計算対象とするマテリアルフロー全体の中で改善の優先度を評価することに役立つ（國部，2010）が，その計算対象を他の製品にも拡げ全社で展開することで，トップマネジメントは，どこに資源を配分すべきかの判断を支援する情報を得ることができる。さらに，資源生産性に関する目標を設定し，それを業績評価指標に組み込むことによって，組織構成員が主体的にイノベーションを促進させていくような影響を与えることもできよう（Mouritsen *et al*., 2009；國部，2010；堀井，2015）。この段階までくれば，MFCAの情報はトップマネジメントから正当性が付与されている状態になり，MFCAを通じた「資源動員の正当化プロセス」は活発になろう。しかし，現実には，この段階に到達するまでが困難であると思われる。Revellino and Mouritsen（2009）の事例においても，Telepassの技術が動員されるタイミングは，CEOが資金の欠乏を認識してからであった。上述のようなマネジメントシステムを構築するためには，トップマネジメントに何かしらの危機感が醸成されることが，原動力として重要である。MFCAによる情報がその危機感を醸成することが出来れば良いが，それが困難である場合，企業に資源生産性を重視させる政策など外生的な施策が必要となるかもしれない。

5. おわりに

　本章では，MFCA がイノベーションを促進するための方策について，「資源動員の正当化プロセス」（軽部他，2007；武石他，2012）を分析視角とした考察を行った。MFCA は，資源が動員される「理由」について多面的な寄与可能性があることから，また幅広い「相手」を対象とできる可能性があることから，MFCA のイノベーション推進力は高いと評価できる。さらに MFCA がイノベーションを促進することを可能にするためには，①MFCA を全社導入し，エンジニアがそのデータを活用した新技術の提案を行うことができるような組織体制・システムを構築すること，②「過品質」をキーワードにし，サプライヤーとコミュニケーションを行うこと，③サプライヤーからの信頼を得る手段として，「共有されている期待」を表すロードマップを作成し，それにトップマネジメントが正当性を付与すること，④資源生産性に関する目標を設定し，それを業績評価指標に組み込むこと，⑤トップマネジメントに何かしらの危機感を醸成させることなどが肝要であると考えられる。また本章では，國部・天王寺谷（2017）が挙げる方策を「緊張の創造」を促進するためのものとして位置づけたが，MFCA を中心とするマネジメントモデルの構築も，企業に資源生産性を重視させる施策も，共に「資源動員の正当化」を促進するための方策としても機能しうることも確認できた。

　本章では，「資源動員の正当化プロセス」の視角から，MFCA によるイノベーションを促進するための方策についての考察を行ったが，それは試行的なものであり，実践で行われているマイクロなプロセスを捉えたわけではない。また，イノベーションを理解するための他の視角を動員することも可能である。多面的な考察によって知見を蓄積することは，MFCA とイノベーションに関する理解を深めることに繋がる。今後，実践におけるマイクロな「資源動員の正当化プロセス」を捉える研究，また他の視角から MFCA とイノベーションの関係性を捉える研究が蓄積されることで，MFCA がイノベーションを促進する

ための有用な方策が様々な角度から提示され，それらの実行を通じて持続的な経済発展が果たされることを期待する。

〈付記〉

本章は，JSPS 科研費 26780266 による研究成果の一部である。

[参考文献]

Abernathy, W. J. and Clark, K. B. (1985) "Innovation: Mapping the winds of creative destruction," *Research Policy*, Vol.14, No.1, pp.3-22.

Davila, A., Foster, G. and Oyon, D. (2009) "Accounting and control, entrepreneurship and innovation: Venturing into new research opportunities," *European Accounting Review*, Vol.18, No.2, pp.288-311.

Ettlie, J. E., Bridges, W. P. and Okeefe, R. D. (1984) "Organization strategy and structural differences for radical versus incremental innovation," *Management Science*, Vol.30, No.6, pp.682-695.

Miller, P. and O'Leary, T. (2005) "Capital budgeting, coordination, and strategy: a field study of interfirm and intrafirm mechanisms," in Chapman, C. S. (Eds.), *Controlling Strategy: Management, Accounting, and Performance Measurement*, Oxford University Press. (浅田拓史訳「資本予算，調整，戦略：企業間・企業内メカニズムに関するフィールド研究」澤邉紀生・堀井悟志監訳（2008）『戦略をコントロールする―管理会計の可能性』中央経済社)。

Mouritsen, J., Hansen, A. and Hansen, Ø. C. (2009) "Short and long translations: Management accounting calculations and innovation management," *Accounting, Organizations and Society*, Vol.34, No.6/7, pp.738-754.

Revellino, S. and Mouritsen, J. (2009) "The multiplicity of controls and the making of innovation," *European Accounting Review*, Vol.18, No.2, pp.341-369.

Simons, R. (1995) *Levers of Control: How Managers Use Innovative Control Systems to Drive Strategic Renewal*, Harvard Business School Press.（中村元一・黒田哲彦・浦島史惠訳（1998）『ハーバード流「21世紀経営」4つのコントロール・レバー』産業大学出版部）。

Tennojiya, T. (2016) "The inherent roles of management accounting for promoting innovation : the case of material flow cost accounting," in Hamada, K. and Hiraoka, S. (Eds.), *Management of Innovation Strategy in Japanese Companies*, World Scientific Publishing, pp.95-108.

Tushman, M. L. and Anderson, P. (1986) "Technological discontinuities and organizational environments," *Administrative Science Quarterly*, Vol.31, No.3, pp. 439-465.

軽部大・武石彰・青島矢一（2007）「資源動員の正当化プロセスとしてのイノベーション―その予備的考察」IIR ワーキング・ペーパー WP ※ 07-05，一橋イノベーション研究

センター.
國部克彦（2010）「積水化学工業の環境経営イノベーション―環境を通した企業成長」 植田和弘・國部克彦・岩田裕樹・大西靖『環境経営イノベーションの理論と実践』中央経済社所収, 143-177頁.
國部克彦・岩田裕樹（2010）「環境経営イノベーションの分析視角」 植田和弘・國部克彦・岩田裕樹・大西靖『環境経営イノベーションの理論と実践』中央経済社所収, 16-36頁.
國部克彦・天王寺谷達将（2017）「グリーンプロセスイノベーションと環境管理会計―マテリアルフローコスト会計（MFCA）がもたらす緊張と効果」 植田和弘・島本実編『グリーンイノベーション』中央経済社所収, 201-214頁.
シュムペーター（1977）『経済発展の理論―企業者利潤・資本・信用・利子および景気の回転に関する一研究（上）』塩野谷祐一・中山伊知郎・東畑精一訳, 岩波書店（岩波文庫）.
武石彰・青島矢一・軽部大（2012）『イノベーションの理由―資源動員の創造的正当化』有斐閣.
天王寺谷達将（2011）「イノベーションと管理会計研究―社会と技術の二分法を越えて」『社会関連会計研究』第23号, 25-38頁.
天王寺谷達将（2012）「イノベーションにおける不確実性と管理会計の関係性―情報システムとしての理解をこえるための再考」『六甲台論集―経営学編』第58巻第3/4号, 1-17頁.
天王寺谷達将（2017）「イノベーションの駆動と会計計算―「計算の方程式」に着目した一考察」國部克彦・澤邉紀生・松嶋登編『計算と経営実践―経営学と会計学の邂逅』有斐閣所収, 99-116頁.
中嶌道靖（2006）「環境管理会計によるイノベーション促進の可能性―マテリアルフローコスト会計のサプライチェーンへの拡張と環境配慮型原価企画の展開」 天野明弘・國部克彦・松村寛一郎・玄場公規編『環境経営のイノベーション』生産性出版所収, 159-173頁.
堀井悟志（2015）「予算管理とイノベーションの創出」『管理会計学』第23巻第1号, 61-71頁.

（天王寺谷 達将）

第6章

MFCA のサプライチェーンへの導入

1. はじめに

　MFCA はもともと企業もしくはサイト単位で導入することを前提とした手法である。しかし，その対象であるマテリアルのフローは特定のサイトや企業内で完結するものではないため，その適用範囲は一企業内にとどまるものではなく，資源の採取から製品の廃棄までのサプライチェーン全体に適用可能である。むしろ，MFCA の適用範囲を大きくした方が，マテリアルフローの効率化による資源生産性の向上に資する機会は大きくなるので，一企業からサプライチェーンへの適用範囲の拡充が奨励されることになる。しかし，企業の範囲を超えた MFCA の導入は，組織間マネジメントの点からは克服されるべき課題が多いことも事実である。

　MFCA のサプライチェーンへの適用については，経済産業省産業技術環境局リサイクル推進課が，2008 年度から 3 年間のプロジェクトとして，「サプライチェーン省資源化連携促進事業」を実施した。このプロジェクトは，2 社以上からなるサプライチェーンに対して，企業が協力して省資源化に努める活動を促進することを目的として実施されたもので，そこでは MFCA をサプライチェーンに導入して，省資源化を目指す活動が実施された。その結果，サプライチェーンへの MFCA 導入に関する多くの事例を蓄積することができ，MFCA をサプライチェーンに適用することの効果が実証された。

　このような成果をもとに，ISO/TC207 に対して，日本からサプライチェー

ンでのMFCAの適用に関する規格が提案され，ISO14051に続く2つ目のMFCA規格としてISO14052が2017年に発行された。MFCAのサプライチェーンへの導入方法が規格化されたことで，MFCAの可能性が国際的なレベルでも拡張することが期待される。しかし，MFCAのサプライチェーンへの導入は，成功すれば効果が大きい半面，克服されるべき課題も多く存在する。本章では，その意義と課題について検討することを目的とする。

2. サプライチェーンへのMFCAの導入の意義

　MFCAは一企業への導入を前提として，開発された手法であるが，マテリアルのフローは一企業の範囲にとどまるものではないので，組織間の協力関係さえ得られれば，サプライチェーン全体に拡張することが可能である。MFCA導入による効果の範囲の拡張については，経済産業省（2011a）では，図表6-1のような図を使って，その効果を説明している。これは，イメージを表した図であるが，たとえ一企業では資源ロスは少なくても，サプライチェーン全体では相当程度のロスが出ていることを示している。

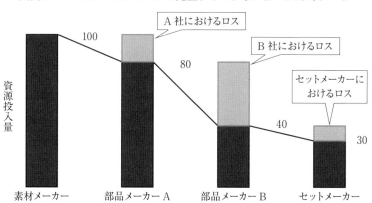

図表6-1　サプライチェーンで発生するマテリアルロスのイメージ

（出所）　経済産業省（2011a）6頁。

特に，最終セットメーカーでは，通常は部品を組み立てるだけなので，材料ロスはほとんど発生しないと理解される傾向があるが，実はその材料や部品を製造するために多大なロスが発生しているのである。しかも，サプライチェーンで生じている資源ロスは，最終セットメーカーの製品仕様書に起因する場合が多く，セットメーカーはサプライチェーン全体でのロスの量に対して大きな影響力を持っているのである。したがって，一企業の範囲内での資源ロスの削減の可能性は限定されているので，サプライチェーン単位での削減が目指されねばならない。

経済産業省（2011b）では，サプライチェーンにおけるマテリアルロスの種類と削減の可能性について，図表6-2のようなモデルを示して解説している。図表6-2は，サプライチェーンの川中企業であるB社を中心にして，そこで生じるマテリアルロスを改善するために，川上であるA社や川下であるC社がどのような対応をする必要があるかを矢印で示している。この図表で示されているものは，サプライチェーンに起因するロスのすべてではないが，その主要なものであり，購入材料の形状に起因するロス，品質基準に起因するロス，製品の設計方法に起因するロス，生産情報（発注ロットサイズ等）に起因するロスなどが示されている。以下では，その中でも典型的なロスの発生原因について検討することにしよう。

購入材料の形状に起因するロスとは，たとえば金属板から材料を切り取る際に，最適な面積でないため端材や抜きカスが出てしまう場合を指す。材料の購入を規格品で行っている場合は，このようなロスは管理不能なロスと考えられてきたが，材料メーカーと交渉することで改善できる事例も少なくない。これは，川上企業とのサプライチェーンで改善可能性が高まる代表的なロスの事例である。

また，製造プロセスで生じるロスの大きな部分を占めるものが，品質基準を満たさないことによるロスである。バイヤーからは常に厳しい品質基準が要求され，それが満たせないことによる仕損品の減少はどのメーカーも最大限の努力を払っているテーマである。しかし，その品質基準そのものの妥当性については，サプライヤーとバイヤー間で十分な協議がなされていない場合も少なく

第6章 MFCAのサプライチェーンへの導入 81

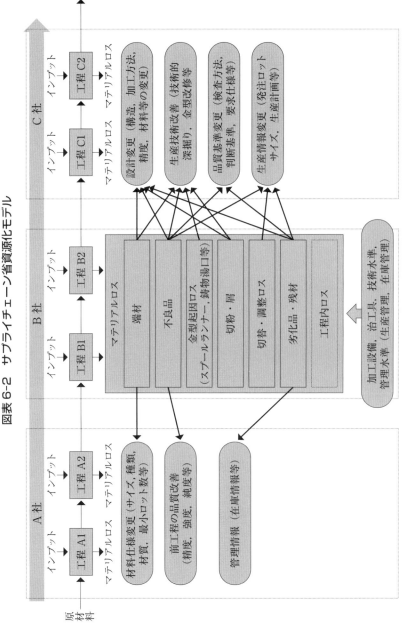

図表6-2 サプライチェーン資源化モデル

(出所) 経済産業省 (2011b) 128頁。

なく，機能的には全く問題のないロスを大量に発生させている場合も多く存在する。たとえば，最終消費者の目につかない製品内部の小さなキズで，製品機能には全く関係のないものでも品質基準を満たさないような品質仕様の場合は，品質基準から見直すことによって，大きなロスを削減することができる。サプライチェーンにおいては，バイヤーとサプライヤーでは経済的な力関係が異なるため，バイヤーによる品質要求はどうしても過剰になりやすい傾向がある。過剰な品質要求は，過剰な資源の消費に結びつくことが多く，過剰品質の問題は，品質劣化を起こさない範囲で，環境問題の視点から再検討すべき重要な課題でもある。

　製品の設計方法に起因するロスとは，通常は，川下企業であるセットメーカーの製品仕様が，川中企業の製造プロセスを考慮せずに作られている場合に生じるロスである。部品メーカーの技術者とセットメーカーの技術者が密接なコミュニケーションをとって製品設計を行っていれば簡単に回避できるようなことであっても，両者の間に断絶があれば，セットメーカーの技術者は部品製造技術の細部まで理解できないため，資源を過剰に消費したり，環境に負荷のかかる製法を要求してしまうことが生じる。このことを解決するためには，サプライチェーン間での技術者同士のコミュニケーションが必要となるが，現在のサプライチェーンマネジメントにおいては，このようなコミュニケーションをとることは容易ではない。

　以上の例は，製造方法に起因するロスであるが，生産管理，購買管理上の生産情報の問題によって，サプライチェーンで生じるロスもある。多くの企業は，最低発注ロット数などを決めている場合があるが，それに満たない少量の需要の場合であっても，最低ロット数で発注することによって，サプライチェーン全体で在庫を増加させてしまう事例が，経済産業省（2011c）でも報告されている。このような問題は，サプライチェーン間の細やかな生産・購買情報の共有によってある程度までは解決できる問題である。

　サプライチェーンでマテリアルロスを削減することの意義と，その代表的なロスの内容を見てきたが，このような問題はその製造工程が一企業の中で完結していれば，比較的簡単に対処できることである。しかし，異なる企業間から

構成されているサプライチェーンの場合は，企業と企業の壁に阻まれ，多くの資源の非効率的な利用が放置されることになる。本章では，この問題を克服するためにMFCAをどのように活用することができるのかについて検討することを目的にしているが，その前にMFCAをサプライチェーンに導入した場合の実際の効果を確認しておきたい。

3. MFCAのサプライチェーンでの効果

　日本では経済産業省を中心に2000年代を通じてMFCAの普及事業が進められ，多くの事例が蓄積されている。MFCAを一企業に適用した場合（77事例）とサプライチェーンに適用した場合（87事例）を利用して，その結果をもとに，一企業に導入した場合とサプライチェーンに導入した場合の効果を比較してみる（岡田・國部，2013）。

　図表6-3は，一企業にMFCAを適用した場合とサプライチェーンに適用した場合のロス率の比較である。ここでのロス率は，MFCAを適用することで明らかになったマテリアルロスコストと，適用されたプロセス全体のコストとの比率である。一企業に適用した場合のロス率は10%未満が一番多く，8割以上のケースがロス率は30%未満であった。一方，サプライチェーンの場合では，2割以上の企業がロス率50%以上であり，30%以上の企業が5割を超えている。この事例から明らかなように，サプライチェーンに適用した方が，はるかにロスの比率は高まるのであり，その分，改善の余地が大きくなることが理解されよう。特に，組み立てメーカーの場合，自社の工程ではロスはほとんど発生しないが，サプライチェーンでは多大なロスが発生しており，その原因は組み立てメーカーの設計図に起因するところが大きいので，サプライチェーンにMFCAを適用する効果は大きいと言える。

　また，一企業にMFCAを適用する場合とサプライチェーンに適用する場合では，発生するロスの種類にも変化があるだろうか。図表6-4は，一企業の場合とサプライチェーンの場合で，MFCAによって明らかにされたロスの種類を

図表 6-3　一企業とサプライチェーンで　MFCA を適用した場合のロス率の比較[1]

対象 ロス率(％)	企業単独	サプライチェーン
80％以上		1（2％）
70〜80％未満	3（4％）	5（10％）
60〜70％未満		2（4％）
50〜60％未満		4（8％）
40〜50％未満	4（5％）	3（6％）
30〜40％未満	7（9％）	11（22％）
20〜30％未満	15（19％）	6（12％）
10〜20％未満	12（16％）	6（12％）
10％未満	36（47％）	11（22％）
合計	77	49

（出所）　岡田・國部（2013）表7。

比較したものである。なお，ロスの種類は一事例で複数以上ある場合もあるので，事例企業数よりも多くなっている。図表6-4を見れば，発生するロスの傾向としてはおおむね同じであるが，サプライチェーンの場合は，加工歩留まりロスが非常に大きくなっていることが特徴的である。

このようなロス率およびロスの種類の相違は，ロスに対する改善活動にも影響する。図表6-5は，一企業にMFCAを適用した場合と，サプライチェーンに適用した場合の改善活動の比較である。図表6-5を見ると，一企業に適用した場合には，現場改善活動が32％と一番多いが，サプライチェーンに適用した場合には原材料の変更が25％と最多となる。さらに，一企業の場合では，生産方法・計画の変更が8％と小さかったのに対して，サプライチェーンの場合は

1　サプライチェーンの事例は，すべての事例でロス率が公開されているわけではないので，合計は事例総数よりも小さい。サプライチェーンの事例では原則としてサプライチェーン全体のマテリアルロスコスト率を対象としているが，事例によってはサプライチェーン内の組織の個別の値しか公開されていなかったので，その場合は最も高かった値を用いている。

図表6-4　一企業とサプライチェーンでMFCAを適用した場合のロスの種類

対象 ロス分類	企業単独	サプライチェーン
加工歩留まりロス	40 (33.6%)	71 (53%)
不良品ロス	25 (21%)	23 (17%)
工程内リサイクルロス	11 (9.2%)	5 (4%)
切換えロス	9 (7.6%)	7 (5%)
在庫処分ロス	7 (5.9%)	2 (1%)
補助材料ロス	13 (10.9%)	22 (16%)
廃棄ロス	3 (2.5%)	4 (3%)
その他	11 (9.2%)	0
全数	119	134

(出所)　岡田・國部 (2013) 表8。

図表6-5　一企業とサプライチェーンでMFCAを適用した場合の改善活動の比較

対象 改善策	企業単独	サプライチェーン
現場改善	47 (32%)	16 (9%)
原材料の変更	22 (15%)	44 (25%)
製品設計の変更	16 (11%)	20 (11%)
生産計画変更	11 (8%)	33 (18%)
設備変更	39 (27%)	28 (16%)
ロスリサイクル	3 (2%)	11 (6%)
その他	8 (5%)	27 (15%)
全数	146	179

(出所)　岡田・國部 (2013) 表9。

18%と大きくなっている。原材料の変更も生産方法・計画の変更もサプライチェーン単位でないとなかなか実施できない活動である。しかも，現場の改善活動に比べて一般に成果は大きいと考えられるため，有効性が高いと評価できる。[2]

これらの比較はこれまでの事例の結果をまとめたものであるが，個別の企業事例の場合とサプライチェーンでの事例の場合はその特徴が異なることが理解できる。そして，ロス率はサプライチェーンの方が大きく，それだけ改善の余地も大きいのである。しかし，サプライチェーンへのMFCAの導入は，異なる組織間への導入であるため固有の限界を持つ。特に資本関係のない組織間にMFCAを導入することは一般に非常に困難である。次節ではその課題について検討しよう。

4. サプライチェーンへのMFCA導入の課題

サプライチェーンへのMFCAの導入は，理論的にはマテリアルロスを発生させている原因をより幅広く捉えることができるため，MFCA適用による改善効果が大きくなることが期待される。前節で示した事例は，サプライチェーン単位でないと解決できない課題にうまく対処して，大きな効果をあげたものである。しかし，異なる企業間へMFCAを適用して改善活動を行う場合には，一企業では遭遇しない多くの課題が存在する。そのような課題のほとんどは，サプライチェーンにおける企業と企業の関係が経済的な関係で結びつけられていることから生じている。

最終消費者に至るまでのサプライチェーンは，材料や部品の企業間での売買から構成されているが，この関係はビジネス上は，技術面でのつながりではなく，サプライヤーの営業部門とバイヤーの購買部門との関係が基本となる。さらに，その間に商社が介在するケースでは，メーカー同士の直接的な交流がなくなってしまう場合もある。つまり，サプライチェーンにおける各企業は個別

---

[2] 図表6-3, 6-4, 6-5についてカイ二乗検定をしたところ，すべての図表で，企業とサプライチェーンの差異は，1%水準で有意であった。

の独立した経済主体であり，双方の製造や技術部門が相互に協力して環境負荷を削減しようという活動を起こしにくいどころか，そのためのコミュニケーションを行う機会すら限定される仕組みになっている。さらに，この傾向に追い打ちをかけているのが，1円でも安い資材を求めて，集中購買管理を行う企業が増えてきていることである。このような場合は，バイヤーとサプライヤーの関係はさらに希薄となり，経済的な条件次第で，サプライチェーンの構成はすぐに変更されることになる。

一方，自動車産業に典型的に見られるように，最終セットメーカーを頂点にして，ピラミッド型の堅牢なサプライチェーンが構築される場合もある。重要な部品については，資本関係のある子会社が製造し，そこに部品を納める企業も長期間の取引関係を前提として，強固なサプライチェーンが構築されることになる。このような場合には，サプライチェーン間の技術協力も密接となる。しかし，サプライチェーンの関係が長期的であることは，そこに馴れ合いが生じて非効率になる恐れがあり，それに対してバイヤーからは非常に強い原価低減要求がなされるのが常であり，そこでも環境負荷削減という思考が入り込む余地は限定されてしまう。

もちろん，サプライチェーンでの環境配慮という動きもあるが，その多くは特定の有害物質の使用禁止のようなコンプライアンス面のものが多く，サプライヤーとバイヤーが協力して環境負荷の低減に努力するようなスキームはまだ十分に普及していない。なお，材料や部品の輸送面での改善は，通い箱のように環境負荷の低減とコスト削減を目指す場合もあるが，これはもともとバイヤーによる廃棄物削減要求からくるもので，製品製造プロセスそのものに踏み込んだ取り組みではない。このように，サプライチェーン全体の事業プロセスを環境の視点から再検討することは，いくら環境面からは有益であったとしても，構造的に難しい仕組みになっているのである。

しかし，逆から見れば，既存のサプライチェーンが経済関係を最優先にして構築されているため，MFCAを導入して，省資源化を実施しようとすると，これまで見過ごされていた解決策を比較的容易に発見することができ，多くの改善機会を見つけることができるのである（経済産業省，2011c）。また，環境面か

ら見れば，一企業で環境負荷を削減しても，そこで削減された負荷がサプライチェーンのどこかで増加していれば，地球規模で見れば相殺されてしまうので，サプライチェーン単位で環境負荷の削減や資源の有効利用を追求することが望ましく，この方向性を社会的に促進する必要がある。

　MFCAは単なる環境改善のツールではなく，省資源化を通じて，原材料費，エネルギー費，廃棄物処理費等の削減を目指しており，経済効果も指向するものなので，その意味では環境保全目的だけのツールに比べてサプライチェーンに適用しやすい側面を持つ。しかし，それでもサプライチェーンであえてMFCAを導入して，省資源化に取り組むためには，通常のサプライチェーンが経済関係で構築されているため，それを促進するための新しい社会経済的な制度設計も同時に考えなければ，一般にはなかなか普及しにくいと考えられる。

　経済産業省のサプライチェーン省資源化連携促進事業は，一定の効果を上げたと評価できるが，これは経済産業省の支援があったから実施できたことで，企業が自主的に推進していくためには，より一般的な政策的支援が必要となる。最後にこの問題を考えることにしたい。

5. サプライチェーンでのMFCAによる省資源化活動を促進するための方法

　サプライチェーンは，経済関係を第一として結びつけられているため，環境の要素が入り込む余地は制約条件として以外では難しいことを前節で説明した。MFCAのように，環境と経済を両立するための手法であっても，そのためにかける労力と見合うかどうかが重要となり，現在の経済条件を軸にする企業間関係のもとでは，MFCA導入が自発的に進むとは考えにくい。

　しかし，省資源化や環境負荷を低減するためには，サプライチェーン単位でなければ実効性が担保されないので，環境保全活動もサプライチェーン指向の試みが現れている。たとえば，カーボンフットプリントや，GHGプロトコルスコープ3などは，それぞれ製品単位もしくは組織単位のサプライチェーンを対象としたCO_2の測定を対象としており，環境マネジメントの領域でもサプラ

イチェーンの重要性が強調される傾向にある。カーボンフットプリントは実務への普及が十分進んでいないが，スコープ3に準拠したCO_2の測定実務は着実に普及してきている。しかし，そこで実施されているのは，サプライチェーン全体でのCO_2の測定で，実際の削減まで努力している例は非常に少ない。問題は，測定・評価の段階を超えて，実際の削減にどのように結びつけることができるかである。

　その意味でMFCAをサプライチェーンに適用するためには，いくつか重要な課題がある。まず，誰がイニシアティブをとるのかという問題と，実施する場合の企業間機密にどのように対応するかという問題がある。これらの課題に対して，1つの対応策を示したものがISO14052である。ISO14052では，MFCAをサプライチェーンに導入する場合には，リーダー企業が必要であるとして，それをinitiating organizationとして位置づけている。

　ISO14052では，サプライチェーンでMFCAを導入する原則として，以下の4つを掲げている。

① コミットメント：リーダー企業は，MFCAをサプライチェーンに適用するために，他の組織と共同することができる。参加企業はサプライチェーンでのマテリアルとエネルギーを改善することにコミットする。
② 信頼：プロジェクトはすべての参加組織間の相互信頼を基礎とする。必要な場合は，情報の機密性を参加企業の間で保証する。
③ 協力：MFCAを実施するすべての組織は緊密に協力する。特に，結果の共有と分析にあたっては，すべての参加企業のベネフィットになるような結果に到達できるように，密接な協力が必要である。
④ ベネフィットの共有：すべての参加組織は，努力とベネフィットの両方を共有することによって，サプライチェーンにおけるMFCAの導入の成功を実現させる。

この4つの原則を見れば，リーダー企業のイニシアティブのもとに参加企業間で相互信頼を醸成することが，サプライチェーンでのMFCAの導入には必

須のことがわかる。さらに，サプライチェーンを構成する企業は，異なる組織であるから情報の共有においては，機密事項の保持という制約が課される。これがうまくいかないと，サプライチェーンでのMFCAは成功しない。しかし，サプライヤーとバイヤーは常に価格交渉をしているわけであるから，コスト情報の共有には抵抗があるかもしれない。サプライチェーンでのMFCAの導入は，サプライチェーンの資源生産性の向上であって，コスト共有が目的であるわけではない。コスト情報を共有しなくても，物量情報レベルの共有でも十分効果を発揮できる場合もある。

そこで，ISO14052では，サプライチェーンにおける情報共有の段階を，①プロセス情報の共有，②物量情報の共有，③定量化された環境情報の共有，④金額情報の共有，の4段階に分けている。もちろん，すべての情報を共有できれば，効果は高いであろうが，それが必須というわけでなく，製品の加工に関するプロセス情報の共有だけでも高い効果を発揮する場合もある。たとえば，パナソニックエコシステムズと日本産業資材のサプライチェーンでのMFCAの導入事例では，それまでは両社の間に商社が介在していたため技術的な情報が全く共有されていなかったが，組織間では金額情報を共有しなくても，技術情報の意見交換だけで，多くの改善ポイントが明らかになった（田脇，2009）。

これまでのサプライチェーンでのMFCAの導入から，サプライヤーの能力やバイヤーの要求として，制約条件として考えられていたことが，相互に協議することによって改善可能であることがわかる事例は非常に多い（経済産業省，2011b）。その代表的な例は，サプライヤーから供給される部材の形状の変更，ロット数の変更，バイヤーからの品質基準の変更などである。サプライヤーから供給される部材の形状は，切り屑，端材の大きな原因であるが，それが変更されればマテリアルロスが大幅に削減される場合もある。また発注ロットの最小単位は材料の在庫を増やす要因になりやすいため，これが改善できれば効果は大きい。さらに，バイヤーから要求される品質水準は，ともすれば必要以上に過剰になりやすかったり，サプライヤーの技術能力を考慮せずに規定されている場合があるので，サプライヤーとバイヤーの相互調整が緊密にできれば，過剰な品質基準を満たさないことによるロスをかなり減らすことができると考

えられる。

　このようにサプライチェーンにおけるMFCAの導入は，非常に大きな改善の可能性をもっているのであるが，それを導入するための最初の一歩が難しい。ISO14052では，リーダー企業の役割を重視しているが，リーダー企業に相当のベネフィットがなければ，導入の促進は難しいと考えられる。このような状況を打開するためには，環境に配慮したサプライチェーンを定義し，可能ならその効果を測定して，そのようなサプライチェーンを社会的に評価するような仕組みが必要になる。たとえば，MFCAをサプライチェーンに導入すれば，マテリアルのインプットとアウトプットの比率を算定することができるようになる。これらの指標をもとに資源生産性の向上を目指すサプライチェーンを「省資源化サプライチェーン」などの名称を付けて奨励することが考えられる。

　このような活動を政府が率先して行うのであれば，「省資源化サプライチェーン」企業群に対して，何らかの認定制度を作って評価したり，補助金等の財政的支援の対象とするなどの政策が考えられよう。このような評価が，環境に関心のあるグリーンコンシューマーの関心を引けば，企業の競争力強化にもつながるはずであるし，それを誘引するような情報開示制度を構築することも必要となろう。

　また，サプライチェーンを構成する多くの企業が中堅・中小規模であり，それらの企業が中国をはじめとするアジア企業と過酷な競争にさらされている日本の現状を考えれば，「省資源化サプライチェーン」の1つと認定されることで，日本の中堅・中小企業の経営基盤が安定し，環境負荷の低減にも資するような政策的な支援が必要となるであろう。貿易面での優遇措置などは，その有力な手段となろう。さらに，このようなサプライチェーンの世界展開は，日本が進めるべき国際貢献の1つと言えよう。

6. おわりに

　本章では，サプライチェーンへMFCAを導入する意義と課題について検討

してきた。その結果，MFCAをサプライチェーンへ導入することによって，一企業では解決できなかった課題に対処することができるようになるため，その効果は大きいことが示された。しかしながら，サプライチェーンにおける企業間関係は経済的な条件で結びつけられており，省資源化や環境負荷低減目的でサプライチェーンの構成企業が協力し合うことは難しいことも明らかにされた。この課題を克服するためには，企業の努力だけではなく，政府機関による政策的支援が重要であり，その方向性の一部を指摘した。

環境保全が一企業単位では限界があり，サプライチェーン単位での対応が重視されているのは世界的傾向である。サプライチェーンでの対応も，環境に悪影響のある部材は購入しないというコンプライアンス的なレベルから，サプライヤーと協力して全体的な環境負荷を削減する方向へ展開している。特に，CO_2の削減にあたっては，サプライチェーン単位で削減を考える方向がますます強まっている。資源生産性も，サプライチェーンで考えなければ，抜本的な改善は望めない。MFCAはそのための重要なツールである。しかし，異なる組織間でMFCAを導入するには，MFCAの技術レベルを超えた政策レベルの支援が必要になる。

また，このような政策レベルの支援を促進するためには，ステークホルダーの力も必要である。ステークホルダーの評価が一企業からサプライチェーン単位に移行すれば，当然，それが政策的支援の対象となるからである。企業の自主的努力も増加するであろう。そのためには，サプライチェーンの資源生産性を評価する指標が必要となる。MFCAは，サプライチェーンにおける資源生産性の向上とその指標化の双方に貢献することができる。

〈付記〉

本章は，岡田・國部（2013），國部（2011）の内容をもとにして執筆したものである。

[参考文献]

ISO 14052 (2017) *Environmental Management – Material Flow Cost Accounting*

– *Guidance for Practical Implementation in a Supply Chain*, ISO.
岡田華奈・國部克彦（2013）「マテリアルフローコスト会計の導入効果―企業単独とサプライチェーンの比較検討」『環境管理』第48巻第9号，44-49頁。
経済産業省（2011a）『サプライチェーン企業連携で省資源化に取り組むための企業ガイダンス（Ver.3)』経済産業省産業技術環境局リサイクル推進課。
経済産業省（2011b）『サプライチェーン省資源化連携促進事業事例集』経済産業省産業技術環境局リサイクル推進課。
経済産業省（2011c）『企業連携で取り組む省資源化入門』経済産業省産業技術環境局リサイクル推進課。
國部克彦（2011）「サプライチェーンへのマテリアルフローコスト会計導入の意義と課題」『日本情報経営学会誌』第31巻第4号，75-82頁。
田脇康広（2009）「サプライチェーン省資源化連携促進事業に参加して」『環境管理』第45巻第10号，43-49頁。

（國部　克彦・岡田　華奈）

第7章

MFCAとLCAの統合モデルの可能性
―環境と経済の連携を再考する―

1. はじめに

　MFCAは手法の開発から20年以上の年月を経て，環境マネジメントの手法としての地位を確立してきた。MFCAはマテリアルフローに関する環境情報だけでなく，コストという経済情報を取り扱う手法であり，この点で，環境マネジメントシステムを構成する多くの他の環境マネジメントツールとは特徴を異にする。MFCAは，企業の経済的管理のための手法である管理会計に環境の要素を導入した環境管理会計の一手法であるが（國部他，2012），環境管理会計手法の中で最初にISOで規格化されたものがMFCAである。

　したがって，他の環境マネジメント手法と比較した場合のMFCAの特徴は，環境と経済を連携させることであり，これまで抽象的にしか理解されてこなかった組織（企業）における環境と経済の関係を具体的に示すことができるメリットがある。しかも，MFCAは環境保全活動が具体的に経済面でも効果（主に廃棄物削減によるコスト削減効果）があることを評価できる手法であるため，企業現場において環境保全と事業活動の連携を促進する効果があるとされてきた。実際に，経済産業省による長年にわたるMFCAの普及事業では，MFCAによる環境と経済の双方に対する効果が多くの事例から実証されてきた（経済産業省，2011）。一方，LCAのような手法は，環境影響の削減には有効であっても，経済効果が見えないことが手法の普及を妨げてきた面があるが，MFCAの場合は，経済効果も同時に追求できる手法として注目を集め，一部の企業では

熱心に取り組まれるに至っている。

　しかし，MFCA は企業現場において環境と経済を連携し，環境と経済の win-win 関係を創り出すことができる手法であるとしても，環境保全の経済効果をコスト削減として評価することについての本質的な限界も有している。MFCA は一部の企業で熱心に取り組まれる反面，企業の自主的な努力だけでは一般になかなか普及しないのは，MFCA によるコスト削減効果が重視され過ぎるという面があることは否定できない。なぜなら，企業がコスト改善目的で MFCA を導入しようとしても，他のコスト改善手段と比べて有効でないと，なかなか採用されにくいからである。

　MFCA は，コスト削減効果があるとは言え，それは環境保全の視点から見たコスト削減効果であるため，一般的なコスト削減手法と比較すれば，その面での比較優位が確保できない場合も少なくない。しかし，MFCA が環境と経済を連携する手法であるとすれば，経済面の効果だけで手法の採否を決定することは望ましくないであろう。この問題は，MFCA の環境保全面での効果を認識しなければ解決できない問題で，そのためには MFCA の環境保全手法としての意義を再確認して支援する制度的な担保が必要となる。本章では，この問題について，MFCA の基本原理から説き起こし，上記の課題を克服するための制度的な支援までを考えていくことにしたい。

2. MFCA の原理と企業経営への貢献

　MFCA は，マテリアルのフローとストックを物量と貨幣単位で測定し，マテリアルロスをコストで評価することで資源生産性の向上に貢献する手法である。その一般的なフレームワークは ISO14051 に規定され，環境マネジメント手法の中で，会計情報を活用する環境管理会計の主要手法として世界に普及しつつある。MFCA はその用語からも明らかなように，もともとマテリアルフロー会計が基本であり，マテリアルフローの情報にコスト情報を結びつけることで，経営意思決定への貢献を目的としている。

マテリアルフロー会計では，マテリアルのフローは重量のみで評価されるため，経営者の関心を引くことが難しいが，マテリアルのフローをコストと結びつければ，経済面での非効率性が明らかになって，経営者の関心を引きやすい。特に廃棄物をコスト評価すれば，経営者がコスト削減対象として廃棄物を意識するようになるので，MFCAは廃棄物の削減による資源生産性の向上というインセンティブを経営者に与えることによって，環境保全と経済効果の両方のメリットを同時に追求できる手法として注目されてきた。

一方で，マテリアルのフローとコストを結びつけることは，マテリアルフロー測定の原理とコスト測定の原理が異なるので，MFCAはマテリアルフローの測定をベースにコスト測定を行うか，コスト測定を基準にマテリアルフローの測定を考えるかで，計測手法の方向性がかなり異なる。ドイツで開発されたMFCAの原型であるフローコスト会計はマテリアルのフローをベースにするものであるが，日本で開発されたMFCAはコスト評価しやすいようにマテリアルフローの測定を簡素化することを認めている。ISO14051では，どちらの考え方でも対応可能であるが，マテリアルフローベースよりもコスト評価・改善志向の考え方が強く出ている。これは，ISO14051の付録の企業事例を見ても明らかである。したがって，MFCAは，マテリアルフローをベースに環境と経済を連携させる手法であるが，現在は，マテリアルフローの正確な把握よりも，廃棄物削減によるコスト削減を重視する側面が強調されていると言える。

それでは，このようなMFCAによるコスト計算が，なぜ，企業経営にとって有効なのであろうか。MFCAが提供する情報はどのような点で経営者に追加情報を与えるのであろうか。それは，前述のように廃棄物のコストが評価できる点にある。通常の企業の原価計算であれば，売上に対して回収すべき原価の額を計算することが目的となるので，一旦投入されたコストは，廃棄されようと，製品に体化されようと，コスト回収目的からすれば同じことなので，廃棄物になった原材料費や加工費を分離して計算する必要はない。

しかし，一方で廃棄物も，製品と同じように原材料を使用するだけでなく，人件費や設備などの加工費を使用していることから，製品と同じように手間がかかっている。したがって，廃棄物も製品と同じように原価計算するべきであ

るというのが，MFCAのコスト評価の基本になる。第1章でも説明したように，良品を「正の製品」，廃棄物を「負の製品」とも呼ばれ，廃棄物も加工工程を経た「製品」として計算すべきであると説明している（中嶌・國部，2008）。MFCAでは，廃棄物（負の製品）のコストを，原材料費（エネルギー費を包含）と加工費そして廃棄物処理の合計として算出し，廃棄物を削減することは原材料やエネルギーを削減することでコスト削減と環境保全が同時に達成できると主張する。

　実際にMFCAによって廃棄物のコストが明らかになると，経営者にとってそれまで物量として見られていた廃棄物が，コスト削減による収益向上の対象として理解されるようになる。特に，部材製造のような廃棄物を多く出す産業では，これまで目に見えなかった改善対象がMFCAによって金額で表現されることで，廃棄物削減活動が実施され，資源生産性を高める様々なイノベーションが展開されてきた。

　これがMFCAによる企業経営の貢献の原理であるが，これは企業現場において，環境と経済をどの程度連携させているのであろうか。単純にwin-win関係と称してよいのであろうか。この点について，節を改めて検討したい。

3. MFCAによる環境と経済の連携の意義と限界

　MFCAは上記のように，通常の企業経営手法ではロスとみなされていなかった廃棄物にかかわる原材料費と加工費を金額として示すことで，経営者に対して，新たなコスト削減の可能性を示し，同時に廃棄物削減による環境負荷の低減および資源生産性の向上を促進する効果がある。経営者は，環境負荷削減の重要性を頭でわかっていても，企業という組織そのものが利益追求という思考で動いているため，法規制等で強制されていない限り，環境保全目的だけでは対応しにくいのが現状である。これに対して，MFCAは環境対応がどの程度経済的にメリットがあるかを示すことになるので，環境保全活動を促進するのである。しかし，環境と経済の連携はそれほど単純なものではない。この関係を

十分理解しておかなければ，表面的な環境と経済の win-win 関係のみが喧伝されて，本質的な改善には至らない可能性が高い。

　環境と経済の思考の相違は根本的なもので，人間個人の努力や配慮では克服できないものである。この問題は，第１章で説明したマテリアルのフローとマネーのフローの対比として捉えるとわかりやすい。環境の思考はマテリアルのフローに従って効率性を考えるが，経済の思考ではマネーのフローに従って効率性を考えるのである。マテリアルのフローとマネーのフローは図表 1-5 のように逆行するので，環境と経済は原理的に対立することになる。以下では，第１章の説明と部分的に重複するが，図表 1-5 を念頭に，MFCA による環境経済の連携の意義を検討しよう。

　環境を守るためにはマテリアルのフローをできるだけ効率的に実行しなければならない。マテリアルのフローには当然エネルギーも含まれる。その際の起点になるのはインプットであり，インプットあたりの効果を最大限にすることが，環境効率性の向上を可能にする。一方，経済活動はマネーのフローによって形成されており，マネーがフローしなければ経済は成立しないので，マネーのフローが基準となる。その際の思考の起点はインプットではなく，製品・サービスのアウトプットに対するマネーのインフローである。原材料を購入していくらで売れるのかを考えるのではなく，いくらで売れるものをつくるためには原材料がどれだけ必要かを考えるのである。これはマテリアルのフローの思考とは逆向きである。

　一方，マテリアルフローの観点からすれば，最終的に製品に体化されず廃棄されるマテリアルはすべてロスである。ところが，経済の観点からすれば，その廃棄されるマテリアルのコストも売上から回収されるならば，それは価格に織り込みずみでロスではない。しかし，そのロスを改善すれば利益はより向上することを示す点に，MFCA の意義がある。一方，経済の観点からすれば，獲得できたはずなのにそれを逃した機会がロスとなる。生産すれば売れていたのに生産しなければ，それは機会を逸したことになり，経済的にはロスである。当然のことながら，このような機会ロスは自然環境には何ら影響を与えないので，環境の観点からはロスではない。

このようにマテリアルのフローとマネーのフローは逆向きなのであるが，利益の獲得（コスト削減）という側面では，常に対立しているわけではなく，マネーのフローを基準にした管理では見過ごしていた点が，マテリアルのフローを分析することで明らかになるのである．MFCAが対象とする廃棄物はその典型で，マネーのフローから見れば見過ごされていた対象が，マテリアルのフローを分析することで顕在化したのである．このような場合は，環境保全がコスト削減すなわち利益向上につながるので，環境と経済が連携されることになる．MFCAの多くの企業事例では，MFCAを通じて環境と経済が連携し，双方に効果をもたらすことが示されている．

もちろん，企業にとってもできるだけ少ない資源で製品を製造することは経済的な原理から言っても有効なので，製品の設計段階では，資源生産性を高めることは重要な課題となる．しかし，製品の設計が完成し，製造が開始されると，その設計を前提として経済効率性が追求されることになるので，設計の範囲で許容されるマテリアルロスまでを削減しようとするインセンティブは働きにくいのである．MFCAはこの見過ごされた点に体系的にアプローチできる手法として有効性がある（安城, 2007）．

これが，MFCAによる環境と経済の連携の本質である．MFCAが経済面でも貢献する理由は，マテリアルのフローとマネーのフローが同軸になるからではなく，むしろ逆向きのままであるから，マネーのフローの観点からは体系的に見過ごされていた点がMFCAによって可視化されたためである．したがって，MFCAを導入しただけでは，マテリアルのフローもマネーのフローも逆向きのままであり，完全に両者が連携されているわけではなく，むしろ一時的な接点での両立に過ぎないのである．

環境と経済の本質的な対立を抱えたままの連携は，いずれ環境と経済に再び引き裂かれることになる．環境保全が経済的な効果があるということは，環境保全の効果が経済単位で評価されるということでもある．これは，環境保全効果はあっても経済効果はない環境保全活動は実施されないことを意味するだけでなく，たとえ経済効果はあっても，他の経済活動に比べて相対的に効果が低いと判断されれば，そのような活動も実施されない可能性が高いことを示唆し

ている。MFCA の適用事例で言えば，MFCA を適用することによって，環境面での非効率性と経済面での非効率性を同時に改善できる案件を発見することはできる。しかし，経済面だけを考えれば，このような案件の改善を実施するか否かは，他の活動をした時に得られるであろう利益との比較で決定されることになる。

　したがって，環境と経済が MFCA によって連携されて win-win 関係が達成されるとしても，経済面からはそれだけで実行に移されるとは限らないのである。MFCA が，経済産業省の普及事業で多くの企業に導入されて，様々な成果をあげたケーススタディが積み上げられているが，それでも MFCA の継続的な普及になかなかつながらないのは，MFCA の経済効果が企業にとって相対的に大きくない場合は，経済の論理に従って，MFCA が企業内では自主的に普及しにくいからである。

　これまでの議論をまとめれば，MFCA は，環境保全活動の中に経済の視点を導入することで，企業経営に対して新しい視点を付与する新しい手法であり，国際標準化を経て世界的に普及が進んできた。しかし，MFCA を企業活動の中で自主的に継続させるためには，場合によっては，MFCA によって経済的な効果を示すことが，環境保全活動の企業内での進展の阻害要因にもなりうるのである。これは皮肉にも，環境と経済の連携という手法のメリットそのものが，普及の障害になっている現象である。すなわち，マテリアルのフローとマネーのフローの対立として理解される環境の論理と経済の論理の対立は，MFCA による環境と経済の連携だけでは解決しないことを示している。この問題を解決するためには，MFCA による改善活動の環境面での効果を強調する必要がある。

4. MFCA の環境保全手法としての可能性—LCA との統合

　MFCA によって環境と経済が連携され，win-win 関係が強調されればされるほど，MFCA の導入による廃棄物削減や資源生産性の向上は企業独自の責任で

実施すればよいという理解が進んでしまう．極端な場合，企業はMFCAをコスト削減目的で実施しているのであるから，環境保全とは関係ないという主張にまで至る場合がある．実際に，MFCAをコスト削減目的だけで実施するケースもあるが，コスト削減目的が重視されればされるほど，環境保全目的は後景に下がり，経済の論理だけで活動が決定されるようになってしまう．

　この限界を克服するためには，MFCAによる環境保全面の効果を強調するしかない．MFCAはコスト削減という経済面への効果を持つ手法として導入が促進されてきたが，これを継続的に実施するためには，環境面への効果も適切に把握して，評価することが求められる．MFCAの環境面への効果を測定するためには，LCAとの統合が1つの有効な方法である．MFCAとLCAは，バウンダリーや測定方法には相違があるものの，マテリアルのフローをベースに重量単位で測定するところは共通しており，MFCAの環境面の効果を示すためにはLCAとの統合がもたらすメリットは大きいと考えられる．

　MFCAとLCAの統合方法には，経済単位で統合する方法と，MFCAは経済単位，LCAは環境単位のまま別々の基準で統合する方法の2つが考えられる．経済単位で統合する方法は，LCAの経済的なインパクト評価手法を応用することで統合するものである．筆者らは，かつて，MFCAと経済的インパクト評価手法のLIMEとの統合を試みたことがある（國部他, 2006）．企業事例を使用して，廃棄物のコストとLIMEで評価したその環境影響を同時に計算し，環境経営活動に有効かどうかを検証してみた．しかしながら，廃棄物のコスト金額に対して，LIMEで評価された経済影響の金額は極めて小さく，せいぜい数パーセントに過ぎず，コスト評価として合算しても，100円だった評価額が101円から105円になる程度なので，経営意思決定の改善には活用できず，MFCAとLCAを統合するときには，経済と環境を分けて統合すべきであるという結論に至った．

　MFCAとLCAを経済単位と環境単位で分けて測定するということは，それぞれのマテリアルについて，コストと環境影響を併記する形で測定して，経営意思決定を改善しようとするものである．この点については，我々は，環境影響を気候変動に限定して，MFCAとLCAの統合について体系的な研究を行っ

てきた（國部他，2015）。そこでは，LCAのインベントリデータベースを開発し，マテリアルごとのCO_2とコストを併記する集計方法を開発し，製品とマテリアルロスの両方が，コストとCO_2の両方で計算できる方法を提案した。

　MFCAとLCAの統合は情報として併記するだけでなく，意思決定に活用しなければ意味がない。そのためには，環境と経済を対比的に示して，企業としてどこに注力すべきかを示す必要がある。この点について，我々はCFPとMFCAの統合情報から，マテリアルごとにコストとCO_2情報を2軸でプロットし，このような情報が企業にとって有効かどうかを検証した（國部他，2015）。その結果，企業ではこのように環境情報とコスト情報を併用することに追加情報があることがわかったが，実際にCFPとMFCAの統合情報を活用するためには，製品設計の現場で環境負荷を継続的に削減していくための具体的な目標が必要であることも判明した。つまり，環境負荷削減が企業目標として確立され，それが個別の活動にブレークダウンされて初めて，MFCAとLCAの統合モデルは活用できるということである。

　本節での議論をまとめれば，MFCAを企業の中に継続的に導入するためには，経済効果だけでなく環境保全効果の面を強調する必要があり，そのためにMFCAとLCAを環境単位と経済単位の2つの軸で統合する手法が有効である。しかし，この統合モデルを実際に企業経営で活用するためには，環境負荷の削減を個々の企業活動にまでブレークダウンすることが必要であった。最後にこの問題を検討しよう。

5. 環境目標の設定とMFCA―LCA統合モデルの活用

　環境保全活動は企業の活動の根幹の1つであるから，現在では，大企業はもちろん，中小企業でも環境マネジメントシステムを構築して環境目標を持っている企業は少なくない。しかし，実際に環境目標を企業活動の細部にまで活用しているかというとそうでもなく，環境目標はあくまでも大枠の目標で，すべての事業活動が経済的利益の獲得に向けて組織化されているように，環境目標

が企業経営に取り込まれているわけではない。これを環境目標と経済目標を同じレベルに位置づけるためには，企業目標自体を変更する必要がある。これは企業経営者だけでは解決できない問題である。いくら企業経営者が環境経営を重視したいと思っても，ステークホルダーがそれを認めなければ，経営者といえども裁量の余地は限定されてしまうからである。

　これは古くから環境と経済の対立を考える場合の根本的な問題であるが，この問題を解決するためには，環境目標を経済目標に並ぶ目標にまで高める必要がある。それは環境経営を遂行するうえでの最も困難な課題であるが，統合報告のフレームワークに1つの活路を見い出せる可能性がある（IIRC, 2013）。統合報告の基本的な思考は，企業は6つの資本（財務資本，製造資本，人的資本，知的資本，社会・関係資本，自然資本）を活用して，企業だけでなくステークホルダーに対しても価値を創造することを重視し，長・中・短期の視点からの価値創造について報告を要求するものである。しかも，統合報告書の「統合」とは，もともとは財務報告とサステナビリティ報告の「統合」を意味するので，本章で対象としている環境と経済の連携を含むものと理解できる。

　統合報告を採用する場合は，できれば6つの資本による価値創造の観点から，企業目標をKPIとして設定する必要があり，そこに財務目標だけでなく，環境目標も設定することができれば，環境と経済の両方を追求する姿勢を社会に対してコミットメントとして示すことになる。さらに，統合報告では情報の関連性が強調されていて，6つの資本の相互関係を示す指標が重視されているので，自然資本と財務資本の統合指標として，MFCA-LCA統合モデルから何らかの指標を開発することができれば，MFCAによって環境と経済を連携させる最も重要な基盤ができあがるであろう。

　たとえば，マクロレベルで使用されている資源効率性指標を参考に，売上高を資源投入量で除したような指標を開発することは有効と思われる。資源投入量だけでは環境や経済への影響が明確ではないため，資源投入量を重量だけでなく，LCAによって環境影響を評価し，MFCAによってコスト評価すれば，環境と経済の体系的なマネジメントの主要指標が形成されるであろう。そして，これらの指標を主要事業単位にブレークダウンすることができれば，マネジメ

ントシステムを稼働させることができる。

　もちろん，単に指標を設定しただけでは何の意味もないので，経営者に指標の改善を動機づける手段も必要である．そのためには，統合報告で環境パフォーマンスを報告すると同時に，ステークホルダーからのフィードバックが有効であろう．ESG 投資が世界的なトレンドになりつつあり，メインストリームのステークホルダーも環境に関心を持ち，エンゲージメントにも力を入れ始めているので，ステークホルダーからのフィードバックの仕組みを制度として確立することが求められる．

　さらに，ここで注意しておくべきことは，このような指標の開発においては，企業間の比較可能性に過度にこだわらないことである．LCA の議論では，手法の標準化が重視され，製品や企業を比較評価するための環境影響の評価が目指される傾向が強い．ところが，実際に環境影響を比較可能なレベルで測定することは，実行可能性の面からすれば極めて困難である．重要なことは，製品や企業を比較して環境に良い製品や企業を支援することだけではなく（これは環境負荷削減には間接的な行為である），すべての企業が環境負荷削減に向けて直接努力することである．そのためには，測定方法にばらつきがあったとしても，1 つの企業において特定の指標を継続的に使用することで，長期間の改善を管理できれば，結果として地球環境は改善されるはずである．そのために指標開発が求められているのである．KPI の設定は他企業との比較ではなく，自社内での改善であることを経営者は明言し，ステークホルダーとの対話に臨めば，環境管理の有効性は実質的に高まるはずである．

　本節の内容を要約すれば，MFCA-LCA 統合モデルを企業内で活用するためには，環境目標を財務目標と同列に設定することが重要であり，そのためには，統合報告のフレームワークを活用することが有効である．そこでは，環境パフォーマンス指標は，実際に改善することが重要であるので，比較可能性よりも，時系列の改善を示せるように開発されるべきである．そして，経営者にこのような活動を担保させるために，ステークホルダーからのフィードバックを可能にするシステムを導入することが求められる．

6. おわりに

　本章では，MFCAによる経済と環境の連携の意味を再考し，表面的な経済と環境のwin-win関係を超えた本質的な連携の可能性を検討してきた。その結論をまとめれば以下のように指摘できる。

　MFCAは，マテリアルのフローを物量とコストで評価することで，経済評価を環境管理の手法に導入し，廃棄物コストを測定することで，経営者に廃棄物削減による資源生産性を動機づける手法として注目されてきた。MFCAに基づいて，経営者が廃棄物削減による環境改善とコスト改善を同時に達成すれば，それは典型的な環境と経済のwin-win関係と理解されてきた。しかし，MFCAによる環境と経済の連携は部分的・局所的な場面で生じるもので，環境と経済の本質的な対立は残されたままであり，MFCAをコスト削減の手法と位置づければ，企業内の他のコスト削減手法との比較になって，かえってMFCAの普及を阻害する可能性があることも示された。

　この問題を克服するためには，MFCAによる環境保全効果の意義を明確にする必要があり，そのためにはLCAとの統合が有効であることが明らかにされた。しかし，MFCA-LCA統合モデルを企業経営の中で活用するためには，環境目標を財務目標と並ぶ企業目標にまで高める必要がある。このような目的のためには，統合報告のフレームワークを活用することができ，6つの資本による価値創造のKPIとしてMFCA-LCA統合モデルに基づく指標を開発することが有効である。さらに，その指標の継続的な改善を経営者に動機づけるために，ステークホルダーから企業への継続的なフィードバックシステムの開発が求められる。

　最終的な到着地点への道のりは遠いが，20年以上の研究と実践を経て，方向性は示された段階にあると思われる。着実な次の一歩を期待したい。

〈付記〉

本章は，國部克彦「MFCAによる経済と環境の連携を再考する―MFCA-LCA統合モデルの展開へ」『LCA学会誌』（第12巻第2号，2016年，60-65頁）に加筆修正したものである。

[参考文献]

IIRC (2013) *The International <IR> Framework*, International Integrated Reporting Council.
安城泰雄（2007）「キヤノンにおけるマテリアルフローコスト会計の導入」『企業会計』第59巻第11号，40-47頁。
経済産業省（2011）『サプライチェーン省資源化連携促進事業事例集』経済産業省。
國部克彦・伊坪徳宏・中嶌道靖（2006）「マテリアルフローコスト会計とLIMEの統合可能性」『国民経済雑誌』第194巻第3号，1-11頁。
國部克彦・伊坪徳宏・水口剛（2012）『環境経営・会計（第2版）』有斐閣。
國部克彦・伊坪徳宏・中嶌道靖・山田哲男編著（2015）『低炭素型サプライチェーン経営―MFCAとLCAの統合』中央経済社。
中嶌道靖・國部克彦（2008）『マテリアルフローコスト会計―環境管理会計の革新的手法（第2版）』日本経済新聞出版社。

（國部　克彦）

第8章 日本における MFCA の研究動向

1. はじめに

2000年に日本で初めて MFCA が導入されてから，18年が経とうとしている。その間，日本では200社を超える企業が導入を試みる一方で，MFCA は環境管理会計の主要手法と位置づけられるようになった。しかしながら，これまで MFCA 研究に関する包括的な文献レビューはほとんど行われていない。そこで本章では，MFCA についてこれまでどのような研究が行われ，何を明らかにしてきたのか，今後の課題は何かを明らかにすることを目的としている。次節では，国内外における MFCA の発展動向を，第3節では研究方法について説明し，第4節では日本における MFCA 研究の特徴を，第5節では MFCA 研究の今後の課題と展望について述べる。

2. MFCA の国内外の発展動向

(1) 海外における MFCA の動向

国連持続可能開発部（以下，UNDSD）は2001年，『環境管理会計の手続きと原則』（UNDSD, 2001）を発行した。これは，1998年に国連の持続可能な開発委員会において環境管理会計について話し合われたことを契機とし，さらに検

討を加えるものとして1999年に発足した「環境管理会計の促進における政府の役割の改善に関する専門家会合」が公表したものである[1]。公表の目的は，「自治体のみならず，あらゆる業態の企業，サービス産業を含むあらゆる産業分野の企業にとって，有益な一連の中核的な環境管理会計の原則と手続きを概説すること」(UNDSD, 2001, p.3) である。このワークブックは，①序文，②環境管理会計とは何か，③環境コストとは，④企業の年間環境費用，⑤適用範囲，⑥一歩進んだ環境管理，⑦応用例：環境パフォーマンス指標，⑧応用例：環境プロジェクトおよび環境投資のコスト節減効果の算定，⑨今後の見通し，という構成になっており，⑥一歩進んだ環境管理，という項目で具体的な会計手法としてMFCAについて言及している[2]。ここでは，①MFCAの目的，②MFCAの基本概念，③手法，④実施例とベネフィットが説明されている。

2005年，国際会計士連盟（以下，IFAC）は『国際ガイダンス文書―環境管理会計』(IFAC, 2005) を発行した。これは，「環境管理会計が共存していかなければならない，広く利用されている既存の環境会計の枠組みと環境管理会計との整合性を最大限に保ちつつ，広く包括的かつ一般的な枠組みおよび定義を環境管理会計へ付与することにより，この重要なテーマに関する国際的な混乱を少なくすること」(IFAC, 2005, p.3) を目的として発行されたものである。この文書は，①序論，背景，②環境管理会計の定義，利用法，利点と課題，③物量情報，④金額情報，⑤環境管理会計の内部管理への適用例，⑥各種の会計および外部報告の取組みに環境管理会計が適用された例，または関連する例，という構成になっている。⑤環境管理会計の内部管理への適用例では，MFCAの事例として，ドイツのチバ・スペシャルティ・ケミカルズ社，日本のキヤノン株式会社が取り上げられている。

UNDSDとIFACの両文書の中心は，環境管理会計が対象とする情報についての説明である。なぜなら，環境管理会計が対象とする情報は「環境保全のた

---

[1] この専門家会合には日本を含め25ヵ国の環境省庁，国際機関，企業，会計事務所，国連機関が参加している。なお，国連の環境管理会計プロジェクトについての詳細は，國部(2001) を参照のこと。

[2] ワークブック内では「フローコスト会計」という用語で統一されている。

めの支出」に限定されるものではなく,「経営上の意思決定を行う際に関連するすべての重要なコスト」であるということを示すためである。UNDSD は文書の中で企業の環境コストを,①廃棄物・排出物処理,②予防と環境管理,③製品外アウトプットの資材原材料取得原価,④製品外アウトプットの加工コスト,に分類し,物量情報として,インプット(原材料,補助材料,容器包装材料,操業材料,部材,エネルギー,水),アウトプット(製品[主産物,副産物],廃棄物,排水,排気ガス)を挙げている。これに対し IFAC は金額情報として,①製品アウトプットのマテリアルコスト,②製品以外のアウトプットのマテリアルコスト,③廃棄物と排出の管理コスト,④予防及びその他の環境管理コスト,⑤研究開発コスト,⑥潜在的コスト,の6つを挙げ,物量情報として,インプット(原材料,補助材料,包装原料,製品・商品,消耗品,水,エネルギー),アウトプット(製品アウトプット[製品,副産物,包装],製品以外のアウトプット[固形廃棄物,有害廃棄物,排水,大気排出])を挙げている。両者の違いは,金額情報において「製品アウトプットのマテリアルコスト」を含めているかどうかにある。そういう意味で,IFAC の国際ガイダンス文書の方がより「組織全体のインプットとアウトプットを分析するマテリアルフロー全体が想定されている」(國部他,2008)と言える。

　これに対し,環境管理会計を研究する世界的組織として環境管理会計ネットワーク(EMAN)[3]がある。これは,欧州連合(EU)の環境と気候プログラムの一環として実施した「環境経営の手法としてのエコマネジメント(ECOMAC)」の活動に端を発し,1997年に設立された。現在,EMAN グローバルを統括組織とし,EMAN ヨーロッパ,EMAN アジア太平洋,EMAN アフリカ,EMAN アメリカといった地域ごとのネットワークが形成されている。また,EMAN は,環境管理会計の研究者だけでなく実務家,コンサルタント,行政担当者など幅広いメンバーから成り,1年に1度研究大会を開催し,そこでの研究報告をもとにまとめた研究書をこれまでに8冊刊行(2017年5月現在)している。なお,2013年3月には MFCA をテーマとした大会がドイツのドレス

---

[3] EMAN の活動内容についての詳細は,(http://eman-eu.org/description/)を参照のこと。

デンで開催された[4]。

(2) 日本におけるMFCAの動向

日本では，1999年より通商産業省（当時）主導のもと，ミレニアム・プロジェクトの1つとして3ヵ年計画の「環境ビジネス発展促進等調査研究」が開始された。2000年3月には第1年度の成果として『平成11年度環境ビジネス発展促進等調査研究（環境会計）報告書』（産業環境管理協会，2000）が公表された。この報告書では，環境管理会計研究の先進国であるアメリカやドイツなどで開発された環境管理会計手法の理論的検討や企業における環境会計実施例が紹介されている。2000年5月にUNDSDの第2回環境管理会計専門家会合にてMFCAの講演が行われたことを契機に，2000年11月には日本で初めて日東電工株式会社にてMFCAの導入が試みられた。その後2001年には田辺製薬株式会社（現，田辺三菱製薬株式会社），タキロン株式会社，キヤノン株式会社にMFCAが導入され，2002年にはこれらの導入実験調査の結果を踏まえて経済産業省から『環境管理会計手法ワークブック』（経済産業省，2002）が発行された。

2002年から2004年までは「環境ビジネス発展促進等調査研究」として環境管理会計の普及研究が行われた。2004年からは株式会社日本能率協会コンサルティングによって大企業向けのモデル事業が，財団法人社会経済生産性本部によって中小企業向けのモデル事業が開始し，このプロジェクトで大企業には15社，中小企業には19社にモデル導入が行われた。2006年からは「マテリアルフローコスト会計開発・普及調査事業」として，普及・促進活動と高度化研究活動が同時に進められた。普及・促進活動として「導入ガイド」，「パンフレット」，「MFCA簡易計算ツール」，「MFCA研修プログラム」が制作される一方で，高度化研究活動として「MFCAとLCAの統合化研究」，「MFCAのサプライチェーン展開の研究」，「MFCAのシステム化の研究」，「外部環境経営評価指標としてのMFCAの研究」など，MFCAの適用可能性を拡げる試みがなされ

---

4 本学会で報告された論文については，中澤他（2013）において詳細に分析されている。

た。2008年からは「サプライチェーン省資源化連携促進事業」が行われ，58件の導入が行われた。この事業が終了した2010年度以降，経済産業省主導でのMFCAに関するプロジェクトは行われていない。2009年には日本MFCAフォーラムが創設され，①管理技術としてのMFCAの進化，発展を図ること，②MFCAによる資源ロスを測定，評価することで，モノづくりやサービスの環境負荷を削減する課題，施策等を研究し，発信すること，③MFCAの日本国内および国際的な普及のための，情報共有，情報交換の場を持ち，ノウハウの蓄積，体系化と共有化を図ること（下垣，2011）を目的として，MFCAの研究が継続的に行われている。[5]

また，2007年11月には環境マネジメントの国際標準を所轄するISO/TC 207に対して日本がMFCAの国際標準化提案を行い，議長には神戸大学大学院経営学研究科國部克彦教授が就任し，世界27ヵ国から57名の専門家が参加した。国際標準化にあたっては，①産業界に有効な指針とすること，②原理・原則を示すこと，③第三者認証を必要としないこと，の3点を明示して話し合いが行われ，2011年9月にISO14051が発行され，現在MFCAの国際的な普及が進められている。また，2014年にはMFCAのサプライチェーンにおける実践的導入に関する国際標準化提案がなされ，2017年3月にISO14052の規格が発行された。さらに，中小企業向けのMFCAに関する規格（ISO14053）が2017年12月現在審議中である。

3. 研究方法

MFCA研究の特徴を明らかにするにあたって，MFCAが1990年代後半に開発されたことに鑑みて，2000年から2016年12月までに公表された日本でのMFCA研究の論文を分析対象とした。対象雑誌は，『會計』，『企業会計』，『産業経理』の3誌と，学会誌である『会計プログレス』（日本会計研究学会），

---

[5] 日本MFCAフォーラムの活動についての詳細は，（http://www.mfca-forum.com/）を参照のこと。

『原価計算研究』（日本原価計算研究学会），『管理会計学』（日本管理会計学会），『社会関連会計研究』（日本社会関連会計学会），神戸大学経済経営学会が発行する『国民経済雑誌』および産業環境管理協会が発行する実務雑誌である『環境管理』の合計9誌とした。

そして，これらの国内外の対象雑誌の全論文を対象として，まずタイトルに「マテリアルフローコスト会計」を含めている，もしくはMFCAに関する研究を参考文献に挙げている論文を抽出し，そこから個別にMFCA研究論文であるかどうかの判定を行った[6]。その結果，143本の論文が存在した。このように論文を抽出したのち，各論文について①発行年（いつ公表されたのか），②研究方法（どのような研究方法で行われたのか），③研究サイト（どのような業種を研究対象としたのか），④理論ベース（どのような理論枠組みを用いたのか），⑤研究トピックス（何を考察しているのか），の分類を行った。なお，この文献調査の対象となった文献リストと各論文の分類結果については，本章の文末に補足資料として示している。

4. 日本のMFCA研究の特徴

(1) 論文数

雑誌ごとにMFCA研究の論文数を示したのが図表8-1である。そして，MFCA研究の論文数の推移を示したのが図表8-2である。なお『會計』，『企業会計』，『産業経理』，『国民経済雑誌』，『環境管理』は月1回の発行，『会計プログレス』，『原価計算研究』，『管理会計学』は年2回の発行，『社会関連会計研究』は年1回の発行である。『環境管理』におけるMFCA研究の論文数が多いのは，2003年にMFCAの特集が組まれたり，2005年以降「実践マテリアル

---

[6] 論文抽出にあたっては，「マテリアルフローコスト会計」だけでなく，「マテリアルフロー」，「マテリアルロス」，「フローコスト会計」などMFCAに関連する単語も含めている。

図表 8-1 雑誌ごとの論文数

雑誌名	會計	企業会計	産業経理	合計
論文数	3	8	2	
雑誌名	会計プログレス	原価計算研究	管理会計学	
論文数	0	9	2	143
雑誌名	社会関連会計研究	国民経済雑誌	環境管理	
論文数	7	4	108	

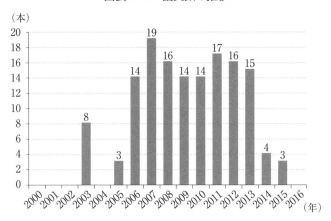

図表 8-2 論文数の推移

フローコスト会計」という連載がスタートし，2014年に終了するまでに100本の論文が掲載されたことによる。論文数の推移を見ると，2007年が最も論文数が多く，次いで2011年が多くなっている。これは図らずも，MFCAの国際規格化提案の年（2007年）と国際規格が発行された年（2011年）に当たっている。

(2) 研究方法

次に，どのような研究方法が用いられているのかを示したのが図表8-3である。研究方法については，「規範的研究」「ケース／フィールド」「サーベイ」「文献レビュー」「その他」に分類した。[7]「その他」には，たとえば「アーカイバ

図表 8-3　MFCA 研究の研究方法

研究方法	規範的研究	ケース／フィールド	サーベイ	文献レビュー	その他
論文数	57	79	2	1	4

ル」「分析的研究」「実験」といった方法が含まれる。分析の結果，MFCA 研究の大半は規範的研究かケース／フィールド研究が占めていることがわかる。規範的研究やケース／フィールド研究以外の研究方法がとられた研究としては，MFCA と LIME を統合し，MFCA を導入した企業 4 社に試行分析を行った研究（國部他，2006），MFCA にブロック図を適用し，製造プロセスのシミュレーションを行った研究（関・滝沢，2012），質問票調査を行い，MFCA のサプライチェーンへの展開の課題を明らかにした研究（木村・中嶌，2013），国や地域レベルのマテリアルフローを集計する試みとして滋賀県環境分析用産業連関表を用いた分析（湯川，2013），シミュレーションによる生産ロットサイズの調整を通じた生産ラインへの環境コストの影響の分析（趙他，2013），これまでの MFCA の導入事例を対象に，企業単独の場合とサプライチェーンでの導入の場合との MFCA の導入効果を分析した研究（岡田・國部，2013），『環境管理』に掲載された MFCA 研究 100 本を対象に貢献と課題を提示した研究（國部，2014）がある。このように，2012 年以降少しずつ多様な研究方法が用いられるようになってきている。

(3)　研究サイト

次に，どのような研究サイトで MFCA 研究が行われたのかを示したのが図表 8-4 である。研究サイトについては，「製造業」「非製造業」「製造業＋非製造業」「非営利組織」「その他」「研究サイトなし」に分類した。研究サイトの多くは製造業であるが，大企業だけでなく中小企業にも MFCA の導入が行われており（下垣，2008, 2010；小倉，2008；岡田・北田，2009；天王寺谷他，2010；安城，2011；天王寺谷他，2012），製造業に分類される場合でも，1 社での導入だ

7　研究方法と研究サイト，理論ベースの分類については，吉田他（2010），加登（2012），河合・乙政（2012；2013）を参考にしている。

図表8-4 MFCA研究の研究サイト

研究サイト	製造業	非製造業	製造業＋非製造業	非営利組織	その他	研究サイトなし
論文数	76	7	0	1	4	55

けでなく，サプライチェーンでの導入事例も含まれている（齋藤，2009；永楽，2009；和気，2009；田脇，2009；野谷，2010；原口他，2010；佐々木，2010；遠藤，2011；加藤，2011；高草木・冨所，2011；中山，2011；新帯，2011；大関，2011）。また，製造業以外では，電力業（中嶌，2006），浄水場（天野，2008），サービス業（伊藤，2010a, 2010b；渡辺・勝呂，2011），鉱業（静，2010），医療法人（天野・松井，2011），食品小売業（萬田，2012）といった導入事例も蓄積されている。その他，林業へのMFCA導入の可能性を指摘した研究（梶原，2008），製造業の企業ではあるが，物流や組立，品質管理などの部門にMFCAを水平展開した事例（佐久間，2010）がある。なお，研究サイトなしとなっている研究のほとんどは，規範的研究である。

(4) 理論ベース

次に，どのような理論ベースが用いられているのかを示したのが図表8-5である。理論ベースについては，「経済学」「社会学」「心理学／行動科学」「その他」「不明」に分類した。その結果，一部の例外を除き，理論ベースが明確な研究はほとんど行われていない。しかし，北田（2011）や天王寺谷（2012）など社会学，特にアクターネットワーク理論の視点からの研究や，MFCAのサプライチェーン展開を分析するフレームワークを経済学と社会学の視点から検討した研究（岡田，2015）も行われている。

図表8-5 MFCA研究の理論ベース

理論ベース	経済学	社会学	心理学／行動科学	その他	不明
論文数	2	2	0	3	136

(5) 研究トピックス

最後に,どのような研究トピックスが取り上げられていたのかを示したのが図表8-6である。研究トピックスについては,「国際・国内動向」「技法」「導入」「成果」に分類した。論文によっては複数のトピックスを扱っている場合もあるので,論文数の総数は143を超えている(章末の補足資料①を参照)。

「国際動向」については,MFCAの国際標準化(國部,2008;古川・立川,2011;立川,2012b)や,中国(賀・國部,2013),韓国(張,2009;金・國部,2013),マレーシア(立川,2012a;中嶌・木村,2012b),ベトナム(中嶌・木村,2012b)における動向や,国際シンポジウムや国際学会におけるMFCA研究の紹介(國部,2012;中嶌・國部,2013;中澤他,2013),「国内動向」については,経済産業省のプロジェクト(経済産業省,2007),滋賀県(前川,2006),東北地域(今田,2008),大阪府(中嶌,2008),京都府(岡田・北田,2009),長野県(関,2012)など日本全体での取り組みから地域ごとの取り組みまで幅広く動向が紹介されている。

「技法」については,MFCAの解説・考察および課題整理を行った研究(中嶌・國部,2003;國部,2005,2007a,2007b,2009,2014;國部他,2008;伊藤,2009;中嶌,2012;下垣,2013b)や,MFCAの機能の考察(國部,2003;中嶌,2003;國部・中嶌,2003;下垣,2005;下垣・安城,2011;安城,2012),ツールの応用としてMFCAバランス集計表を開発・適用した事例(安城,2011),MFCAの適用可能性について,化学反応を伴う工程(國領,2007)やリサイクル工程・リサイクル事業(安城,2007b),PIUS-Check(梨岡,2009),サプライチェーン(東田,2006,2008;國部・下垣,2007c;中嶌,2009;木村・中嶌,2013),環境リスクマネジメント(立川,2010),エネルギーロスの評価(大木・仲井,2012;下垣,2012;清水・石川,2013),設備投資意思決定プロセス(天王寺谷他,2012),環境マネジメントシステム(天王寺谷他,2012)への適用につい

図表8-6 MFCA研究の研究トピックス

研究トピックス	国際・国内動向	技 法	導 入	成 果
論文数	18	65	22	73

て検討した研究がある。また，MFCAと他のマネジメントシステムとの連携を考察した研究として，生産管理や現場改善の観点での連携と，環境負荷削減の観点からの連携の2つに分けることができる。生産管理や現場改善の手法との連携としては，TPMとの連携（圓川，2007），TRIZとの連携（中嶌・山田，2009），予算管理との連携（中嶌・木村，2012a），TOCとの連携（飛田他，2013；中嶌他，2015），環境負荷削減の手法との連携としては，LCAとの統合としてLIMEとの連携（國部他，2006；河野，2007；國部・下垣，2007a，2007b）やその他の環境影響統合評価指標（JEPIX，限界削減費用法）との連携（國部・山田，2007），カーボンフットプリントとの連携（伊藤，2010a，2010b；國部他，2012；國部他，2013）が挙げられる。

「導入」については，MFCAの導入に影響を与える要因のうち阻害要因としてデータ収集に関する問題（中嶌，2003；下垣，2005；中嶌・石田，2007），促進要因として導入推進者のMFCAの意義の理解（河野，2006，2007；廣岡，2008；佐久間，2010），導入目的の明確化（河野，2006；安城，2007a），導入対象の選択（河野，2006，2007），部門横断的導入プロジェクトチームの編成（河野，2006，2007；今田，2008；佐久間，2010），システム化（河野，2006，2007；船坂・河野，2008；佐久間，2010），経営トップの関与（廣岡，2008；原田，2009），MFCAデータの共有化（廣岡，2008），MFCA実績報告会の実施（船坂・河野，2008；佐久間，2010），職場管理指標の運用（佐久間，2010；下垣，2013a）が指摘されている。

「成果」については，多くの企業事例がマテリアルロス削減によるコスト削減と環境負荷低減や，これまで見えなかったコストの見える化を指摘している。それ以外の成果としては，現場での環境活動の変化（安城，2006，2007a；廣岡，2008），組織構造の変化（沼田，2006），製造現場と経営層の情報の共有化と迅速化（沼田，2006），従業員のモチベーションの向上（関，2011）などがある。また，岡田・國部（2013）では，MFCAの適用分野ごとのマテリアルロス率，ロスの内容，改善活動について企業単独の場合とサプライチェーンの場合の導入効果を比較している。東田・國部（2014）では，MFCA導入を通じた環境と経済の関係について，導入3社の約10年間の変化を明らかにしている。

5. おわりに

本章は，日本における MFCA 研究の特徴を明らかにすることを目的として，2000 年から現在（2016 年 12 月）までの約 17 年間に日本の研究雑誌に掲載された 143 本の論文を対象に分析を行った。その結果，論文数については 2006 年以降年間 10 本以上のペースで論文が公表されているが，2014 年以降は本数が減少していることがわかった。研究方法については多くの研究が「規範的研究」ないしは「ケース／フィールド」の方法をとっていることがわかった。しかし，徐々にではあるが，近年研究方法が多様化する傾向にある。研究サイトについては中小企業から大企業まで幅広く製造業での導入蓄積がなされており，1 社だけでなくサプライチェーンでの導入も進められている。また，非製造業や非営利組織まで MFCA 導入の対象が拡大していることがわかった。理論ベースについては，ほとんどの MFCA 研究において明確にされてはいない。これは，MFCA 研究自体が萌芽期にあるため，これまでどちらかというと技術的な研究が中心に進められてきたためであると考えられる。[8] しかし今後は，研究目的に対し適切な理論ベース，その理論ベースに合った研究方法を採用した多面的な MFCA 研究の蓄積が求められる。最後に，研究トピックスについては，「国際・国内動向」「技法」「導入」「成果」に分けて研究の特徴を見てきた。「国際・国内動向」については，日本だけでなく中国，韓国，マレーシア，ベトナムなどに MFCA が導入された事例や，MFCA の世界的な研究の動向，日本国内では地域ごとの取り組みがみられた。「技法」については，MFCA の概念や

---

[8] ただし，理論ベースを明確にしない研究が多いのは，日本の MFCA 研究に限った特徴ではない。日本の管理会計研究の動向を，欧米の管理会計研究の動向と比較し，書誌学的研究を行った吉田他（2010）によれば，日本の管理会計研究の 8 割近くが理論ベースが不明な研究である。これに対し，Hesford *et al.*（2007）が行った欧米の会計研究雑誌を対象とした管理会計研究の動向を調査した結果によると，理論ベースとして経済学を用いた研究が 43.2%，社会学が 39.5%，心理学が 15.3% を示しており，何らかの理論ベースを用いた研究が主になっている。

課題の整理,機能の考察,ツールの応用,他のマネジメントシステムとの連携など技術的な研究の蓄積は世界的に見ても高いレベルにあると考えられる。一方,「導入」「成果」については,ケース／フィールド研究からの知見として導入の阻害要因や促進要因,MFCA 導入による成果が指摘されているが,MFCA 導入のプロセスや導入による組織への影響や変容などの研究は少ないため,これまでのケース／フィールド研究の知見をもとに研究を蓄積していく必要がある。

〈付記〉

本章は,篠原阿紀「日本におけるマテリアルフローコスト会計の研究動向」『桜美林論考 ビジネスマネジメントレビュー』(第6巻,2015年,1-22頁) に加筆修正したものである。

[参考文献]

Hesford, J. M., Lee, S. H., Van der Stede, W. A. and Young, S. M. (2007) "Management Accounting: A Bibliographic Study," in Chapman, C. S., Hopwood, A. G. and Shields, M. D. (Eds.) *Handbook of Management Accounting Research*, Elsevier, pp.3-25.

IFAC (2005) *Environmental Management Accounting*, International Federation of Accountants. (日本公認会計士協会訳『環境管理会計』日本公認会計士協会,2005年)。

UNDSD (2001) *Environmental Management Accounting: Procedures and Principles*, United Nations Division for Sustainable Development. (環境省訳『環境管理会計の手続きと原則』環境省,2001年)。

加登豊 (2012)「わが国における欧米発管理会計システムの受容・変容・進化」,廣本敏郎・加登豊・岡野浩編著『日本企業の管理会計システム』中央経済社所収,215-235頁。

加登豊・松尾貴巳・梶原武久編著 (2010)『管理会計研究のフロンティア』中央経済社。

河合隆治・乙政佐吉 (2012)「わが国バランスト・スコアカード研究に関する文献分析―欧米主要会計学術雑誌・実務雑誌との比較を通じて」『会計プログレス』第13巻,112-124頁。

河合隆治・乙政佐吉 (2013)「わが国におけるバランスト・スコアカード研究の動向―欧米での蓄積状況を踏まえて」『同志社商学』第65巻第1号,1-62頁。

経済産業省 (2002)『環境管理会計手法ワークブック』経済産業省。

國部克彦 (2001)「国連の環境管理会計プロジェクト」『企業会計』第53巻第5号,78-84頁。

小林哲夫・河合隆治・坂口順也・金光明雄・中村恒彦 (2007)『文献研究―わが国1980年

以降の会計学』(桃山学院大学総合研究所研究叢書 24)。
産業環境管理協会 (2000)『平成 11 年度環境ビジネス発展促進等調査研究 (環境会計) 報告書』社団法人産業環境管理協会。
日本会計研究学会特別委員会 (2009)『環境経営意思決定と会計システムに関する研究 (中間報告書)』日本会計研究学会。
吉田栄介・近藤隆史・福島一矩・妹尾剛好 (2010)「日本の管理会計研究トレンド」,加登豊・松尾貴巳・梶原武久編著『管理会計研究のフロンティア』中央経済社所収, 6-22 頁。

＊紙幅の都合上, MFCA に関連する論文については, 下記の補足資料②「MFCA 研究論文一覧」に文献情報を記載している。

補足資料①

No.	著者名	雑誌名	発行年	方法	サイト	理論	トピックス
1	安城	環境管理	2003	ケース	製造業	不明	成果
2	岩田	環境管理	2003	ケース	製造業	不明	成果
3	河野	環境管理	2003	ケース	製造業	不明	成果
4	國部	環境管理	2003	規範	なし	不明	技法
5	國部・中嶌	會計	2003	規範	なし	不明	技法
6	中嶌	環境管理	2003	規範	なし	不明	技法, 導入
7	中嶌・國部	原価計算研究	2003	規範	なし	不明	技法
8	古川	環境管理	2003	ケース	製造業	不明	成果
9	國部	環境管理	2005	規範	なし	不明	技法, 導入
10	下垣	環境管理	2005	規範	なし	不明	技法, 導入
11	中嶌	環境管理	2005	規範	なし	不明	技法
12	天野	環境管理	2006	ケース	製造業	不明	成果
13	安城	環境管理	2006	ケース	製造業	不明	成果
14	池田	環境管理	2006	ケース	製造業	不明	成果
15	大西	原価計算研究	2006a	規範	なし	不明	技法
16	大西	環境管理	2006b	規範	なし	不明	技法, 導入
17	功刀	環境管理	2006	ケース	製造業	不明	導入, 成果
18	河野	環境管理	2006	ケース	製造業	不明	導入, 成果

第 8 章 日本における MFCA の研究動向 121

No.	著者名	雑誌名	発行年	方法	サイト	理論	トピックス
19	國部・伊坪・中嶌	国民経済雑誌	2006	その他	製造業	経済学	技法
20	中嶌	環境管理	2006	ケース	非製造業	不明	技法
21	沼田	環境管理	2006	ケース	製造業	不明	成果
22	伴	環境管理	2006	規範	なし	不明	導入
23	東田	環境管理	2006	規範	なし	不明	技法
24	古川	環境管理	2006	ケース	製造業	不明	成果
25	前川	環境管理	2006	規範	なし	不明	国内動向, 導入
26	安城	企業会計	2007a	ケース	製造業	不明	導入, 成果,
27	安城	環境管理	2007b	規範	製造業	不明	技法
28	圓川	環境管理	2007	規範	なし	不明	技法
29	岡島	環境管理	2007	ケース	製造業	不明	成果
30	河野	企業会計	2007	ケース	製造業	不明	導入, 成果
31	経済産業省	環境管理	2007	規範	なし	不明	国内動向
32	國部	企業会計	2007a	規範	なし	不明	技法
33	國部	国民経済雑誌	2007b	ケース	製造業	不明	技法
34	國部・下垣	環境管理	2007a	規範	なし	不明	技法
35	國部・下垣	環境管理	2007b	ケース	製造業	不明	技法, 成果
36	國部・下垣	環境管理	2007c	ケース	製造業	不明	技法
37	國部・山田	環境管理	2007	規範	なし	不明	技法
38	國領	環境管理	2007	ケース	製造業	不明	成果
39	齋藤	環境管理	2007	ケース	製造業	不明	成果
40	田島	環境管理	2007	ケース	製造業	不明	成果
41	中嶌	企業会計	2007	規範	なし	不明	技法
42	中嶌・石田	環境管理	2007	規範	なし	不明	技法, 導入
43	沼田	企業会計	2007	ケース	製造業	不明	成果
44	古川	企業会計	2007	ケース	製造業	不明	成果
45	我妻	環境管理	2008	ケース	製造業	不明	成果
46	阿藤	環境管理	2008	ケース	製造業	不明	成果

No.	著者名	雑誌名	発行年	方法	サイト	理論	トピックス
47	天野	社会関連会計研究	2008	ケース	非製造業	不明	成果
48	今田	環境管理	2008	規範	なし	不明	国内動向, 導入
49	小倉	環境管理	2008	ケース	製造業	不明	導入, 成果
50	梶原	環境管理	2008	規範	なし	不明	技法
51	喜多川	環境管理	2008	ケース	製造業	不明	導入, 成果
52	國部	環境管理	2008	規範	なし	不明	国際動向
53	國部・大西・東田・堀口	国民経済雑誌	2008	規範	なし	不明	技法
54	下垣	環境管理	2008	ケース	製造業	不明	成果
55	中嶌	環境管理	2008	規範	なし	不明	国内動向
56	名和	環境管理	2008	ケース	製造業	不明	成果
57	東田	企業会計	2008	ケース	製造業	不明	技法
58	廣岡	環境管理	2008	ケース	製造業	不明	導入, 成果
59	藤田	環境管理	2008	ケース	製造業	不明	成果
60	船坂・河野	環境管理	2008	ケース	製造業	不明	導入, 成果
61	伊藤	環境管理	2009	規範	なし	不明	技法, 導入
62	永楽	環境管理	2009	ケース	製造業	不明	成果
63	岡田・北田	環境管理	2009	ケース	製造業	不明	国内動向, 成果
64	國部	原価計算研究	2009	規範	なし	不明	技法
65	齋藤	環境管理	2009	ケース	製造業	不明	成果
66	高橋	環境管理	2009	ケース	製造業	不明	成果
67	田村	環境管理	2009	ケース	製造業	不明	導入, 成果
68	田脇	環境管理	2009	ケース	製造業	不明	成果
69	張	環境管理	2009	規範	なし	不明	国際動向
70	中嶌	環境管理	2009	規範	なし	不明	技法
71	中嶌・山田	環境管理	2009	ケース	製造業	不明	技法, 成果
72	梨岡	環境管理	2009	ケース	製造業	不明	技法, 成果
73	原田	環境管理	2009	ケース	製造業	不明	導入, 成果
74	和気	環境管理	2009	ケース	製造業	不明	成果

No.	著者名	雑誌名	発行年	方法	サイト	理論	トピックス
75	伊藤	管理会計学	2010a	ケース	非製造業	不明	技法，成果
76	伊藤	環境管理	2010b	ケース	非製造業	不明	技法，成果
77	岡田	環境管理	2010	ケース	製造業	不明	成果
78	北田	社会関連会計研究	2010	ケース	製造業	不明	技法
79	佐久間	環境管理	2010	ケース	製+非製	不明	導入，成果
80	佐々木	環境管理	2010	ケース	製造業	不明	成果
81	静	環境管理	2010	ケース	非製造業	不明	成果
82	下垣	環境管理	2010	ケース	製造業	不明	成果
83	立川	環境管理	2010	規範	なし	不明	技法
84	天王寺谷・北田・岡田	環境管理	2010	ケース	製造業	不明	成果
85	野谷	環境管理	2010	ケース	製造業	不明	成果
86	原口・原田・木村	環境管理	2010	ケース	製造業	不明	成果
87	本澤・塩谷・川原	環境管理	2010	ケース	製造業	不明	成果
88	村田	環境管理	2010	ケース	製造業	不明	成果
89	天野・松井	環境管理	2011	ケース	非営利	不明	成果
90	安城	環境管理	2011	ケース	製造業	不明	技法，成果
91	井岡	原価計算研究	2011	規範	なし	不明	技法
92	遠藤	環境管理	2011	ケース	製造業	不明	成果
93	大関	環境管理	2011	ケース	製造業	不明	成果
94	加藤	環境管理	2011	ケース	製造業	不明	成果
95	北田	原価計算研究	2011	ケース	製造業	社会学	技法
96	下垣	環境管理	2011	規範	なし	不明	国内動向
97	下垣・安城	環境管理	2011	規範	なし	不明	技法
98	新帯	環境管理	2011	ケース	製造業	不明	成果
99	関	會計	2011	ケース	製造業	不明	成果
100	高草木・冨所	環境管理	2011	ケース	製造業	不明	成果

No.	著者名	雑誌名	発行年	方法	サイト	理論	トピックス
101	中嶌	原価計算研究	2011	規範	なし	不明	技法
102	中山	環境管理	2011	ケース	製造業	不明	成果
103	東田	社会関連会計研究	2011	ケース	製造業	不明	技法，導入
104	古川・立川	環境管理	2011	規範	なし	不明	国際動向
105	渡辺・勝呂	環境管理	2011	ケース	非製造業	不明	成果
106	安城	環境管理	2012	規範	なし	不明	技法
107	大木・仲井	環境管理	2012	ケース	製造業	不明	技法，成果
108	國部	環境管理	2012	規範	なし	不明	国際動向
109	國部・渕上・山田	環境管理	2012	規範	なし	不明	技法
110	下垣	環境管理	2012	規範	なし	不明	技法
111	関	環境管理	2012	規範	製造業	不明	国内動向
112	関・滝沢	産業経理	2012	その他	その他	その他	技法
113	立川	環境管理	2012a	ケース	製造業	不明	国際動向，成果
114	立川	環境管理	2012b	規範	なし	不明	国際動向
115	天王寺谷	社会関連会計研究	2012	規範	なし	社会学	技法
116	天王寺谷・北田・岡田・國部	環境管理	2012	ケース	製造業	不明	技法，成果
117	中嶌	企業会計	2012	規範	なし	不明	技法
118	中嶌・木村	原価計算研究	2012a	規範	なし	不明	技法
119	中嶌・木村	環境管理	2012b	規範	なし	不明	国際動向
120	東田	社会関連会計研究	2012	規範	なし	不明	技法
121	萬田	環境管理	2012	ケース	非製造業	不明	成果
122	伊藤	會計	2013	規範	なし	不明	技法
123	岡田・國部	環境管理	2013	サーベイ	その他	不明	成果
124	賀・國部	環境管理	2013	規範	なし	不明	国際動向
125	金・國部	環境管理	2013	規範	なし	不明	国際動向

第 8 章　日本における MFCA の研究動向　125

No.	著者名	雑誌名	発行年	方法	サイト	理論	トピックス
126	木村・中嶌	社会関連会計研究	2013	サーベイ	その他	不明	技法
127	國部・北田・渕上・田中	環境管理	2013	ケース	製造業	不明	技法，成果
128	清水・石川	環境管理	2013	ケース	製造業	不明	技法，成果
129	下垣	環境管理	2013a	規範	なし	不明	導入
130	下垣	環境管理	2013b	規範	なし	不明	技法
131	鈴木	環境管理	2013	ケース	製造業	不明	成果
132	趙・市村・唐・高桑	環境管理	2013	その他	製造業	その他	技法
133	飛田・中嶌・木村	原価計算研究	2013	規範	なし	不明	技法
134	中澤・天王寺谷・國部	環境管理	2013	規範	なし	不明	国際動向
135	中嶌・國部	環境管理	2013	規範	なし	不明	国際動向
136	湯川	環境管理	2013	その他	その他	経済学	技法
137	國部	環境管理	2014	文献	なし	不明	技法
138	下垣	管理会計学	2014	規範	なし	不明	技法
139	中嶌	環境管理	2014	規範	なし	不明	技法
140	東田・國部	国民経済雑誌	2014	ケース	製造業	不明	技法，成果
141	岡田	社会関連会計研究	2015	規範	製造業	その他	技法
142	木村・中嶌	産業経理	2015	ケース	製造業	不明	技法，成果
143	中嶌・飛田・木村	原価計算研究	2015	ケース	製造業	不明	技法，成果

補足資料②

MFCA 研究論文一覧

1. 日本における主要会計雑誌

『會計』
〈2003 年〉
國部克彦・中嶌道靖（2003）「環境管理会計におけるマテリアルフローコスト会計の位置づけ─環境管理会計の体系化へ向けて」『會計』第 164 巻第 2 号，267-280 頁。
〈2011 年〉
関利恵子（2011）「長野県中小企業三社における環境管理会計手法の導入に関する実態調査─マテリアルフローコスト会計の導入成果と活用可能性」『會計』第 179 巻第 3 号，391-405 頁。
〈2013 年〉
伊藤嘉博（2013）「MFCA の操作性向上を支援する品質コストアプローチ」『會計』第 184 巻第 2 号，137-152 頁。

『企業会計』
〈2007 年〉
安城泰雄（2007a）「キヤノンにおけるマテリアルフローコスト会計の導入」『企業会計』第 59 巻第 11 号，40-47 頁。
河野裕司（2007）「田辺製薬におけるマテリアルフローコスト会計の導入と展開」『企業会計』第 59 巻第 11 号，48-55 頁。
國部克彦（2007a）「マテリアルフローコスト会計の意義と展望」『企業会計』第 59 巻第 11 号，18-24 頁。
中嶌道靖（2007）「マテリアルフローコスト会計導入に向けて情報システムの構築」『企業会計』第 59 巻第 11 号，25-32 頁。
沼田雅史（2007）「積水化学グループにおけるマテリアルフローコスト会計導入の取り組み」『企業会計』第 59 巻第 11 号，56-62 頁。
古川芳邦（2007）「マネジメントツールとしてのマテリアルフローコスト会計─企業の実践と ISO 化の展望」『企業会計』第 59 巻第 11 号，33-39 頁。
〈2008 年〉
東田明（2008）「マテリアルフローコスト会計のサプライチェーンへの拡張」『企業会計』第 60 巻第 1 号，122-129 頁。
〈2012 年〉
中嶌道靖（2012）「環境管理会計・マテリアルフローコスト会計」『企業会計』第 64 巻第 12 号，89-93 頁。

『産業経理』
〈2012 年〉
関利恵子・滝沢龍一（2012）「マテリアルフローコスト会計へのブロック図の適用─製造プロセスにおけるシミュレーション」『産業経理』第 72 巻第 2 号，55-64 頁。
〈2015 年〉

木村麻子・中嶋道靖（2015）「MFCAによる製造現場のロス削減活動―作業者の動機付けを目的に」『産業経理』第74巻第4号，68-74頁。

『原価計算研究』
〈2003年〉
中嶋道靖・國部克彦（2003）「管理会計におけるマテリアルフローコスト会計の位置付け」『原価計算研究』第27巻第2号，12-20頁。
〈2006年〉
大西靖（2006a）「マテリアルフロー指向のコストマネジメント―アメリカにおける環境管理会計の展開」『原価計算研究』第30巻第1号，54-64頁。
〈2009年〉
國部克彦（2009）「日本型環境管理会計の特徴と課題―マテリアルフローコスト会計を中心に」『原価計算研究』第33巻第1号，1-9頁。
〈2011年〉
井岡大度（2011）「マテリアルフローコスト会計における相互配賦法の適用」『原価計算研究』第35巻第1号，120-129頁。
北田皓嗣（2011）「マテリアルフローコスト会計による管理実践の拡張」『原価計算研究』第35巻第2号，12-25頁。
中嶋道靖（2011）「マテリアルフローコスト会計のよる内部リサイクル材のコストマネジメントに関して」『原価計算研究』第35巻第2号，1-11頁。
〈2012年〉
中嶋道靖・木村麻子（2012a）「MFCAによる改善活動と予算管理」『原価計算研究』第36巻第2号，15-24頁。
〈2013年〉
飛田甲次郎・中嶋道靖・木村麻子（2013）「全体最適化に資するMFCAの拡張―MFCAとTOCの相互補完性」『原価計算研究』第37巻第1号，64-75頁。
〈2015年〉
中嶋道靖・飛田甲次郎・木村麻子（2015）「MFCAとTOCによる環境管理会計の実務的課題と新たな利益獲得の可能性―事例研究を通して」『原価計算研究』第39巻第1号，109-119頁。

『管理会計学』
〈2010年〉
伊藤嘉博（2010a）「CSR活動の経済性評価―マテリアルフローコスト会計革新の可能性」『管理会計学』第18巻第2号，53-64頁。
〈2014年〉
下垣彰（2014）「企業への適用を通したMFCAの進化の研究」『管理会計学』第22巻第2号，39-48頁。

『社会関連会計研究』
〈2008年〉
天野輝芳（2008）「マテリアルフローコスト会計（MFCA）の浄水場への適用―蹴上浄水場への適用」『社会関連会計研究』第20号，15-21頁。

〈2010年〉
北田皓嗣（2010）「マテリアルフローコスト会計と管理可能性」『社会関連会計研究』第22号，13-24頁。
〈2011年〉
東田明（2011）「マテリアルロス削減活動の課題の克服に向けて」『社会関連会計研究』第23号，71-83頁。
〈2012年〉
天王寺谷達将（2012）「普及の視点からみるマテリアルフローコスト会計の位置づけの再考」『社会関連会計研究』第24号，53-68頁。
東田明（2012）「マテリアルフローコスト会計と既存の生産管理手法との比較検討の意義—マテリアルフローコスト会計と管理会計システムの連携の可能性」『社会関連会計研究』第24号，113-123頁。
〈2013年〉
木村麻子・中嶌道靖（2013）「低炭素型サプライチェーン構築に向けたMFCA導入の課題—資源生産性に関するアンケート調査をもとに」『社会関連会計研究』第25号，13-28頁。
〈2015年〉
岡田華奈（2015）「組織間管理会計とマテリアルフローコスト会計」『社会関連会計研究』第27号，17-29頁。

『国民経済雑誌』
〈2006年〉
國部克彦・伊坪徳宏・中嶌道靖（2006）「マテリアルフローコスト会計とLIMEの統合可能性」『国民経済雑誌』第194巻第3号，1-11頁。
〈2007年〉
國部克彦（2007b）「マテリアルフローコスト会計の継続的導入に向けての課題と対応」『国民経済雑誌』第196巻第5号，47-61頁。
〈2008年〉
國部克彦・大西靖・東田明・堀口真司（2008）「環境管理会計研究の回顧と展望」『国民経済雑誌』第198巻第1号，95-112頁。
〈2014年〉
東田明・國部克彦（2014）「企業経営における環境と経済の統合と離反—MFCA導入事例を通して」『国民経済雑誌』第210巻第1号，87-100頁。

2. 日本における実務雑誌
『環境管理』
〈2003年〉
安城泰雄（2003）「環境経営とマテリアルフローコスト会計」『環境管理』第39巻第7号，28-32頁。
岩田恭浩（2003）「原材料リサイクルの価値計算」『環境管理』第39巻第7号，26-27頁。
河野裕司（2003）「「マテリアルフローコスト会計」を活用したコスト低減と環境負荷削減への挑戦」『環境管理』第39巻第7号，19-25頁。
國部克彦（2003）「環境管理会計の基盤システムとしてのマテリアルフローコスト会計」

『環境管理』第39巻第7号, 1-5頁。
中嶌道靖（2003）「CTスキャンとしてのマテリアルフローコスト会計」『環境管理』第39巻第7号, 6-11頁。
古川芳邦（2003）「日東電工のマテリアルフローコスト会計の取組みについて」『環境管理』第39巻第7号, 12-18頁。
〈2005年〉
國部克彦（2005）「日本におけるマテリアルフローコスト会計の展開」『環境管理』第41巻第10号, 58-63頁。
下垣彰（2005）「経済産業省のモデル事業からみたモノづくりの管理・改善における活用方法」『環境管理』第41巻第12号, 63-70頁。
中嶌道靖（2005）「新たな管理会計ツールとしての可能性」『環境管理』第41巻第11号, 73-78頁。
〈2006年〉
天野輝芳（2006）「マテリアルフローコスト会計の無電解ニッケルメッキラインへの適用—島津製作所の事例」『環境管理』第42巻第9号, 67-71頁。
安城泰雄（2006）「職場拠点型環境保証活動のツールとしてのマテリアルフローコスト会計」『環境管理』第42巻第2号, 46-50頁。
池田猛（2006）「経営指標にマテリアルフローコスト会計を使用した実例」『環境管理』第42巻第6号, 77-84頁。
大西靖（2006b）「マテリアルフローコスト会計によるコストマネジメント活動」『環境管理』第42巻第12号, 70-75頁。
功刀昭志（2006）「マテリアルフローに着目した環境改善活動—グリーンプロセス活動について」『環境管理』第42巻第5号, 62-66頁。
河野裕司（2006）「田辺製薬におけるマテリアルフローコスト会計の全社展開」『環境管理』第42巻第3号, 58-64頁。
中嶌道靖（2006）「電力業におけるマテリアルフローコスト会計の導入可能性に関して」『環境管理』第42巻第10号, 67-71頁。
沼田雅史（2006）「積水化学工業のマテリアルフローコスト会計導入の取り組み」『環境管理』第42巻第7号, 66-70頁。
伴竜二（2006）「マテリアルフローコスト会計の中小企業での取り組み」『環境管理』第42巻第1号, 76-81頁。
東田明（2006）「マテリアルフローコスト会計とサプライチェーン」『環境管理』第42巻第8号, 80-85頁。
古川芳邦（2006）「マテリアルフローコスト会計の集計から設備投資決定までのフロー」『環境管理』第42巻第4号, 73-76頁。
前川昭（2006）「滋賀県におけるマテリアルフローコスト会計の普及活動」『環境管理』第42巻第11号, 70-74頁。
〈2007年〉
安城泰雄（2007b）「リサイクル工程・リサイクル事業へのマテリアルフローコスト会計の適用」『環境管理』第43巻第6号, 75-82頁。
圓川隆夫（2007）「マテリアルフローコスト会計とTPM」『環境管理』第43巻第2号, 59-66頁。
岡島純（2007）「日本ペイントにおける環境マネジメントツールとしてのマテリアルフロ

ーコスト会計」『環境管理』第43巻第5号,58-66頁.
経済産業省産業技術環境局環境政策課環境調和産業推進室(2007)「経済産業省の取り組みと今後の展開」『環境管理』第43巻第7号,74-80頁.
國部克彦・下垣彰(2007a)「MFCAとLCAの統合と活用の意義―マテリアルフローにおけるコストと環境影響の統合分析」『環境管理』第43巻第8号,68-73頁.
國部克彦・下垣彰(2007b)「MFCAとLCAの統合の手順と実践―キヤノンを事例として」『環境管理』第43巻第9号,63-70頁.
國部克彦・下垣彰(2007c)「MFCAのサプライチェーン展開―サプライチェーンにおけるMFCA情報共有の意義」『環境管理』第43巻第11号,37-43頁.
國部克彦・山田朗(2007)「外部環境経営評価指標としての環境影響統合評価指標とMFCAの活用」『環境管理』第43巻第12号,67-76頁.
國領芳嗣(2007)「シオノギのマテリアルフローコスト会計導入について」『環境管理』第43巻第4号,65-69頁.
齋藤好弘(2007)「金属部品加工工場へのマテリアルフローコスト会計の適用―サンデン株式会社での事例」『環境管理』第43巻第1号,67-72頁.
田島京子(2007)「マテリアルフローコスト会計のミニディスク製造工程への適用事例」『環境管理』第43巻第3号,55-59頁.
中嶌道靖・石田恒之(2007)「マテリアルフローコスト会計のシステム化」『環境管理』第43巻第10号,60-66頁.

〈2008年〉

我妻明(2008)「産業用シート素材製造のMFCA導入」『環境管理』第44巻第12号,67-73頁.
阿藤崇弘(2008)「粘着マット製品におけるMFCA―スミロン三重工場における事例紹介」『環境管理』第44巻第9号,73-79頁.
今田裕美(2008)「東北地域におけるマテリアルフローコスト会計の普及活動」『環境管理』第44巻第2号,53-59頁.
小倉礁(2008)「多品種小ロットの精密板金加工におけるMFCA―テイ・エス・コーポレイションにおける事例」『環境管理』第44巻第11号,60-66頁.
梶原晃(2008)「林業経営における原価計算システム導入とマテリアルフローコスト会計への拡張可能性」『環境管理』第44巻第3号,36-48頁.
喜多川和典(2008)「中小企業におけるマテリアルフローコスト会計の活用方法」『環境管理』第44巻第7号,66-71.
國部克彦(2008)「マテリアルフローコスト会計の国際標準化について―ISO14051が始動」『環境管理』第44巻第8号,1-5頁.
下垣彰(2008)「木工製品へのMFCA適用と中小企業におけるMFCAのシステム化検討事例」『環境管理』第44巻第8号,91-96頁.
中嶌道靖(2008)「大阪府工業協会におけるMFCA研究会の実施」『環境管理』第44巻第6号,61-66頁.
名和英夫(2008)「輸送機器用パイプ部品へのMFCA試行」『環境管理』第44巻第10号,67-73頁.
廣岡政昭(2008)「MFCA手法導入による環境活動の変革」『環境管理』第44巻第4号,61-67頁.
藤田利和(2008)「ウシオにおける環境生産性向上への取り組み―マテリアルフローコス

ト会計の導入」『環境管理』第44巻第1号，66-71頁。
船坂孝浩・河野裕司（2008）「田辺製薬吉城工場におけるマテリアルフローコスト会計の導入」『環境管理』第44巻第5号，73-77頁。

〈2009年〉
伊藤嘉博（2009）「わが国における環境管理会計の展開―マテリアルフローコスト会計を中心とした検討」『環境管理』第45巻第6号，34-39頁。
永楽俊晴（2009）「ファブレスメーカーにおけるMFCAを活用した改善事例の報告と効率的なものづくりへの課題―サプライチェーン省資源化連携促進事業の成果報告」『環境管理』第45巻第8号，83-90頁。
岡田斎・北田皓嗣（2009）「日本電気化学株式会社におけるマテリアルフローコスト会計の導入―京都MFCA研究会実証トライアル事業」『環境管理』第45巻第3号，66-70頁。
齋藤好弘（2009）「サプライチェーンへのMFCAの適用―サンデングループでの事例」『環境管理』第45巻第2号，77-81頁。
高橋幸浩（2009）「セラミック粉末製造工程へのMFCAの適用―NECトーキンにおける事例」『環境管理』第45巻第1号，65-70頁。
田村政也（2009）「MFCAによる廃棄物削減活動のインプロセス化」『環境管理』第45巻第6号，60-65頁。
田脇康広（2009）「サプライチェーン省資源化連携促進事業に参加して」『環境管理』第45巻第10号，43-49頁。
張志仁（2009）「韓国におけるマテリアルフローコスト会計の実践―現状と今後の課題」『環境管理』第45巻第5号，66-74頁。
中嶌道靖（2009）「サプライチェーンにおけるマテリアルフローコスト会計の可能性について―「環境系列化」の可能性」『環境管理』第45巻第4号，60-65頁。
中嶌道靖・山田明寿（2009）「MFCAとTRIZの連携による生産革新の促進について」『環境管理』第45巻第12号，58-63頁。
梨岡英理子（2009）「環境管理会計を使った経営革新のためのアプローチに関する考察―PIUS-CheckとMFCA，中小企業への導入事例をもとに」『環境管理』第45巻第11号，44-50頁。
原田聖明（2009）「MFCAの活用による「オムロン」グループ全体での資源生産性向上への挑戦」『環境管理』第45巻第7号，66-70頁。
和気昭彦（2009）「倉敷化工株式会社におけるサプライチェーン省資源化連携促進事業への取組み―MFCA手法の実践とLCA評価の検証活動の成果」『環境管理』第45巻第9号，65-73頁。

〈2010年〉
伊藤嘉博（2010b）「マテリアルフローコスト会計の深化と拡張の方向性―日本ユニシスサプライ（株）のケースを中心とした考察」『環境管理』第46巻第11号，40-46頁。
岡田斎（2010）「栗本コンクリート工業株式会社におけるマテリアルフローコスト会計の導入」『環境管理』第46巻第6号，46-51頁。
佐久間清一（2010）「「現場主体型」と「マクロ分析」のMFCAでコスト・排出物削減活動」『環境管理』第46巻第7号，47-53頁。
佐々木修一（2010）「「町工場連合」とサプライチェーン省資源化連携促進事業」『環境管理』第46巻第12号，32-38頁。

静俊二郎（2010）「石灰鉱山業におけるマテリアルフローコスト会計」『環境管理』第46巻第1号，51-57頁。

下垣彰（2010）「MFCAのシステム化と木工材料の材料ロス徹底削減」『環境管理』第46巻第9号，84-89頁。

立川博巳（2010）「マテリアルフローコスト会計の環境リスクマネジメントへの応用可能性」『環境管理』第46巻第4号，54-56頁。

天王寺谷達将・北田皓嗣・岡田斎（2010）「日本電気化学株式会社におけるマテリアルフローコスト会計の導入─化学銅めっき工程での導入事例」『環境管理』第46巻第5号，40-45頁。

野谷征史（2010）「（株）藤田電機製作所におけるサプライチェーン省資源化連携促進事業への取組み」『環境管理』第46巻第8号，53-58頁。

原口智博・原田聖明・木村嘉宏（2010）「オムロンリレーアンドデバイスとサプライチェーン3社によるMFCA取り組み展開」『環境管理』第46巻第10号，47-54頁。

本澤裕起子・塩谷明広・川原千明（2010）「DNPファインケミカル福島におけるMFCA導入事例」『環境管理』第46巻第2号，60-69頁。

村田明（2010）「住友化学株式会社におけるマテリアルフローコスト会計の導入─ファインケミカル分野での導入事例」『環境管理』第46巻第3号，54-63頁。

〈2011年〉

天野輝芳・松井豊（2011）「医療機関へのマテリアルフローコスト会計の導入─血液透析の事例」『環境管理』第47巻第8号，81-86頁。

安城泰雄（2011）「食品加工業における「MFCAバランス集計表」の導入」『環境管理』第47巻第7号，57-65頁。

遠藤明宏（2011）「液晶テレビ用キャビネット製造工程の改善と省資源化への取り組み」『環境管理』第47巻第1号，51-55頁。

大関光（2011）「集知技術集団による最強アルミ加工技術の確立と省資源化活動─ブルーレイディスク・レコーダー外筐パネル製造ライン」『環境管理』第47巻第12号，65-70頁。

加藤正貴（2011）「大平洋金属株式会社におけるサプライチェーン省資源化連携促進事業への取組み─見過ごされた資源，二段構えの有益化」『環境管理』第47巻第2号，62-67頁。

下垣彰（2011）「日本MFCAフォーラムの活動」『環境管理』第47巻第3号，59-62頁。

下垣彰・安城泰雄（2011）「マテリアルのロス削減につながるMFCA」『環境管理』第47巻第7号，54-59頁。

新帯哲哉（2011）「完成度の高い既存商品のロスをMFCAで徹底追及」『環境管理』第47巻第11号，43-49頁。

高草木亮・冨所弘栄（2011）「川上から川下までのロス検出力の向上とデザイン革新によるグリーンファクトリー（ECO工場）の実現─（株）ミツバにおけるサプライチェーン省資源化連携促進事業への取り組み」『環境管理』第47巻第4号，53-62頁。

中山恵一（2011）「MFCAによるロスの見える化で廃棄物量1/5に！─サプライチェーン連携強化によるマテリアルロスの削減」『環境管理』第47巻第10号，46-54頁。

古川芳邦・立川博巳（2011）「マテリアルフローコスト会計（ISO14051）の最新動向─ISO/TC207オスロ総会における活動」『環境管理』第47巻第9号，45-49頁。

渡辺一重・勝呂信夫（2011）「店舗用機器の整備・クリーニングサービスへのMFCA適

用事例」『環境管理』第 47 巻第 5 号，55-64 頁。

〈2012 年〉

安城泰雄（2012）「日本 MFCA フォーラム WG3 活動状況報告 WG3 研究テーマ「ME：もったいないエンジニアリング」―生産革新ツールとしての MFCA」『環境管理』第 48 巻第 3 号，59-65 号。

大木悦郎・仲井俊文（2012）「武田鋳造株式会社における熱損失の評価への MFCA 適用事例」『環境管理』第 48 巻第 1 号，37-45 頁。

國部克彦（2012）「MFCA の国際動向：国際シンポジウム「アジアにおけるサプライチェーンのグリーン化のための環境会計と LCA」より」『環境管理』第 48 巻第 4 号，54-58 頁。

國部克彦・渕上智子・山田明寿（2012）「MFCA と CFP の統合モデルの開発」『環境管理』第 48 巻第 2 号，66-76 頁。

下垣彰（2012）「省エネの MFCA―用役のエネルギーロスを見える化」『環境管理』第 48 巻第 5 号，68-77 頁。

関利恵子（2012）「長野県における MFCA の取組み」『環境管理』第 48 巻第 11 号，67-72 頁。

立川博巳（2012a）「マレーシアでのマテリアルフローコスト会計の応用展開」『環境管理』第 48 巻第 6 号，51-54 頁。

立川博巳（2012b）「MFCA の次なる国際標準に向けた議論の最新動向―ISO/TC207 バンコク総会の報告」『環境管理』第 48 巻第 12 号，64-67 頁。

天王寺谷達将・北田皓嗣・岡田斎（2012）「マテリアルフローコスト会計情報の利用可能性：日本電気化学株式会社における静電塗装工程の事例」『環境管理』第 48 巻第 8 号，110-114 頁。

中嶌道靖・木村麻子（2012b）「MFCA の ISO 化によるアジアへの展開―マレーシア・ベトナムを例として」『環境管理』第 48 巻第 7 号，105-111 頁。

萬田義人（2012）「食品小売業におけるマテリアルフローコスト会計の導入研究：生鮮部門の食品廃棄物に関する考察」『環境管理』第 48 巻第 9 号，69-80 頁。

〈2013 年〉

岡田華奈・國部克彦（2013）「マテリアルフローコスト会計の導入効果―企業単独とサプライチェーンの比較検討」『環境管理』第 49 巻第 12 号，44-49 頁。

賀振華・國部克彦（2013）「中国における資源フローコスト会計の展開」『環境管理』第 49 巻第 9 号，79-83 頁。

金宰弘・國部克彦（2013）「韓国におけるマテリアルフローコスト会計の展開」『環境管理』第 49 巻第 8 号，71-77 頁。

國部克彦・北田皓嗣・渕上智子（2013）「MFCA-CFP 統合モデルの実践への適用可能性」『環境管理』第 49 巻第 1 号，73-77 頁。

清水敬祐・石川智治（2013）「MFCA に活用できるエネルギー計測と管理手法の検討」『環境管理』第 49 巻第 5 号，68-76 頁。

下垣彰（2013a）「経営の MFCA とシステム化：継続的な資源生産性改善」『環境管理』第 49 巻第 6 号，56-61 頁。

下垣彰（2013b）「MFCA10 年の進化を振り返る」『環境管理』第 49 巻第 11 号，62-66 頁。

鈴木弘章（2013）「MFCA を活用した原価低減活動―荒川工業（株）における事例紹介」

『環境管理』第 49 巻第 7 号,83-87 頁。
趙潤・市村光・唐旭中(2013)「生産ロットサイズによる環境コストへの影響に関する研究:MFCA とシミュレーションの視点から」『環境管理』第 49 巻第 3 号,101-105 頁。
中澤優介・天王寺谷達将・國部克彦(2013)「MFCA の国際的研究動向—EMAN2013 報告論文の分析」『環境管理』第 49 巻第 10 号,70-74 頁。
中嶌道靖・國部克彦(2013)「MFCA と LCA との交流とその可能性—エコバランス国際会議 2012 から」『環境管理』第 49 巻第 4 号,68-72 頁。
湯川創太郎(2013)「物量産業連関表を用いた地域のマテリアル・フロー解析」『環境管理』第 49 巻第 2 号,84-89 頁。

〈2014 年〉

國部克彦(2014)「実践マテリアルフローコスト会計シリーズの貢献—連載 100 回をふりかえって」『環境管理』第 50 巻第 2 号,92-98 頁。
中嶌道靖(2014)「マテリアルフローコスト会計(MFCA)の次の 10 年の展開に向けて」『環境管理』第 50 巻第 1 号,67-71 頁。

(篠原 阿紀)

第II部

MFCAの実践

第9章

MFCAによる資源管理活動のフレイム化
―サプライチェーンでの導入事例分析―

1. はじめに

　MFCAはマテリアルバランスに基づいて資源利用の効率性を評価することで環境と経営の両方に資するロスを可視化するツールである。しかしながら，既存の経営管理思考とは異なるロス概念を採用しているため，マテリアルロスを削減する段階ではマネジメント上の問題に直面する（國部，2007）。この問題に関して理論的には考察されてきたが（國部，2007；北田，2010），実際の組織での事例を通じた分析は十分にはなされていない。特にサプライチェーンで資源管理活動を進めていく場合には利害関係はより複雑になるため，どのようにマテリアルバランスの体系と経営管理の体系の相違を解消するかが重要な課題となる。

　これまでサプライチェーンでのMFCAの導入について①組織間でMFCAを導入することで期待される効果（中嶌，2011；東田，2006）や②組織間での導入における課題（國部・下垣，2007；東田，2008，2011）が議論されてきた。しかしながら問題を解消するにはMFCA導入に伴って組織行動がどのように変化するのかについて理解する必要がある。そこで本章では分析の中心を会計手法やそこから算出されるロスに据えるのではなく，マテリアルバランスと経営管理の体系の乖離を解消しながら遂行される資源管理活動に据え，MFCAの導入により主体間のつながりや相互行為がどのように構築されていくのかについて分析する。

またこれまでの MFCA の事例研究は 2 つの方法論的な問題を抱えてきた。まず経営活動の側面との関係ばかりから MFCA の導入事例が記述されてきたことである。多くの事例研究が MFCA を導入した担当者自身による記述や，その担当者を中心にした研究者の分析であり，そこでは環境を経営の本業に組み込むための手法として MFCA が導入されてきた。そのため可視化されたロスを削減するための経営側の要素である生産技術や生産管理，組織マネジメントといった側面に注目して導入事例が議論されてきた。このとき企業の環境経営の側面やモノづくりの現場でのモノを媒介にしたヒトのつながりが十分に捉えられてこなかった。

もう 1 つは算出されたロスを対象化して議論されてきたことである。ロスを対象化して分析することで，ロスが削減されると導入事例は「成功」したと評価されがちになる。しかし導入を「成功」と評価することで，事前に顕在化していた課題が解消されたあとに新たに生じる組織的な課題との間の連続性や，次の導入への展開のプロセスが捨象されることになる。

つまり経営側面のみから捉えてきた問題をモノとヒトの関係から捉え直すとともに，対象化されたロスを起点に「成功」を評価する導入研究のアプローチへの方法論的な修正が必要となる。このような問題意識のもと本章の目的は，MFCA の導入を通じて資源管理活動が拡張するプロセスを明らかにすることである。特に管理活動が実践される枠組みが，人間・非人間のアクター[1]の布置-連関によって形成され，変化していくプロセスに着目してサンデン株式会社（以下，サンデン）での MFCA の導入事例を分析する。

これらの目的に沿って本章は以下のように構成されている。次節では問題の根底にあるマテリアルバランスの体系と経営管理の体系との相違を整理することで本研究の問題意識を明確にするとともに，既存研究の方法論的な問題を指摘している。第 3 節では M. カロンの提案するフレイム化とオーバーフローの

---

[1] ここでは「アクター」として B. ラトゥールがアクターネットワーク理論（ANT）や翻訳の社会学で用いている，関係性のなかでその存在，行為能力が規定されていく人間・非人間を指している（Latour, 2005）。またラトゥーリアンの方法論を採用しているため，アクターがどのように布置（distribute）され，連関（associate）されるのかを記述的に追跡する分析の方法論を踏襲している。

概念を中心に資源管理活動を分析するための枠組みを提示している。第4節ではサンデンでの事例を通じて MFCA の導入により資源管理活動がフレイム化，再フレイム化されていくプロセスについて明らかにしている。そして最後にまとめである。

2. MFCA と組織行動の変化への視点

　MFCA の計算構造においてはマテリアルバランスの考え方が効率性を規定しており，資源管理活動は効率性への考え方と結びついて実施される。ただマテリアルバランスの体系と既存の経営管理の体系との間にズレがあり，その差はロス概念の違いとして顕在化する。既存の生産管理では「ロス＝ミス＝異常」（中嶌・國部，2008）であり，仕損や多量の中間在庫の廃棄など生産における異常な出来事に起因するコストを見える化して管理しようとする。そのため「正常な作業」を前提に，ロスを最小限にするマネジメントがとられる。既存の管理の枠組みでは投入原材料の枚数や良品の個数を比較した歩留まりが工程の資源利用の効率性を表しており，投入した原材料のどれだけの部分が製品に体化されているかは日常的な管理の対象とはなっていない。

　これに対して MFCA では，この正常・異常という判断はせず，回避できない設計時に決定された材料歩留まり（たとえば，プレスの抜きカス）や作業手順上必要とされた検査や品質維持での消費分もマテリアルロスとなる。この正規作業に隠れたロスを管理の対象とすることで，これまでの管理体系では考慮されてこなかった部分が削減活動の対象となる。そのため正常・異常という視点では見落とされていたロスにも着目し，マテリアルバランスとして効率性を体現するように構造化する。

　また MFCA は物量という単一の尺度で資源生産性を評価するため，責任の体系とは関係なく数値化された情報を提示している。従来の管理体系では製造工程での資源ロスおよびコスト情報が，「設定された職能や機能別に責任単位（範囲）に分割されて管理されていることが多い」（中嶌・國部，2008，213頁）

ため，分断された個別単位ごとで把握しやすい方法で物量情報は測定され，効率性は規定されていた。しかしながらMFCAではマテリアルを一貫して物量で捉えるため，異なる工程間での情報の共有や，設計や購買，生産技術などの異なる部署や，組織のバウンダリーを越えたサプライヤーとの資源利用の効率性への共通の理解が推進される。

また生産の効率性を歩留率で表すときには個別工程での作業手順を前提としているため工程ごとに分断された形でモノを扱うが，マテリアルロス率として表すときには全体としてモノの状況の変化に着目できる。組織の責任単位ごとに把握されていた資源管理の効率性を，マテリアルフローベースで捉えることで，分断されていたマテリアル間のつながりを再確認させるのである。このような背景のもとマテリアルバランスの体系と経営管理の体系のズレが，具体的なロス削減の活動の段階には，ロスの発生する場所とその原因を規定する場所の相違として顕在化する。

従来は管理責任の範囲外にあったものがロスとなることで相互依存性が生まれ，異なる場所に関わる主体間の関心をいかにマネジメントするのかが議論されてきた。しかし問題の原因の一端が経営管理の体系に由来しており，主体間の利害関係を調整するためにマネジメントの視点からのみ分析するのであれば，マテリアルのフローは個別に分断されたロスとして対象化され，方法論的な限界に直面する。むしろ問題はモノのつながり（マテリアルバランスの体系）とヒトのつながり（経営管理の体系）の両方に根差しているため，ヒトの関係からのみ問題に接近するのではなく，モノのつながりも方法論的な枠組みを構成する一翼を担う必要がある。

MFCAを導入することで従来は見落とされていた資源のロスが見える化されるばかりでなく，総体としてのマテリアルフローにも関心づけられる。そうすることでモノの見方は変化しマテリアルフローを測定した範囲の前後の生産工程に対しても，マテリアルバランスの視点から一貫してモノづくりを考えるようになる。そして潜在的な資源利用の非効率の問題が前景化させられ，モノを媒介としたつながりが浮き彫りになる。ただ概念的にはMFCAの導入範囲を拡張することでより成果が期待できることは容易に想像できるが，実際には

MFCAの全社展開や，サプライチェーンへと拡張している企業は多くない。

そのため計算装置であるMFCAが顕在化させたモノのつながりが，ヒトとのつながりとの関係の中でより強固な社会的，組織的なつながりとなっていくプロセスを明らかにする必要がある。マテリアルロスや潜在的な資源利用の非効率として表出されたモノのつながりが，どのようにして問題として捉えられるようになるのか，どのようにして組織間でのマテリアルロスの計測へと展開されるのか，どのようにしてマネジメントの仕組みと結びつくのか，どのようにしてロス削減の技術的な課題へと展開されてきたのかを明らかにする必要がある。計算の結果であるロスがどのように実践に影響していくのかではなく，計算装置がヒトの関係とモノの関係をどのように媒介していくのかが分析の対象となる。

これにはラトゥールが提示するように，社会的な事象と科学的，技術的な事象を別々の説明概念として捉えるのではなく，異種混交のアクターのつながりとして社会が構築されるプロセスを明らかにするアプローチが有効となる（Latour, 2005）。それはまた資源管理活動が構築的に実践されていくことで背景にあったモノのつながりを前景化し，ヒトのつながりこそが分断されていたことを顕在化させることでもある。そのため異なる場所の利害関係を調整するというメタファーではなく，資源管理活動が新たな対象を内部化していくダイナミクスとして問題を捉える必要がある。

この方法論的な修正は会計システムの導入とそれに伴う組織変化へのアプローチの方法にも修正を求めることになる。既存の研究ではシステム的に優れた管理会計手法の導入の成功要因や失敗要因を明らかにしようとされてきた（たとえば谷，2004）。そこでは優れた管理会計が適切な情報を提供することで，合理的な組織行動が実現することが前提として想定されてきた。組織間へのMFCAの展開の研究でもMFCAの導入によって期待される効果やその際の課題について検討されてきた（東田，2011）。

当然ながらこれらの研究は多くの知見を生み出してきたが，管理会計システムの導入の成功は必然的に組織行動の変化を伴うものであるため，「成功」を組織変化の視点から捉えるのであれば，その変化の捉え方には注意を払う必要が

ある。Quattrone and Hopper (2001) が指摘しているように，組織の変化とは固有のものとして特定された (identified) あ・る・ものから別の特定されたも・の・へと移っていく順次的な現象ではない。変化とはむしろアクターや研究者がその変化の方向性やその大きさを事前には認識できないものであり，アクター間のつながりのなかで対象が構築されていくプロセスであると言える。

　谷 (2004) でも「「成功」といえるのは，……どのような成果が得られた場合なのか」(2頁) と問うているように，実際には会計手法の導入により組織がどのような方向に，どのくらいの程度で変化していくのかについてアクターや研究者は事前に特定することはできない。そのため会計手法の導入を組織変化のダイナミクスと切り離して研究するのであれば，対象への理解は限定的なものとなる恐れがある。管理会計の導入研究は会計手法をその分析の中心に据えるのではなく，組織の実践をその分析の中心に据える必要がある。

3. 資源管理活動とフレイム化

　ヒトとモノの関係から問題を捉え直し，算出されたロスを対象化するのではなく計算装置を媒介として一連の組織変化を分析する具体的な枠組みについて検討していく。このとき，本章では資源管理活動が MFCA との関係で拡張されていくプロセスを，ロス削減のための相互行為そのものではなく，その相互行為が可能となる領域が形成されていくプロセスに着目することで分析を行う。またこの際にアプリオリに性質を規定しないのは分析の中心にある組織実践だけではない。会計の性質，つまり MFCA が発揮する行為作用（エージェンシー）もまた，他のアクターの関係のなかで規定されるものとしている。

　本研究では資源管理実践が可能となる領域が形成されていくプロセスを対象とすることで，人と人との間に相互作用があることを前提とするのではなく，その相互作用を可能とする関係の枠組み自体を問題としている。組織の体系化によって人為的にヒトのつながりが分断され相互行為を妨げている状況を解決すべき課題としているため，このような関係を想定している。また相互行為を

可能とする枠組みが維持されている状態を規範として見るのではなく，むしろ枠組みがそれを取り巻くコンテクストとのなかで繰り返し問題とされ，再構成されていく状況に着目する。

そのため M. カロンのフレイム化とオーバーフローの概念を採用する。カロンはゴフマンの「フレイム」の概念（Goffman, 1974）を用いて相互行為を可能とする領域の分析を試みており，「フレイムはバウンダリーを形成する。そしてそこでは相互行為（その主体にとって行為の重要性や内容が自明となっているもの）が周囲のコンテクストから多かれ少なかれ独立して起きる」（Callon, 1998b, p. 249）としている。そしてフレイムはその内部で主体が，どのような相互行為を行うのかを規定する。

この主体がとりうる相互行為は，計算装置と結びつけて考えられる。カロンによれば，取引の対象が計算可能なものになることで，交換の主体には計算可能性のエージェンシー（calculative agencies）が付与され，主体間で取引に関する合意が形成され，市場が構築される（Callon, 1998a）。資源管理活動も歩留率やMFCAといった計算装置と結びついて対象が計算可能となり，効率性に関する合意が形成され効率的な資源利用が実践される。異なる計算装置と結びつけば，異なる資源利用の効率性が勘案されることとなる。

MFCAをアプリオリに機能や存在が規定されたものと考え，その導入により期待される効果や阻害要因を明らかにしようとするのではなく，フレイムの概念を用いることで，計算装置としてのMFCAをフレイムの内部の主体の計算可能性を形成する1つのアクターとして位置づけ，他のアクターとの関係で資源管理活動が拡張的に形成・再形成していく過程を分析することができるようになる。

方法論的な台座を同じくするラトゥーリアン会計研究が，会計の行為作用が多様なアクターとの関係のなかで規定されるところに着目しているように（Macintosh and Quattrone, 2010），本章でもMFCAの果たしうる役割はアクターとの連関のなかで規定されるものとして扱う。つまり「特定の会計技術は，それ自体として存在しているのではなく，様々な関係の中に構築されるものであり，また会計自身が対象を構築させる技術」（堀口, 2007）であり，主体にど

のような計算可能性が付与されるのかについても，関係のなかで規定される。

　また形成されたフレイムは安定した状態であることが稀であり，フレイム自体がアクターとの関係のなかで構成，再構成を繰り返している状況を記述するため，カロンはオーバーフローという概念を併せて導出している。オーバーフローとは今あるフレイムに収まりきらないあぶれ（overflow）であり変化のきっかけとなる検討事項として表出し，完全なフレイム化の不可能性について示すための概念である。またカロンが，状況が安定するのはアクターが多様な手間をかけた結果であると位置づけているように（Callon, 1998b），フレイムが安定しているときよりもオーバーフローが生じている状況こそが規範的な状態であると考えている。

　具体的にはカロンはオーバーフローとして生じた外部経済性（主として外部不経済）を内包しながら市場が構成・再構成されていくプロセスについて検討している（Callon, 1998b）。たとえば工場から排出される汚染物質が市場の取引に内包されるプロセスでは，被汚染側の健康影響などが計算装置と結びつき取引可能な対象とされ市場に取り込まれていく。このときオーバーフローとして生じる外部不経済は連続と分断の狭間にある。物理的な次元では取引の領域の内部（つまり，市場）の主体と，その外部の主体の間ではつながりはあるものの，取引に関する合意はなされておらず，社会的な次元ではバウンダリーの内と外で関係性が分断されている。

　MFCAの場合にも一連のモノづくりの過程のなかで物理的な連続性があるはずの資源の利用が，作業の効率性を規定する計算の仕組みやその背後にある企業の責任の体系，バウンダリーといった社会的，組織的な次元では分断されているところを問題の出発点としている。ただカロンの分析の場合には外部経済性が事前に問題化されており，それを反映した市場を再構成する際に，利害関係を明確にし調整を可能とするために計算装置が主体に計算可能性を付与していた。しかしMFCAの場合には対象を計算可能となり資源利用の効率性に関する合意形成が可能とする側面ばかりでなく，領域の外側に取り込むべき対象があることを明らかにする側面にも計算装置が役割を果たしていることには注意が必要である。

MFCAは歩留管理や品質管理，TPMなど従来の管理手法では見落とされていた資源利用の非効率をロスとして可視化するため，従来の資源管理活動のフレイムに収まらない部分が検討事項となり，オーバーフローが生じた状況を作る。またMFCAを通じて製造プロセス全体をマスバランスで評価する視点を学習することで，自組織のマテリアルフローの前後の生産工程での資源利用の非効率も潜在的に問題化され，既存の資源管理活動のフレイムにオーバーフローを生じさせることもある。

　つまりこの分析枠組みのなかでは関係性のなかで規定される会計の行為能力は，フレイムを形成するばかりではなく，オーバーフローを引き起こすところにも寄与しているのである。そのためこのオーバーフローが生じるプロセス，および再フレイム化されていくプロセスを記述することがこの分析枠組みの中心となる。当然ながら，フレイムを形成するために利用される計算装置だけではなく，それぞれの専門性を持った主体などの様々なアクターを動員しながら資源管理活動のためのバウンダリーとしてフレイム化されていく。

　このような分析枠組みのもと次節では具体的な事例を通じて，MFCAが導入され，オーバーフローが生じた資源管理活動が再フレイム化されていくプロセスについて分析している。

4. 会計における拡張的性質―サンデンにおけるMFCAの事例

(1) サンデンにおけるMFCAの特徴

　サンデンでは2005年に赤城事業所で試験的にMFCAを導入したのち，2006年には新たに自社内，関連子会社の複数サイトに導入を拡張し（サンデン，2007），その後も展開を続けている。本研究でサンデンを選択した理由はMFCAの試験導入を通じて有用性が確認されたのちに，積極的に他部門やグループ会社へと展開しており，本研究の問題意識に合致しているためである。具体的にはコンプレッサー部品事業でのMFCAの導入事例を分析していく。

本章では相互作用の領域をつくるための外枠が構成されていくプロセスを中心に記述するため，事例を先に概観しておく。まず2005年に試行的にMFCAが導入された際にはアルミ素材の一機種が対象とされていた。そして他の工場や子会社へもMFCAは展開され，子会社のサンワプレシジョンは2008年からMFCAを導入しており，サンデンと共同でマテリアルロスの削減を通じた資源生産性改善，コスト削減に取り組んでいる。

赤城事業所単体の事例ではアルミ素材の切断に用いるノコギリ歯の板厚を薄くすることで材料取りを向上させる改善や切削代を減らす改善を行った。設計部門やノコギリメーカーと協力しながら現状のラインで対応可能な範囲で実行している。これに対してサンワプレシジョンとの協働の事例では製品設計や製造プロセスの変更を必要とする改善にも踏み込んでいる。機械加工工程での旋盤やフライス加工による切粉を問題とし，鍛造形状や加工手順の変更を通じて切削箇所，切削量を少なくする方策が取られた。これらの改善には品質確認試験が必要となるため自動車メーカーの新製品開発のタイミングに合わせ，製造技術開発のサイクルのなかで取り組む長期的な課題として設定されている。

これらの背景のもと本節ではサンデンでの資源管理活動のフレイムに，MFCAの導入によりオーバーフローが生じ再形成されていくプロセスを分析していく。分析方法はサンデンでのMFCA導入・展開の中心人物である斉藤好弘氏（環境推進本部部長：当時），現場の中心である赤城事業所の工場長，サンワプレシジョンの担当者への半構造化インタビュー[2]を採用した。またサンデンのMFCA実務に関する論文，報告書を併せて分析している。

(2) 赤城事業所での試行[3]

2005年6月に新たに着任した環境推進本部長は，執行役員として経営にもかかわるなかで「環境と経営の同時実現」を戦略として掲げ，経営に資する環境

---

[2] インタビューについて斉藤氏には3回，工場長には2回，サンワプレシジョン側の担当者には1回，それぞれ1時間から1時間半程度行っている。

[3] 以下は，JMACウェブページに掲載されているサンデンの環境推進本部長A氏，環境推進本部部長斉藤好弘氏，JMACのコンサルタントB氏へのインタビュー記録に基づいて議論している。

事業を模索していた。ここに環境活動に対して，経営と両立させるという形でオーバーフローが生じていたのである。

　「環境事業は確かに当社の1つの柱であり，様々な試みをして成果も出ている。では次に何をするのか。これから先はプロフィット抜きには経営陣も納得しない。そこで，環境と経営を同時に実現できる何かをずっと探していました。そして，MFCAの存在を知ったのですが，実に難しいものらしいと聞いていました」（本部長A氏）。

　このときJMAC（日本能率協会コンサルティング）のコンサルタントB氏の説明をきっかけにMFCAを導入することとなった。対象工場には赤城事業所のコンプレッサー部品工場が選択された。赤城事業所はサンデンフォレストとして『環境と産業の矛盾なき共存』というコンセプトを掲げており，また世界でも数社しか生産していないスクロール型のコンプレッサー部品を製造する環境面，技術面でサンデンの最先端工場である。また本部長は当初からMFCAを全社展開することを考えており，最初は成功の可能性が高いところに導入しようという目論見もあった。
　当初，MFCA導入には工場長の反発があったが，実際に算出されたデータは，工場長の意識を次のように変化させた。

　MFCAの計算で出てきたコンプレッサー部品のロスは「24.2％」というものだった。この数字に，誰よりも驚いたのは工場長である。
　「そんなはずはない。うちの歩留率は85％だ。つまりロスは15％だよ」と。
　しかし，何度計算しても，結果は同じ。
　「スクロール型のコンプレッサーは，アルミの棒を円盤状に切断して，そこから加工していくんですが，従来の歩留率は，完成品の重量を円盤の重量で割った比率。円盤から完成品になるまでの機械加工の切粉しか，ロスと見ていなかった。しかしそこには，アルミの棒から円盤を切り出す際のロス，切粉と端材，それと各工程の不良品は，ロスとしていなかった。従来の歩留率

と，MFCAで計算した際の材料のロス率の差は，そこなんです。そして，従来の歩留管理の対象になっていなかったところ，素材切断が一番の宝の山でした」とコンサルタント。

驚いた工場長は，「それは改善しなければ」とすぐに納得したという。

従来のサンデンでの歩留管理の問題点がMFCA導入で明らかとなり，生産活動の側面から資源管理活動の枠組みにオーバーフローが生じた。「この工場では，材料を重量単位で購入するが，切断後以降は，個数単位での管理になる。そのため「歩留まり」管理も，切断後の個数に対する完成品の個数で管理されていた。MFCAを実施し，原材料の投入から出荷まで統一した見方をしたことで，新しいロスを認識することができた」(斉藤，2010，17-18頁)とされている。つまり資源利用の効率性が工程やラインごとの生産プロセスを前提とした認識から，より全体的な枠組みでの認識へと変化したと言える。

従来は管理の対象とされてこなかったアルミ棒の切粉が資源管理の非効率としてオーバーフローとして表れた。ただ問題として顕在化すると同時に，MFCAと結びついたオーバーフローはロスとして計算されている。そしてMFCAによりロスとして表出された非効率の問題は，検討会を通じて技術的な問題へと変化された。たとえばアルミ連鋳棒からの材料の切り出し個数を改善するため，材料を切断するノコギリ歯の最薄化が検討された。

従来は各工程で切粉の削減活動が実施されてきたが，「MFCAで全行程を俯瞰したロスの見方」(斉藤，2008a，171頁)をすることで活動の対象は広がった。アルミの切粉の中でこれまで問題とされてこなかった部分が計算装置と結びつくことで始点となる問題となり，マテリアルロスは生産に専門性を持ったアクターにより技術的な課題へと変換されていった。最終的には4つの改善のターゲットがあげられ，それぞれの課題には工場長の提案で担当係長が取り組み，TPM係長個別改善活動と連動させて行われた。これについて，

「従来の活動とMFCAを結びつけた，最高の方法だったと思います。本部でも予想していなかったやり方でした。これで従業員の遺伝子にMFCAが

組み込まれたのだと思います」（斉藤氏）

というように，MFCAが示唆する効率性の考え方がTPM活動に組み込まれることで，技術的な課題は組織管理の仕組みと結びつき新しい資源管理活動のフレイムは強化されたと言える。またノコギリ歯の最薄化にはノコギリメーカーを，切削代の削減には設計部門を，それぞれの工程ごとで進められていた切粉の削減活動と比べ新たなアクターをとして動員しながら，担当係長はロス削減を進めていった。

従来の歩留管理では完成品を起点に効率性を考え，切断されたアルミ円盤と完成品とを個数の関係で評価していた。そのため「製造工程個別のロスは，それぞれの活動で明確になっていたが，工程を連結した，工場全体としてのトータルなロスの把握には至っていなかった」（斉藤，2008a，16頁）。これに対してMFCAが導入されることでアルミ棒と，そこから切り出された円盤とのつながりが前景化され，計算枠組みにより人為的につながりが分断されていたことが浮き彫りになった。メーカーや設計部門などの新たなアクターを巻き込みながら，また従来の管理手法であるTPMと結びつきながらロスは削減されていった。

MFCAは，環境側面では従来の管理に対するオーバーフローとして生じた経営との両立を実現するための仕組みとして，生産側面では従来の管理の問題点を明らかにし，オーバーフローを顕在化する装置として，それぞれのオーバーフローと結びついており，問題の結節点となっていた。従来の導入研究では会計システムの導入によってすでに顕在化していた組織の課題が解決されると「成功」として扱われてきたが，カロンがフレイムの不安定性を指摘しているように事例の連続性について慎重になる必要がある。

次に議論するように，ここではまだオーバーフローは再フレイム化されておらず，環境側面では具体的なマネジメントのレベルでISO14001の枠組みに由来したオーバーフローが，生産側面ではMFCAが連続する工程の非効率を問題化するエージェンシーを発揮することで新たなオーバーフローがそれぞれ発生していた。これらの問題の連続性とMFCAのエージェンシーの変化とが重

要な論点である。

(3) 組織間でのMFCAの展開

2005年の試験的な導入事例ではロスが可視化され，技術的，組織的な問題へと変換されながらロスは削減された。環境面，生産面で生じていたオーバーフローはMFCAが結節点となり，ロスとして顕在化された問題の解決を通じて，それぞれのフレイム化へと向かっていった。次に本節ではMFCAの導入が単体での試行から，組織内外への展開へと状況が変化するなかで新たにオーバーフローが生じ，その問題の解決に組織の環境側面の構成要素がどのように関係していくのかについて検討していく。

2006年の導入（3社，5部門）では，「それぞれに新しいロスの発見ができた。しかし加工と組立の限られた範囲の中で加工を行っている部門では，ロスの発見，さらにはその改善が，制約を受けてしまう点が確認できた」（斉藤，2008b，42頁）として導入の範囲に関する新たな問題が認識されていた。つまりMFCAを通じて組織のなかで問題化されるのは，前節であげた従来は見落とされていた資源利用の非効率ばかりではなく，一貫してマテリアルバランスで全体の資源利用の効率性を評価するため，組織内，組織間でのヒトのつながりの分断も問題視されるようになり，そこに新たなオーバーフローが生じる。ロスを可視化させるエージェンシーばかりでなく，単一の尺度で測定することで全体を俯瞰した視点から前後の工程のムダも潜在的に問題化するエージェンシーが生まれる。

この問題意識はサンワプレシジョンの事例では具体的には，「量産段階におけるサンデンとサプライヤー間を渡り歩く部材のロス評価，"見える化"」（斉藤，2009，66頁）の課題として考えられていた。組織間を行き来するモノに着目することで，MFCAにより変化した資源利用の考え方はサプライヤーの資源利用の非効率へと問題の対象を拡げた。先取りする形で始点となる問題を生み出し，単体組織で形成された資源管理活動のフレイムにオーバーフローを生じさせている。

組織間での資源効率改善の課題もまた，ロスとして可視化され技術的，組織

的な問題へと変化していく。ただ 2008 年の導入以前の組織間での MFCA の展開について，「前にもやったところはあまりいい出来ではなかった」（斉藤氏）と述べているように，あくまで始点となる問題が具体的に問題として展開するかどうかは，その後の道程，状況に依存するものである。

また一方でどのように組織間につながりが生じるのかも重要なポイントである。赤城工場の工場長が「斎藤さんがいなかったら（組織間での MFCA の展開は）難しい」と述べているように，サンデンでは環境マネジメントと結びつくことで組織間を行き来するロスの課題は取り組まれていった。つまり MFCA と結びつくことで環境担当者はアクターとして重要性を増している。

「環境マネジメントを推進していく上で，製造工程個別のロスは，現場で行われている個別改善活動で明確になっていたが，工程を連結した工場全体としてのトータルなロスの把握，また改善成果が経営にどのようなインパクトを与えるのかの明確化が課題であった。……製造段階での環境経営を目指す手法の 1 つとして，製造工程全体のロスの把握と，改善の経営効果の見える化ができるとのことから，MFCA 手法の導入を行った」（斉藤，2010，16 頁）。

サンデンでの組織間における MFCA の実行について，「（MFCA は）環境部門でのつながりから広がっていった」（斉藤氏）と述べているように，環境担当者のネットワークが媒体となり，MFCA は組織間の実践へと展開されている。サンデンの斉藤氏ら環境推進本部はグループ会社の環境担当者との間で，意見交換の場を持っている。具体的な MFCA 導入に際しては，彼ら環境担当者がマテリアルバランスやフローの測定など MFCA 計算や半年ごとのデータの更新などを行い，基盤をつくっている。MFCA を導入することで前景化された一連の生産活動におけるモノのつながりは，環境担当者のネットワークと合わさることで組織間での資源管理活動の再フレイム化が始まった。

この環境担当者のネットワークは単に見える化を可能にするという側面でのみ MFCA と結びついていたわけではない。MFCA は従来の環境マネジメントにおけるモノの見方を転換させるものでもあった。サンデンでは従来は

ISO14001のなかで廃棄物の分別を徹底することで有価物化を図ってきたが,廃棄物を減らす活動には及んでいなかった(斉藤,2010, 16頁)。一方で営業外収益も得られISO14001の枠組みのなかで分別は有益なものとされていた。しかしMFCAを導入することで廃棄物はロスとして認識されるようになり,環境の側面からもオーバーフローが生じていた。このようにMFCAは資源管理活動と複層的に絡み合いながら活動のフレイムを構成していた。

MFCAの導入後,ISO14001の目的・目標にMFCAの項目を設定することでマネジメントの仕組みと結びつける方策も取られている。環境を本業と同一化させることを目標としているが,マネジメントの現状は多様である。たとえば先進的な場合には廃棄物の削減についてCO_2とコストによって数値目標が設定されている。また「廃棄物の削減は不良削減によって実現する」として本業とリンクさせている場合もある。しかしながら本業である品質管理と環境管理を分けて考える傾向が強い場合には,導入先の担当者から「不良の削減は品質管理の目標ですよ」という反応が返ってくることもある。それぞれの実践に差はあるもののマネジメントの段階でも環境管理の枠組みが媒体となっている。

環境担当者がMFCAを組織間で展開させる際にその媒介となり得たのは,環境を経営に同軸させる意図に基づく行動を志向していたからだけではない。確かに2006年度の個別範囲での導入で加工や組立など個別の組織単位での導入での限界が認識されており,組織間でのMFCAの導入が進められ,資源利用の効率化に関して従来の経営管理とは異なる視点から問題意識が形成されていた。ただこれに加え,活動に関わるアクターの複雑性の度合いが指摘できる。モノづくりは企業活動のコアな活動であるため設計,製造,購買など多様な部門に分かれて活動をしている。分業により作業が効率化されるものの,他方で個別単位の間のつながりは断たれてしまう。しかし環境管理活動は企業活動で補助的な役割を果たすため部門間,組織間のバウンダリーを越えた直接的なつながりのネットワークをもっておりMFCAの展開の下地になり得た。

(4) サンワプレシジョンとの協働

MFCAの展開によるオーバーフローが環境側面から再フレイム化されていく

場面を見てきたが，最後に生産側面での結びつきを通じて再フレイム化されていくところを併せて記述することで，MFCAを接点としながら資源管理活動が拡張的に構築されていくプロセスを検討していく。

　組織間にまたがる資源利用の非効率の問題に関してサンワプレシジョンへのMFCAの展開の事例では新たなアクターを動員することでマテリアルバランスの体系と経営管理の体系の間の問題の解決が図られた。サプライヤー間で複数の加工が行われる部材に対する材料ロスの実態把握および管理のために，サンデンとサンワプレシジョンは「平成20年度　サプライチェーン省資源化連携促進事業」に参加した。

　MFCA導入の対象はピストン型のコンプレッサー部品の加工のプロセスであり，サンデンでは「素材切断」，「鍛造」を，サンワプレシジョンでは「機械加工」，「塗装」，「機械加工2」を物量センターとして設定した。またサンデン，サンワプレシジョンの双方の現場で個別にMFCAのデータは収集し計算された。組織間で資源管理活動を実践するためには個別に計測された情報の共有が必要となる。そこで新たなアクターとして「双方の製造現場の関係者に加え，製品の開発設計の関係者」(斉藤，2009，67頁) が動員され，材料の投入とロスの物量情報を共有し，共同で改善方策の検討が行われた。

　製品全体に責任を負っているプロダクトマネジャーも新たに参加した。これらのアクターの参加により，従来，中心となっていた製造部が志向するコスト削減ばかりではなく，設計などを含む抜本的な改善に取り組むこととなった。ロスとしての非効率への認識は課題ばらしを通じて，具体的で技術的な問題へと変換される。

　　「アルミ材料ロスの多くは，旋盤，フライス加工による切粉である。従来品の鍛造形状と加工手順は切削個所，切削量が多く，必然的に大量の切粉が発生する。この切粉量を削減するためには，切削個所，切削量を少なくする必要があるが，そのためには，加工工程，手順を一から見直す必要がある」(斉藤，2009，68頁)。

また資源管理活動の再構成のプロセスでは，技術的な課題を解決するためにサプライヤーとの間で組織的な問題も考慮された。プロジェクトを通じてサプライヤーとの間に話し合う機会がつくられ品質要求，加工条件などの制約条件の共有がなされた。

　（サンワプレシジョンの設備はすべてサンデンが設計したものであるが，）「設備設計の目的や，この設備による製品の作り方の思想をサンワプレシジョンが理解していないことが今回のプロジェクトで顕在化した。たとえば，工程内の公差の考え方など。公差 5 μm を 10 μm にすること」(斉藤氏)。

このように品質要求への評価基準についてもその根拠を含め共有化され，MFCA を通じた非効率としての問題は技術的，組織的な問題へと変換されながら資源管理活動は，組織間のバウンダリーを越えて再フレイム化された。

(5) ディスカッション

サンデンでのサプライチェーンへの MFCA の展開について議論してきた。フレイム化とオーバーフローの概念を用いて組織実践の変化に分析の焦点を当てて記述することで，計算装置としての MFCA を媒介として組織実践のレベルで環境側面と経営側面とが融合するプロセスを分析してきた。これにより従来のロスを対象化した分析においては捨象されてきた，すでに顕在化していた課題が解消したあとに生じる課題との連続性を含む包括的な事例へのアプローチが可能となった。

これにより一連の組織変化に伴う関係性のなかで会計の役割を捉えることができた。従来のように会計装置から算出されたロスを対象化して研究するのであれば，導入研究においてロスが削減されると事例は「成功」として評価されてしまう。しかしながらサンデンの事例でも明らかなように，最初の赤城事業所の導入でロスは削減されたものの，続く組織内外への展開においては連続するつながりのある工程での非効率が新たな課題として持ち上がった。この連続する導入を通じて MFCA は異なる行為作用（エージェンシー）を発揮しなが

ら，組織の関係性を構築，再構築していった。

　特にサプライヤー間を行き来する部材のロス評価の課題としてあげられていたことに顕著に表れているように，MFCAを導入することでモノを媒体とした生産活動間のつながりが前景化された。そして課題の解消のために環境担当者のネットワークやISO14001など組織の環境側面の要素がつなぎ役として重要な役割を果たしていた。モノのつながりが他のアクターとの関係でより強固な社会的なつながりとなるプロセスを記述することで，従来は補助的な役割に位置づけられてきた環境担当者の役割を再評価することができた。

5.　おわりに

　新しい会計手法について，その導入を「成功」を基準として評価することで，手法と組織の関係を単純化してしまう恐れがある。組織の変化のプロセスは必ずしも事前に変化のあとの結果を想定し，決められたプロセスをたどるような単調なものではなく，実際にはしばしば複雑な関係性の中で会計管理の手法はその特徴がつくり上げられていく。それによって特に，組織的な課題の連続性や次の導入への展開のプロセスが捨象されてしまうと考えられる。組織的な課題の連続性や次の導入への展開のプロセスは，それぞれの導入事例を個別に分析するのでは十分にアプローチできない。経営活動の中心に位置するモノづくりの中のみでコンテクストの関係を分析したり，導入の成功要因や阻害要因を分析するのであればやはり見落とされてしまう。

　これに対して本研究では，フレイム化とオーバーフローの概念を用いて組織実践の枠組みがどのように変化していくのかに着目しながら記述的にMFCAの導入およびその後の展開のプロセスを分析することを試みた。これにより関連のあるアクターを記述していくことで，より広範囲への展開に際して変化していった組織的な課題や，その解消のために組織の環境側面の要素が役割を果たしていたことをMFCAとの関係のなかで明確にしたことが本論文の貢献である。

〈付記〉

本章は，北田皓嗣「マテリアルフローコスト会計による管理実践の拡張」『原価計算研究』（第35巻第2号，2011年，12-25頁）に加筆修正したものである。

[参考文献]

Callon, M. (1998a) "The Embeddedness of Economic Markets in Economics," in Callon, M. (Ed.) *The Laws of the Markets*, Blackwell, pp.1-57.

Callon, M. (1998b) "An Essay on Framing and Overflowing: Economic Externalities Revisited by Sociology," in Callon, M. (Ed.) *The Laws of the Markets*, Blackwell, pp.224-269.

Goffman, E. (1974) *Frame Analysis : An Essay on the Organization of Experience*, Harper & Row.

Latour, B. (2005) *Reassembling the Social : An Introduction to Actor-network-theory*, Oxford University Press.

Macintosh, N. and Quattrone, P. (2010) *Management Accounting and Control Systems: An Organizational and Sociological Approach*, John Wiley & Sons.

Quattrone, P. and Hopper, T. (2001) "What does Organizational Change Mean? Speculations on a Taken for Granted Category," *Management Accounting Research*, vol.12, No.12, pp. 403-435.

北田皓嗣（2010）「マテリアルフローコスト会計と管理可能性」『社会関連会計研究』第22号，13-24頁。

國部克彦（2007）「マテリアルフローコスト会計の継続的導入に向けての課題と対応」『国民経済雑誌』第196巻第5号，47-62頁。

國部克彦・下垣彰（2007）「MFCAのサプライチェーン展開―サプライチェーンにおけるMFCA情報共有の意義」『環境管理』第43巻第11号，1109-1115頁。

斉藤好弘（2008a）「サンデン：金属部品加工工場への適用」 國部克彦編著『実践マテリアルフローコスト会計』産業環境管理協会所収，165-174頁。

斉藤好弘（2008b）「サンワアルテック株式会社とサンデン株式会社（サプライチェーンの企業間をつないだMFCA導入事例）」 経済産業省『平成19年度経済産業省委託事業・マテリアルフローコスト会計開発・普及事業報告書』経済産業省所収，40-51頁。

斉藤好弘（2009）「サンデンチーム〜設計と製造技術から見直すモノづくり〜」『工場管理』第55巻第13号，66-69頁。

斉藤好弘（2010）「サンデングループにおけるMFCA適用事例」『プラント・エンジニア』第42巻第6号，15-21頁。

サンデン（2007）『サンデンCSR報告書2007』サンデン株式会社。

谷武幸編著（2004）『成功する管理会計システム―その導入と進化』中央経済社。

中嶌道靖・國部克彦（2008）『マテリアルフローコスト会計―環境管理会計の革新的手法（第2版）』日本経済新聞出版社。

中嶌道靖（2011）「環境配慮型生産を支援する環境管理会計：マテリアルフローコスト会計の経営システム化」 國部克彦編『環境経営意思決定と会計システムに関する研究』中

央経済社所収，27-50頁。
東田明（2006）「マテリアルフローコスト会計とサプライチェーン」『環境管理』第42巻第8号，792-797頁。
東田明（2008）「マテリアルフローコスト会計のサプライチェーンへの拡張」『企業会計』第60巻第1号，122-129頁。
東田明（2011）「グリーン・サプライチェーン・マネジメントを支援する環境管理会計―MFCAの適用可能性」 國部克彦『環境経営意思決定と会計システムに関する研究』中央経済社所収，145-168頁。
堀口真司（2007）『会計技術の専門性に関する研究―アカウンタビリティ社会の分析視角として』神戸大学博士論文。

（北田　皓嗣）

第10章

MFCA の継続的適用
―「尾張会社」の事例分析―

1. はじめに

　MFCA は環境と経済の連携を実現する環境管理会計手法として注目を集めてきた。MFCA は企業内の潜在的なコストを明らかにし，コスト削減と環境負荷の削減に対して有効であることを多くの事例が示してきた。一方で，継続的な適用に関する知見はいまだ少ない（本書第12章参照；東田他，2013）。これら限られた先行研究では継続の困難性が指摘されている。また，継続的な適用に対しては活動に対する外部からの積極的な評価や，企業のトップによる意思決定が有効と述べられている。しかし，本章では，MFCA 外部からの制度的なプレッシャーやトップダウン的な環境戦略によって実施されたわけではない事例を取り上げる。そこでは MFCA の継続は自発的な取り組みとして行われており，既存研究で指摘されているような原則との関係で説明されない異なるメカニズムが潜在している可能性がある。

　本章では，このメカニズムを T. シャツキの実践理論に依拠し，MFCA の継続における目的感情構造として理解することを試みる。彼は組織実践が異なる目的や，感情を持っている個人の集合でありながら，共有された目的が観察可能であることに注目した（Schatzki, 1996, 2005）。シャツキによれば実践は①規則や手続きと言ったルール（rules），②現場の人々の有する「どのようにすればできるのか」についての実践的な理解（practical understanding），③目的の連鎖や感情からなる意味の構造（目的感情構造：teleo-affective structure）

(Schatzki, 2005, pp.471-472；澤邉, 2017) の 3 つの概念から説明される。

 3 つ目の概念である目的感情構造において，目的だけでなく感情が含まれている点については「すべての行動が目的論的規則によって統治されているわけではない」(Schatzki, 1996, p.123) と述べられている。すなわち，目的論的には説明のできない行動の存在を示唆しており，これが感情論的次元である。具体的には信念や期待，情熱が感情構造として挙げられている[1]。本章では MFCA の継続事例で実施されている活動を支える感情的側面を明らかにすることで MFCA の継続を可能にする構造を示す。

 次節ではまず，既存研究によって言及されてきた継続的適用の課題を示す。そのうえで，第 3 節にて分析の方法と本章で扱う尾張会社（仮名）についての情報を述べる。第 4 節では尾張会社において行われている MFCA の取り組みを紹介し，継続的適用を可能にしている構造を明らかにする。

2. MFCA 継続の課題

 MFCA は有効性が観察されている一方で，継続的に適用するうえでの課題が議論されてきた（國部，2007；本書第 12 章参照）。これは MFCA の計算手法的特徴に起因しており，MFCA が提唱するロス概念が伝統的な管理会計手法で認識されてきたロスと異なるという MFCA の長所の裏返しでもある。MFCA の長期適用は 2 つの課題と直面する。1 つが MFCA によるロスの測定範囲とその原因の発生範囲にズレが生じていること，また環境負荷の削減よりも収益の拡大を優先するように企業が行動してしまうことである。MFCA の長期適用のもとではこれら管理可能性原則や経済行動原理との間で対立する課題（國部，2007；本書第 4 章参照）が指摘されている。

 管理可能性原則とは，「従業員が責任を負うべき範囲はその従業員が管理可能な範囲に限定される」（國部，2007, 53 頁）というものである。マテリアルロス

---

 [1] シャッキの実践理論（Schatzki, 1996, 2011）と管理会計研究における適用については，岡田（2017）にて詳細に論じている。

が測定された区分とその原因が生じている区分では責任範囲が異なることから，マテリアルロスの削減に着手できない場合がある（本書第4章参照）。この結果，MFCAを実施しても，大きな改善成果に結びつかず，長期的適用を推進することが難しい。これを解決するためには，既存の管理可能性原則における管理可能な範囲を変更する必要がある。たとえば，中長期的な検討を必要とするマテリアルロスであれば，「研究開発と商品設計などの量産前の段階においてマテリアルロス情報を共有し，管理責任を明確化すること，さらに予算編成に必要な基礎情報を作成し優先順位化を図ること」（本書第4章参照）が有効である。優先順位を計るためにはマテリアルロスの改善に必要な投資の合理性を判断する情報を伝える仕組みが必要であり，たとえば伊藤（2013）では品質コストアプローチの援用が提示されている。さらには経営者層がコミットし，「MFCAによって発見された新しいロスを既存のロスと別枠で認識し，それを削減するプログラムを考案して実施するように従業員に働きかけること」（國部，2007，55頁）によって従業員の責任の範囲を変更することも提案されている。

　しかし，管理可能性原則との対立を解決したとしても，長期的適用の下でMFCAは経済行動原理と対立する可能性がある。これは投入コストを下げるための行動と，収益を上げるための行動が比較されたとき，企業は環境負荷の削減よりも将来の収益性を優先してしまう原理を示している（國部，2007）。この対立によって，MFCAから改善案を認識しても，優先順位が下がってしまう可能性がある。またこの傾向は，MFCAの取り組みがコスト削減効果としてその有効性が明確に示されるほど，顕著に現れる。長期的な適用が進むほどMFCAは経済活動に近づき，環境の視点を長期的に維持することが難しいことが指摘されている（本書第12章参照）。

　管理可能性原則との対立に比べて経済行動原則との対立の克服は難しい（國部，2007）。経営者は利益責任を負っており収益機会の獲得を優先することは当然の行動だからである。ゆえに，先行研究では「マテリアルフローコスト会計を導入している企業を積極的に評価するような社会や市場の存在」（國部，2007，55-56頁）や「企業外からの制度的な支援」（本書第12章参照）など企業外部から環境負荷削減の意識づけをする必要性が示唆されている。また，企業の経営

者がMFCAによる改善目標を優先するような経営環境を構築すること（國部，2007）が必要と指摘されている。

　以上，長期的な適用において乗り越えるべき課題は管理可能性原則と経済行動原理との対立に集約される。既存研究で議論されている継続事例（國部，2007；北田，2010）では，責任範囲の拡大あるいは書き換えが観察され，管理可能性原則との対立が解消されていることが明らかにされている。経済行動原理の対立の克服については企業外からの制度的な支援の必要性が挙げられているが（本書第12章参照），その指摘は規範的な内容にとどまっている。

　本章では，これらとは異なるメカニズムによってMFCAの継続が可能となっている可能性を検討する。具体的には，政府や経営トップからの圧力ではなく，企業が自発的にMFCAに取り組み，継続している事例から，どのような傾向がMFCAの継続を可能にしているのかを明らかにする。

3.　研究手法およびMFCA導入の背景

　本章ではMFCAを継続する構造の解明という目的意識に従い，一度の適用で終わらずに複数年にわたって適用を行った事例を選択した。MFCAは2000年以降，経済産業省による普及支援が行われており，委託事業として行われたものは導入事例集（経済産業省，2009，2011a，2011b）において報告されている。本章で紹介する尾張会社はこの事例集の中の1事例である。なお，尾張会社は仮名であり，企業の特定を避けるために本章では一貫してこの呼称を用いる。

　尾張会社は，連結売上高が3,000億円以上の規模の企業であり東証一部上場の動力製品を製造する企業である。当該企業は複数の事業所を持っているが，本章で取り上げる尾張第一事業所は電気関連製品のプリント，組み立ての工程を行っている事業所である。ケーススタディの方法としては半構造化インタビューおよび公表されている資料を用いた。半構造型インタビューは2016年8月に，尾張第一事業所（仮名）の製造管理課所属の2名，および本社環境担当課の1名の計3名を対象に約2時間行った。製造管理課の2名はいずれも

MFCA展開におけるリーダー，あるいは工場内での講師の役割を担っている。インタビューの後，確認事項についてはメールにて追加で行った。本文中の各人物の発言は「製造管理課A」，「製造管理課B」，「環境担当課」と記述している。ただし，本章では環境担当課の発言は引用していない。さらに，公表されている報告書および公表論文，環境報告書と企業内部で使用している発表資料も対象としている。本文中では尾張会社社員が発表した論文を「尾張会社社員論文」，政府委託の事業報告書を「尾張会社ケーススタディ」と呼ぶ。

尾張会社としてMFCAを初めて導入したのは2000年代末のことである。この際にMFCAに取り組んだ尾張第二工場では，製品に使用する原材料の削減および廃棄物の削減が実現した（尾張会社社員論文）。同年には，別の工場にて，サプライチェーンでのMFCAで導入に取り組んでいる。これは，経済産業省委託の事業であるサプライチェーン省資源化連携促進事業の取り組みとして行われたものであり，鍛造，切削を行うサプライヤーと切削と熱処理，組み立ての工程で導入が行われた（尾張会社ケーススタディ）。2010年代半ばに発行された尾張会社の環境報告書2年分にてMFCAの推進についての記述が観察されている。

企業全体としては以上のような経緯の中で進んできたMFCAに尾張第一事業所が初めて取り組んだのは2010年代初めのことである。尾張第一事業所では導入から数年が経過した現在も継続的にMFCAの測定，その結果に基づく改善を行っている。加えて，特筆すべき点として，尾張第一事業所では自発的にMFCAの導入を行ったことがあげられる。尾張第一事業所に先駆けて行われた尾張第二工場におけるMFCA導入は経済産業省の支援を受けたものであり，ゆえに実施に際しては外部のスタッフによるサポートがあった。

尾張第一事業所ではMFCA導入以前に，歩留まり改善など改善活動を行っていたが改善結果に行き詰まりを感じていた。他に効果が表れる手法を模索したところ，MFCAに出会う。尾張第一事業所ではTPMの1つとしてMFCA導入が行われた。尾張第一事業所では複数の小集団活動を構成し，各集団が導入対象工程を選定し，それぞれに対する工程の見える化およびMFCAの測定を行った。見える化によって明らかになった課題抽出と成果確認までを約半年

の期間で実施した。

　MFCAの対象となったのは2種の製品，甲と乙である。具体的には①甲の生産工程，②乙の生産工程，③甲の製造にかかわる部品受入および甲製品の出荷，④甲，乙の廃棄不良の4つをテーマとしたプロジェクトが同時に行われた。それぞれの工程において投入される部品の量，エネルギーの投入量，人件費と労務費，廃棄物の物量と廃棄物処理費を測定し，製品となるもの（正の製品コスト），製品にならないもの（負の製品コスト）として集計した。

　この見える化の結果，たとえば乙製品の生産プロジェクトでは10%以上が負の製品コストとなっていたことが明らかとなった。結果を見て，工場内では廃棄物に対して，それまでの認識以上にコストがかかっていたことを再確認した。

　　「（MFCAの実施によって）無駄な電気を使っているとか，廃棄物にすごいお金がかかっているとか。材料が無駄に捨てられているとか。そういったのが出て，そのコストが1割以上を占めていると」（尾張第一事業所，製造管理課B）。

　その後，見える化したデータをもとに各集団にて改善のアイデアが出し合われた。たとえば，負の製品コストの原因として完成した製品を納入するために袋に入れた状態で保管している間に，塗布剤が袋に付着する，あるいは拭き取るために布が使用されるなどが挙げられた。改善案としては，開発や納入先との協議によって塗布廃止，相手側の部品での塗布量の増加などが挙がった。MFCAを実施し集団すべてが改善の効果を認識し，多いものでは導入段階で測定した負の製品コストの半分の量を削減した。

　さらに，最初のMFCAの実施による課題の発見，改善が行われた2014年以降も，尾張会社ではTPMの中の1つの柱としてMFCAを位置づけ，継続的に行っている。

4. 継続を可能にするための取り組み

　尾張会社では，導入当初と同じように MFCA を適用し，MFCA 継続を実現しているのではない。継続のためにいくつかの改良を加えているのであった。具体的には，教育の場の設定と簡易化の取り組みを行った。まず，すべての製品に対してマテリアルコストを監視しているのではなく，毎年，工場の中での戦略的な視点から改善を行うべきと思われる対象製品に対してプロジェクトとして行ってきた。

　　（質問：今年はここに集中して分析しましょうという形でやっておられるということですね。だから常時すべての製品について見ているわけではないんですよね。）
　　「はい。やはり工場全体の大きなくくりで見てしまうと，なかなか改善も進まなくなってしまいます」（尾張第一事業所，製造管理課 A）。

　さらに，重点的なプロジェクトにおける MFCA の実施に加え，導入経験者だけでなく各集団や現場レベルで MFCA を理解することを目指し，MFCA の考え方を係長，主任が実施できるような教育の場を設けている。

　　「今までは課長さんとか担当者の私がメインでやってたんですけど，そういった MFCA の考え方を係長とか，主任さんにも勉強してもらおうと。それから，講師ってわけじゃないですけど教える私達側ももっと MFCA を勉強してさらに改善できるようにというところで進めてきてます。で，1 年間で対象のラインを決めて，活動の成果を報告する場を設ける。毎年行ってきています」（尾張第一事業所，製造管理課 B）。

　また当初の導入経験者の間で，MFCA データ算出にかかる時間的負担，また

コストの問題が懸念となった。そこで，計算方法の簡易化によって算定にかかるコストを減らす工夫を行った。具体的には尾張第一事業所では導入時のMFCAの形態を変化させ，簡素化，改良を加えていくことになる。

「毎年行ってくるにつれですね，やはりデータを出すところ，こういった活動の場をつくる工数がかなりかかってしまう。それから材料も用意しないといけないのでお金がかかってしまうというところで，もっと簡素化できないかと」(尾張第一事業所，製造管理課A)。

最初にMFCAを導入した際に用いられた計算ツールは，日本能率協会コンサルティングが発行した『MFCA手法導入ガイド』に掲載されているものであった。これは，MFCAに取り組む企業が計算を簡易的に行えるように開発されたエクセルファイル形式の計算フォーマットである[2] (日本能率協会, 2009)。尾張第一事業所では当初，その中に含まれるマテリアルコスト整理表およびエネルギーコスト・システムコスト整理表を用いて，それぞれ異なるシートで計算・分析を行っていた。

これらのMFCAツールを尾張会社内でこれら2つの整理表を展開した結果，継続のためには2つの改良点が確認された。まず，当該工場は組み付け作業を行う装置産業の工場であり，MFCA簡易ツールに従ってMFCAを適用・測定すると負の製品コストが相対的に小さく見えてしまうことが明らかとなった。また2点目に，初期のMFCA簡易ツールではマテリアルコスト，システムコスト，エネルギーコストの計算を別々のシートで行っていた。この形式は工程ごとのコストの発生と前工程・後工程のつながりを見える化することには長け

---

[2] 日本能率協会は経済産業省の委託事業として，MFCA簡易計算ツールを開発し，エクセルによるフォーマットをインターネット上に公開している。この簡易計算ツールは2007年から段階的に開発された。その第1期が2007年から2008年に開発され，第2期は2009年から2010年に開発された(日本能率協会, 2010)。第1期と第2期の違いはシステムコストの計算方法にあり，累加法では物量センターにおけるシステムコストが次の物量センターにも累加されていく累加型のMFCA計算のためのフォーマットを提供している。対して第2期では前の物量センターでのシステムコストを引き継がない非累加型のMFCA計算を目的としたフォーマットが提供されている。

ていたが，製品ごとのコストを把握する際に煩雑であることが判明した。

以上2つの点において測定のコストを減らす改良が行われた。まず計算結果を分析する際には，投入材料費に対して直接材料費を圧縮する改良を行った。尾張第一事業所で当初 MFCA 計算を行うと，投入コストに対する正の製品コストが9割以上，負の製品コストが数％と計算された。これは対象の工程が加工工程でありながら，部品の組み立てが多かったために負のコストが圧縮されてしまうためであった。これが，改善対象となる負のコストを見えにくくしていた。そこで尾張第一事業所では，直接材料費を0と考えた場合の投入コストにおける正の製品の割合，負の製品の割合を計算することとした。これにより，改善対象となる間接材料費・廃棄物処理費のインパクトが把握しやすくなる。尾張第一事業所の場合，直接材料費を除くと，投入コストにおける正の製品コストの割合が約6割，負の製品コストが約4割となった。

次に，別々のシートで行われていた計算を同じシート上でできるように統合を行った。これは，日本能率協会が2007年から行っているMFCA計算手法に関するツール開発の中で，第2期として発行した『MFCA簡易手法ガイド』における「バランス集計表」（日本能率協会，2010）を使ったものである（図表10-1）。この改良は，当該工場が，工程におけるマテリアルのフローを明らかにすることよりも，製品としてのコスト効果を見ることを重視したために行われた。

> 「エクセルの図で（筆者注：第1期のフォーマットでは）こういったマテリアルコストと，エネルギーとシステムコストが別々のシートで構成されているんです。そうするとあっち行ったりこっち行ったり，また戻ったりとか。ちょっと大変なんですね。それを一元化してマテリアルコストとシステムコストとエネルギーコストと一枚の表で見えることでわかりやすくなる。まぁ，工程ごとの評価っていうのは前の方がわかりやすかったんですけど，これは製品としての全体効果を見やすくする」（尾張第一事業所，製造管理課B）。

上記の2つの改良は計算手法としての簡易化を図ったものであったが，尾張会社では計算手法における改良だけでなくデータの取り方についても簡便化の

図表10-1 MFCAバランス集計表

Input						Output					
投入コスト合計			0千円				正の製品		0千円		
							物量(kg)	%	コスト(千円)	%	
材料と材料費	材料費単価(千円/kg)	物量(kg)	%	コスト(千円)	%			0.0%	0.0	0.0%	
			0.0%		0.0%			0.0%	0.0	0.0%	
			0.0%		0.0%			0.0%	0.0	0.0%	
材料の物量とコスト小計		0.0		0.0			0.0		0.0		
総コストに対する構成比率			0.0%		0.0%					0.0%	
廃棄物処理の物量とコスト	処理単価(千円/kg)	物量(kg)	%	コスト(千円)	%		負の製品		0千円		
							物量(kg)	%	コスト(千円)	%	
			0.0%		0.0%		0.0	0.0%	0.0	0.0%	
			0.0%		0.0%		0.0	0.0%	0.0	0.0%	
			0.0%		0.0%		0.0	0.0%	0.0	0.0%	
廃棄物処理物量とコスト小計		0.0		0.0			0.0		0.0		
総コストに対する構成比率			0.0%		0.0%					0.0%	
エネルギー量とコスト	単価(千円/kg)	使用量	%	コスト(千円)	%				コスト(千円)	%	
			0.0%		0.0%				0.0	0.0%	
			0.0%		0.0%				0.0	0.0%	
エネルギーコスト小計				0.0					0.0		
総コストに対する構成比率					0.0%					0.0%	
システムコスト				コスト(千円)	%				コスト(千円)	%	
労務費					0.0%				0.0	0.0%	
減価償却費					0.0%				0.0	0.0%	
システムコスト小計				0.0	0.0%				0.0	0.0%	

(出所) 日本能率協会 (2010) を一部記載欄省略。

工夫を行った。MFCAは基本的にマテリアルコスト，エネルギーコスト，システムコストの3種類のコストから分析を行う。これらのコスト情報は現場の様々な場所にデータとして分散している。MFCAを十分に理解していない現場の作業員は，どのデータを使って，どのように計算すれば各コストが求められるのかがわからない。尾張第一事業所ではこの課題に対して，MFCAメニューを独自に開発し，メニュー上で各コストに必要なデータの指示が出されるシステムを作成した。

「実際に主任さんとか，いろいろなデータを使うのでどこにそのデータがあるのかとか，どのデータを使ったらいいのかっていうのがなかなかわからない。MFCAのメニューを使って，マテリアルコストはこのデータを使ってくださいよ。エネルギーコストはこのデータを使ってください，システムコストはこちらのデータ使ってくださいよと。（中略）主任さんでも，誰がやっても同じデータが抽出できて，評価できるっていうところを改善しました」（尾張第一事業所，製造管理課B）。

メニューの中では，尾張会社が利用しているERPシステムに登録されている部品の単価情報へのリンクが施されており，簡単に個別材料単価が入手できるようになっている。

以上，尾張第一事業所におけるMFCAの取り組みの経緯を示した。当初の導入から現在までの過程で尾張会社はMFCAの計算方法と測定方法を自主的に改良し，継続を可能にする工夫を行ってきたことがわかった。次節では，このような実践がどのような目的感情構造によって進められてきたのかについて述べる。

5. 企業の目的とMFCA

尾張会社におけるMFCAの継続実践では計算方法の改良と簡易化の取り組

みが観察された。MFCAの活動が導入当時と同じレベルで適用するのではなく，重要な要素だけを測定するように，簡易化されている点が特徴と言える。ここで，シャツキの目的感情構造に従って，尾張会社におけるMFCAの継続という会計現象における目的感情構造を検討したい。シャツキでは実践組織は数々の理解，ルール，目的，プロジェクト，感情の列であり，それらが規範化されて組織は描写されると指摘する（Schatzki, 2005）。ここでの目的は実践に対して唯一の目的ではなく「何のために（行うのか）という意味連鎖」として捉えられる。MFCAの場合は実施される企業の目的との意味連鎖によって理解することが求められる。尾張会社の場合，インタビューから以下のような意味連鎖が考えられた。

① 企業が存続するためには，適正な利益を確保しなくてはならない。
② 適正な利益の確保のために，製造を担当する部署では材料費・加工費を削減することが求められる。
③ 加工費・材料費の中でもこれまで明らかになっていないコストを評価して改善につなげなければならない。
④ 明らかになっていないコストを測定できる会計手法の導入（MFCA）が必要である。

尾張会社は経済主体である企業として当然ではあるが，活動を続けていくため，企業の存続のためには適切な利益を上げて活動をすることが必要と考えていた。

「企業が存続していくというのは，適正な利潤，利益ですねをつくっていかないと我が社は存続できないというところからですね。この原価を工場，我々ものをつくっている工場がここを理解しないといけない」（尾張第一事業所，製造管理課A）。

これを受けて，製造部に要求されることは，利益の獲得に貢献できるかであり，材料費・加工費を削減することである。

「我々ものをつくる部隊が何を改善したらいいのかというとやっぱりこの加

工費ですとか，材料費，（中略）こういったところをどう，何をすれば利益につながるのかっていう考え方を知って，生産活動と改善活動というところをやるとやっぱり違ってきますから」（尾張第一事業所，製造管理課A）。

材料費・加工費を下げるために，尾張会社ではそれまでにも歩留管理などの測定を行っていたがあまり効果が表れなかった。加工費・材料費の中でこれまで明らかになっていないコストを明らかにする手法を必要としていたのである。この潜在的なコストが尾張会社にとっては，生産において廃棄物となる直接材・間接材のコストインパクト，またその廃棄物となるまでにかかっているエネルギーコストであった。その結果，MFCAが尾張会社にとって有効な手法であることが認識されたのである。

「（筆者注：MFCAの評価を行うと）無駄な電気を使っているとか，廃棄物にすごいお金がかかっているとか。材料が無駄に捨てられているとか。そういったのが出てきて，そのコストが13％を占めていると」（尾張第一事業所，製造管理課A）。

「設備の電力使用量も実際使っている人は知らないし，そういった電力使用量が，たとえばこの設備を1分間止めたらいくら削減できるよって，そういうのもMFCAをやり始めてから気づいたところで。もともとそういうところまで評価というのはしてなかったですね。だから，製造とか聞くとですね，スイッチが付いていまして，蛍光灯を消すんですけど1時間消すといくら削減できますよ，とそういうのを意識的に課しているので。そういうのが身近に感じられるようになりましたね」（尾張第一事業所，製造管理課B）。

これは，システムコストに該当する人件費や労務費が既存の計算手法によってすでに改善が行われていたのに対して，MFCAによって明らかになったコストがそれまで評価されていなかった潜在的なロスであり，その削減が収益に結

びつくことが認識されたことを示している。

　尾張会社における MFCA の実施は目的の連鎖という観点で捉えれば企業の戦略的目標である「収益確保」と結びつけられることで継続性が志向されていた。MFCA は既存の会計手法が見ることのできなかった廃棄物とエネルギーにかかるコストを明るみに出すことができるという特徴を持つことで測定・評価することの意義が示されたのである。すなわち，企業の目的と手段としての MFCA の関係で捉えれば，企業の事業継続に必須である収益の確保につながる活動として MFCA が位置づけられており，MFCA の導入を可能にする構造は，本書第 12 章などで議論されているように経済目標との一致として捉えることができるのである。

6.　MFCA 継続を可能にする構造

　目的論的に MFCA の実践を理解することで，MFCA を継続する目的は，企業で繰り返された実践において生じた目的に対して呼応して生じたと考えることができる。しかし，目的論による視点だけでは尾張会社における MFCA の継続を十分に説明できない。尾張第一事業所は MFCA の考え方を企業に浸透させることを求められてはいなかったし，さらに言えば，計算に時間がかかりコストがかかる MFCA を勧めるよりも従来の原価計算に戻る方が簡単であったはずだ。企業の収益を確保するという目的を実現するためには機会コストを含まないという計算構造的特徴をもつ MFCA（國部，2007）は企業内での優位性を失うことが予想される。しかし，尾張第一事業所では改良を加え MFCA を続けるための活動を行っている。これはなぜなのだろうか。継続的実施の理由を可能にするためには目的合理的な理解だけでなく，複数の合理的な手段が存在する中で「なぜ MFCA の継続を選んだのか」に対する理解が求められる。この目的合理的な理解では不十分な側面を補うために，目的感情構造における感情の側面の解明が必要となる。シャツキによれば感情は個人に属する認知的な感情ではなく，人と物的アレンジメントの集合において観察される，共有さ

れている価値観や信念にあたるものである。感情構造は実践の観察を通して明らかにされる（Schatzki, 1996, 2005）。よって，「なぜ MFCA を継続するのか」という問いの答えは，尾張第一事業所において継続的に測定・利用されている部分は何かという実践の特徴を通した感情構造の理解が必須となる。本章では，尾張会社へのインタビュー内容と活動内容への観察を通して感情構造を浮き彫りにする。

「この手法をいれて改善活動していこう。そのやり方とか仕組みというかですね。そういう MFCA の中身を理解してやってもらう。で，さらに突き詰めればそれが風土になれるようなってとこまでいければ良いんですけど。そこになかなか持っていけなくて，おそらくこの MFCA に取り組んでいる企業も断念しているところが多いんかなと思ってますね。実際，我々もまだ風土までいけてないです」（尾張第一事業所，製造管理課 A）。

上記は MFCA 導入に関わったスタッフがインタビューの中で発言したものである。この発言から，MFCA の考え方を末端の従業員にまで浸透させることの困難さが観察される。彼は MFCA を断念することについても理解できると述べており，尾張第一事業所においても継続が困難であることを示唆している。しかし，繰り返しになるが，尾張第一事業所では MFCA を継続することを志向した行動が選択されている。

先述のように，尾張第一事業所は情報の提示の仕方や収集の仕方を工夫しながら，継続をしていた。こうした工夫では，廃棄物として捨ててしまっている部分にかかるマテリアルコストやシステムコストがどのくらい生産に対してコストインパクトを与えるかという点，また廃棄物にかかるエネルギーコストに焦点が当てられていた。言い換えれば，尾張第一事業所はこの 2 点において MFCA を継続する必要性を感じていたと考えられる。たとえば，3 種類のコストを同じシートに示すことや，材料のコストを簡便に把握できる工夫は，廃棄物として捨てられている資源が持つ価値を認識させるために行われている。ゆえに「なぜ MFCA を続けるのか」に対して，「MFCA が廃棄された資源の持

つ価値を認識できる手法であるから」と言える。

　廃棄された資源の持つ価値を重要と捉えるかどうかは価値観であり，行動に対する目的ではないが，行動の方向性を決める点で実践を構築する要素となる。つまり，シャッキで議論されている感情構造の部分に相当する (Schatzki, 1996, 2005)。インタビューの中では，MFCAの実施によってそれまで可視化されていなかった電力使用量に対するコストに対して，「設備を1分間止めたらいくら削減できるか」という意識づけが可能になった点が評価されていた。

>「やっぱりシステムコストは普段から改善をしていてわかるんですけど，廃棄物とかエネルギーを使っている電気代とかっていうのはなかなか自分で払わないんで，みんな知らないですね。こんなに捨てるの？って」(尾張第一事業所，製造管理課A)。

「こんなに捨てるの？」という製造管理課の発言に表現されているように廃棄される資源にかかるコストが驚きをもって受け止められた結果，それにかかるコスト削減を重視し，MFCAを継続するための工夫へと目的の連鎖が行われ，MFCA継続の実践が実現した。廃棄される資源のコストを重視する思考がなければ，MFCAを継続的に適用する意味はなく簡易化の取り組みをせず，他の手法を選べばよいからだ。

　製品にならない資源のコストを重要視する考え方は実践において目的手段的に説明されるものではなく，継続という行動を選択する傾向・信念である。尾張第一事業所の製造担当者は「MFCAが風土になること」が必要と考えている旨，発言している。もしMFCA活動が道具的に位置づけられていたらこのような発言は表れないであろう。尾張第一事業所が，継続的にMFCAによる測定・改善を行っているのは，MFCAだからこそ廃棄物が持つ価値を現場に認識させることができるからであり，現場に対して資源を有効に使うことの重要性を意識づける有効な方法と考えるからである。

　尾張会社ではMFCAを継続するための様々な活動が行われていた。その目的は，企業という経済主体の収益を確保するという究極的な目的を実現する手

段として理解できる。しかし，MFCAを収益の目的手段としてのみ捉えた場合，継続することはできない。実践の実施者の間に，MFCA活動を受け入れる思考，すなわち廃棄物におけるコストを重視する価値観が共有されていることが必要であると明らかにされた。

7. おわりに

　本章では，MFCAの継続的適用という課題に対して，実際に継続を行った企業の事例を通して検討を加えた。まず，継続を可能にするために尾張会社では現場に対する教育とデータ収集の簡易化の工夫が行われていることを示した。これらの活動は組織の自発的な取り組みであり，既存研究で指摘されていた経済行動原理との矛盾を超え，MFCA活動を続けることを選んでいたと言える。この点に注目し，実践理論（Schatzki, 1996, 2005）における目的感情構造の視点からMFCAの継続を可能にする構造について分析を行った。

　結果，目的論の視点では尾張会社におけるMFCAの導入は企業の目的実行に合理的な手段として機能していた。しかし，目的論ではMFCAを継続させる活動に対して，他にいくつか手法がある中でなぜMFCAを選んだのか十分に説明できない点で限界がある。この点に対して，尾張会社の実践を通して行動を生み出す感情構造の存在を指摘した。具体的には，将来生み出される収益性だけを重視するのでなく，材料やエネルギーを廃棄してしまうことがもったいないと考える，コスト思考が尾張第一事業所では共有されていたのである。

　本章では，MFCAを用いる人間の集団として組織で共有されている思考や価値観がMFCAの継続に影響を与えることを指摘した。MFCAの文脈においてこれら感情はこれまで十分に議論されてこなかった。しかし，MFCAを含め，会計手法を利用するのが感情を持った「人」である限り無視できない重要な要素と考えられる。継続だけでなく，MFCAという会計手法が利用される際の心情的な側面についても目を向けていく必要があることを本章の分析では示唆している。

〈付記〉
本章は,岡田 (2017) 第8章を要約したものである。

[参考文献]

Schatzki, T. (1996) *Social Practices: A Wittgensteinian Approach to Human Activity and the Social*, Cambridge University Press.
Schatzki, T. (2005) "The Site of Organizations," *Organization Studies*, Vol. 26, No. 3, pp. 465-484.
Schatzki, T. (2011) *The Timespace of Human Activity: On Performance, Society, and History as Indeterminate Teleological Events* (*Toposphia: Sustainability, Dwelling, Design*), Lexington Books.
伊藤嘉博 (2013)「MFCAの操作性向上を支援する品質コストアプローチ」『會計』第184巻第2号, 137-152頁。
岡田華奈 (2017)『実践としてのマテリアルフローコスト会計』神戸大学博士論文。
北田皓嗣 (2010)「マテリアルフローコスト会計と管理可能性」『社会関連会計研究』第22号, 13-24頁。
経済産業省 (2009)『マテリアルフローコスト会計 (MFCA) 導入事例集Ver.2』経済産業省。
経済産業省 (2011a)『サプライチェーン省資源化連携促進事業事例集』経済産業省。
経済産業省 (2011b)『マテリアルフローコスト会計MFCA事例集2011』経済産業省。
國部克彦 (2007)「マテリアルフローコスト会計の継続的導入に向けての課題と対応」『国民経済雑誌』第196巻第5号, 47-61頁。
澤邉紀生 (2017)「勘定と感情―会計実践における目的志向性と感情性」國部克彦・澤邉紀生・松嶋登編『計算と経営実践』有斐閣所収, 43-61頁。
東田明・國部克彦・篠原阿紀 (2013)「環境管理会計による可視性の創造と変容―A社におけるマテリアルフローコスト会計の時系列分析を通じて」『日本情報経営学会誌』第33巻第4号, 65-77頁。
日本能率協会 (2009)『マテリアルフローコスト会計手法 導入ガイドVer.3』日本能率協会。
日本能率協会 (2010)『平成21年度 経済産業省委託事業MFCA導入実証・国内対策等事業MFCA簡易手法ガイド (2009年版)』日本能率協会。

(岡田 華奈)

第11章

MFCAによる知識創造
―中小企業への導入事例から―

1. はじめに

　MFCAは，そのオリジナルとなるアイデアはドイツで開発されたが，2000年に日本に紹介されてからは，経済産業省の強力な支援もあって日本において急速に普及した（中嶌・國部，2008）。MFCAは大企業を中心に導入が実施されてきたが，中小企業への導入も奨励されている（経済産業省，2005）。本章では，これまで研究の蓄積の浅い中小企業へのMFCA導入事例を通して，MFCAによって，どのようにして知識[1]が創造され，関係者に影響を与え，組織が変化していくのかについて記述的に分析する。このような研究を通して，MFCAによる知識の創造プロセスが明らかになることで，企業がMFCAを導入する際の理解が深まり，MFCAの普及促進に資するところがあると考える。つまり本章では中小企業におけるMFCA導入についての記述分析を行うことで会計研究についての理解を深め，その理解がどのようなインプリケーションを持つのかを指摘することが中心的な課題である。

　会計実践の記述的研究を行う際には，いくつかの方法論[2]が考えられるが，本

---

[1] 本章では，ある情報が何らかの意味を持って構成員に理解されるとき，それを知識と考える。MFCAは会計計算手法であるが，そこから提供される情報は会計数値だけでなく，物量数値もあり，これら全体を本章では会計計算によって形成された知識として理解する。

[2] たとえば，本章で採用するアクターネットワーク理論以外にも，新制度派組織論や実践理論などがある。

章では,フランスの社会学者B.ラトゥールやM.カロンらが創始した「翻訳の社会学」を適用する。翻訳の社会学はアクターネットワーク理論(ANT)とも呼ばれ,もともと科学哲学や社会学の世界で生まれた方法であるが,近年では経営学や会計学にも盛んに援用されている(國部他,2017)。ちなみに,会計計算は翻訳のプロセスそのものであるので,会計研究と翻訳の社会学の学問的な親近性は高く,*Accounting, Organizations and Society* や *Accounting, Auditing and Accountability Journal* などにおいて,多くの研究が蓄積されてきている。[3] MFCAとの関連性で言えば,組織においてMFCAが目指すべき資源生産性が会計計算によってどのように翻訳され,理解され,浸透するのかは,MFCAの普及・促進において大変重要な課題であり,この側面を翻訳概念で分析することは,MFCAという会計手法を理解し,将来の研究の方向性を考えるうえで意義のあることと考えている。

このような目的に従って,本章は以下のように構成されている。次節では,我々の分析視角である翻訳の社会学について説明し,中小企業のMFCA導入事例にどのように適用するのかを検討する。第3節では,分析対象である日本電気化学株式会社の静電塗装工程へのMFCAの導入事例について,翻訳の社会学の観点から,MFCAによる知識の形成プロセスに焦点を当てて記述的分析を行う。そして最後に,研究の結果を考察し,実務に対する実務的なインプリケーションを検討し,結論を述べる。

2. 翻訳の社会学を通じた会計による知識創造プロセスの理解

翻訳は,ラトゥールらが開発したアクターネットワーク理論の中心概念である(Latour, 2005)。アクターネットワーク理論とは,社会の個別の構成要素が独立して存在しているとは捉えずに,主要な構成主体であるアクター間のネットワークとして全体を捉えようとする考え方である。そこでは,アクター間の関係

---

[3] この領域の会計研究のレビューについては,Justesen and Mouritsen (2011) を参照されたい。

の捉え方が重要なポイントなるが,そのための1つの分析視角が翻訳である[4]。

翻訳とは,ある意味内容や物理的配置に何らかの変換を加えることによって,他のアクターの関心に影響を及ぼすことであり,関心を置き換えたり,媒介したり,関心に干渉したり,関心がドリフトすることで可能になる(Latour, 1999)。会計計算を翻訳プロセスとみなせば,抽象的な概念を会計数値に翻訳することによって,他のアクターの関心の構造を変化させていくことが可能と理解することができ,その役割がより明示的に捉えられるようになる(Justesen and Mouritsen, 2011)。

翻訳の社会学は,もともと科学哲学として実験室でのフィールドワークを通じた科学知識の構築プロセスから生み出されたもので,そこでラトゥールは,より多くのアクターが結びつくことで事実の構築者となれることを重視している。これを会計学から見れば,会計手法は組織内外のアクターを結びつけることでネットワークを形成するものと捉えられる。その関係づけの範囲は,通常の責任権限関係の範囲にとどまらず,各アクターが翻訳を通じてどのように感じ,行動するのかについてより微細な分析を可能にする。

また翻訳の社会学の枠組みでもう1つ重要なことはアクターが人間に限定されないことである。会計システムやそれを見えるようにするPCのスクリーン,原材料の重さを量る測定器など,何か他のアクターを変化させるように作用するのであればすべてアクターになりうる。つまり,アクターネットワークの空間では人間以外の無生物(会計計算手法もその1つ)もネットワークに影響を与えるアクターと捉えることによって,人間と無生物の間の相互作用的な関係を捉えることができるのである。

翻訳において重要なことは,翻訳の結果,その対象が記号や数字の形をとって出現するとき,その記号や数字は,記号や数字になったことによって,翻訳前の状態とは違った可能性をもつことである。翻訳の社会学では,特にこの点を重視し,記号や数字のような表現形態を銘刻(inscription)と呼んで,アクターネットワークの形成における役割を分析してきた。会計計算の結果は,ま

---

[4] ちなみに,ラトゥールは,近年,アクターネットワーク理論という言葉に代えて,翻訳の社会学という用語を好んで用いるようになっている(Latour, 2005)。

さに銘刻にほかならず，このことによって，アクターネットワーク理論では計算や測定の行為を中心に据えた会計現象の分析が可能とされてきた（Justesen and Mouritsen, 2011）。銘刻とは測定対象となる実体が記号や数値へ変換された結果であり（Latour, 1999），記号となることで対象をたとえばエクセルシートなどの計算のための場所に移動させ，その性質を新たに組み替えることが可能になり，そこで生み出された関係性を通じて銘刻は1つの知識を作り上げ実体に影響を与えることが可能となる。つまり，何らかの事象が銘刻に翻訳されることによって，銘刻は新たな知識を生み，関係性を変化させることを可能にすると考えられる。MFCAの文脈で議論すれば，資源生産性という言葉で抽象的にしか理解できなかった世界が，MFCAによって数値（銘刻）に翻訳されることによって，新たな知識が形成され，それがどのように関係者に影響を与えて組織に浸透していくかが，次節以下での分析のポイントとなる。

　銘刻が作り上げられることは，「どのようにして世界を言葉の中に詰め込むのか」（Latour, 1999, p.24）という記号とそれが指し示す対象との間の関係の問題でもある。つまり記号によって提示される情報を，それを受け取る人間の認識能力とは独立したものとして捉えるのではなく，情報を受け取る人間と記号との間の相互作用によって作り出される認識枠組みとして捉えている（Vollmer et al., 2009）。そのため記号が対象を示す行為の跡を追っていくことで知識が構築されるプロセスを理解していくことが重要となる。

　対象が記号へと変換されるとき，その対象は測定の装置が有する空間に取り込まれることになる。重量計やメジャー，温度計は対象を数量化するときに，重さや長さ，温度のように対象の性質をそれぞれの測定の尺度に沿うように変換させる。同じように会計手法も，その背景にある労働生産性や資源生産性という一定の思考パターンから，計算対象を変換させていく。このように対象を記号化する行為は，「一連の変換を通じて定常な何ものかを維持する方法」（Latour, 1999, p.58）であり，その定常性はアクターとしての測定装置の内部に存在しているものである。

　これが会計を含む測定装置の構築的な役割の源の1つとなっている。対象を数値化するプロセスは，同時にその数値の利用者の認識の枠組みを規定するこ

とで知識を形成していく。ここに会計計算を1つのアクターとして捉える意義が存在する。

　MFCAにおける計算活動においては，個々の生産工程での物質性，特定性を帯びていた実際の活動が重量計や測量計により物量の側面から切り取られ，元の関係性を維持したまま銘刻として表現される。そこでは元の情報が存在していた場所から見れば，銘刻とされることで工場以外の場所，たとえば会議室でも取り扱うことができるので，空間的に縮減されたと見ることもできる。物量情報がMFCAの枠組みに当てはめられて，インプットとアウトプットのバランスとして集計されることによって新しい銘刻が生み出され，新しい知識として関係者に受け入れられ，組織に対する理解を変化させるのである。

　このようにして銘刻が，測定の対象と結びつくとき，そこに銘刻に特定の意味が付与され知識が形成される。しかも，この知識創造のプロセスは，アクターの相互関係に影響を与えつつ進行することになる。この側面を理解することはA.G.ホップウッドの会計実践の組織的な一側面に他ならない。次節では，このような翻訳の社会学の視点から，MFCAが生み出す銘刻が，具体的な事例を通じてどのように知識を形成し，アクターに影響を与えていくのかを分析する。

3. 日本電気化学におけるMFCAの導入実践

(1) 分析対象

　本節では電子基板や電子回路基板などを製造している日本電気化学株式会社を対象に2010年度の静電塗装工程へのMFCAの導入事例を，翻訳の社会学の視点から記述的に分析していく。日本電気化学は資本金1億円，従業員数191名の中小企業で，「京都MFCA研究会」[5]のMFCA活動を支援するプロジェク

　5　地方自治体によるMFCAの普及政策の1つとして，公益財団法人京都産業21は2008年度より3ヵ年にわたり，京都MFCA研究会の「実証トライアル事業」を支援してきた。この事業を通じて，日本電気化学では京都府下の3サイトにMFCAを導入してきた。

トの対象企業に2008年度から2010年度まで採用され，京都府下の3工程にMFCAを導入してきた。

日本電気化学においてMFCAは，実証トライアル事業1年目は精密板金工程に，2年目は化学銅めっき工程に，3年目は静電塗装工程に導入された。3年目は1，2年目の成果を受け，計算方法に対する現場での理解，浸透が重要な課題として挙げられていた。

筆者らは3ヵ年にわたり日本電気化学へのMFCA導入に携わってきた。本研究に関しては，我々は日本電気化学へのMFCA導入支援のアドバイザーとしてかかわり，研究目的も伝えアクションリサーチの一環として参加した。筆者らは2010年11月から2011年3月にかけて9回のミーティングに参加している。ミーティングは一回あたり約2〜3時間で実施され，すべての内容は録音されテープ起こしされている。またアクションリサーチ中は適宜，必要となる内部情報にアクセス可能な状況にあり，これらの資料を併せて分析の対象としている。

(2) MFCAプロジェクトの開始と問題意識

本節での分析対象は2010年度のプロジェクトであるが，それについてMFCAによる知識創造のプロセスとしての計算活動を記述するに先立って，分析事例の背景として2008年，2009年のMFCAプロジェクトと，それらを踏まえて設定された塗装工程でのMFCAにおける問題意識を確認しておこう。

日本電気化学は2008年に精密板金工程へ，2009年には化学銅めっき工程へMFCAを導入してきた。MFCA導入の方策として，1年目の精密板金工程では製品が多品種少量であるのに加え，インプットである製品原材料の材質，仕様も製品ごとに異なっていたため物量の把握の簡易化に焦点が当てられた（岡田・北田, 2009）。また2年目の化学銅めっき工程では化学反応を伴う工程へのMFCA導入であったため，推定値と実測値を利用し，長期間のデータの検証を通じて物量の把握を試みた（天王寺谷他, 2010）。このように日本電気化学では製品特性や工程の特徴に合わせて物量の測定対象を絞るなど，ロスを計算する作業の簡易化を通じてMFCA導入の負担を軽減してきた。

日本電気化学ではこれらの導入を通じてマテリアルロスが算出され，ロス計算のためのツールとして MFCA の有用性は確認された。ただ受注状況の変化や顧客からの品質要求といった制約に直面し，2008 年，2009 年度の事例では十分にロス削減が実現されなかった。そのため 2010 年度の静電塗装工程への MFCA の導入に際しては，経営トップから具体的な改善効果を実現することが要請されていた。導入を中心に進めている品質保証環境管理部・副部長からも「削減に向けて，なんとか最後までやり遂げたい」と削減への強い意志が表明されていた。

また，これまでの導入ではロスを計算することに重点を置いていたため，日本電気化学では，外部の専門家の支援や計算ツールを利用することで計算の簡易化を優先してきた。そのため計算原理が組織に浸透していないという問題点も指摘されていた。実際に「MFCA をやるうえでデータを取るときから，ある程度，見える化が進んだときの改善のステップについても頭に入れておかないと，MFCA の見える化だけが進んでしまって，あとが続かない」（品質保証環境管理部副部長）という問題意識が示されていた。つまりロスとして数値化されてもそれが組織実践とうまく関係づけられない状況にもあったのである。

これらの背景のもと，2010 年度は静電塗装工程を対象に MFCA を実施した。静電塗装の工程は日本電気化学山科工場において，特に塗料およびエネルギーのロスが多いと思われている工程であった。塗装工程は直観的にマテリアルのロスが多く出ていることは理解されていたものの，具体的なロス金額が把握されておらず改善活動が進んでいなかった[6]。塗装ラインは複数の工程から構成されているが，今回は図表 11-1 に示してある下塗り静電塗装工程と焼付乾燥工程に焦点を当てて MFCA を実施している。

以下ではまず MFCA を通じた翻訳の前提となっている「測定方法の選択」のプロセスについて説明したあとに，具体的な翻訳のプロセスとして塗着効率の

---

[6] 塗装工程でのロスは重要な改善対象として認識されていたため，1 年目にも MFCA 導入工程の候補の 1 つにあげられていた。しかし当時は，MFCA を通じてロスの可視化を実証することが優先されたため，物量の計算が複雑であるということで MFCA 導入は見送られていた。

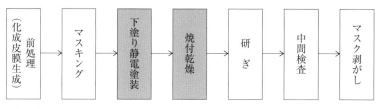

図表 11-1　塗装ラインの工程フロー図

（出所）　筆者作成。

数値化のためのマテリアルバランスの計算，マテリアルの様態の可視化のための膜厚の分析の 2 つの活動について記述的に分析を行う。

(3)　測定方法の選定：翻訳の前提

静電塗装工程ではスプレーから噴射される塗料はすべてが部材に塗着するわけでなく多くが空中に霧散する。また部材に付かなかった塗料はオーバースプレー分を回収するための水槽に沈殿し大量のスラッジ[7]としての廃棄物となっていた。しかし「我々もムダがどこにあるのかは，直感的に見えているのです。ただそれを（削減するために）どうするかというときに二の足を踏んでしまう」（品質保証環境管理部副部長）と指摘されており，廃棄物が発生することを物理的には認識していても，その発生の構造や改善のために何が必要であるのかについての解明が課題となっていた。

そこで資源のムダを測定するために，静電塗装工程における塗料の利用の効率性を MFCA によって分析することになった。また過去 2 回の MFCA のプロジェクトではマテリアルロスが見える化されても具体的な削減へとつなげられなかった反省もあった。そこで「データを取るのであれば，そこのところを改善につなげる形で，一歩先をいって，そこから考えてデータを取らないといけないんじゃないかな」（品質保証環境管理部副部長）と，データの測定とその後の改善活動との連続性が問題とされていた。

このようにロスの計算と改善との間にギャップが生まれる 1 つの原因がマテ

---

[7]　有機物が凝集してできた沈殿物。

リアルのデータの取り方にあるのではないかと，今回のプロジェクトの開始時には考えられていた。これはMFCAがつくり出す知識の問題でもある。そこでスプレーの先端のノズルから噴出される塗料がどれだけ部材に付着しているのかという塗着の効率性をマテリアルのフローとして理解するために，マテリアルバランスの計算とマテリアルの分布分析が並行して行われた。

　MFCA分析では塗料の固形分を主材料として進められた。このときマテリアルフローのデータとして一定数の製品ごとに部材の塗装前と塗装後の重量を測定する方法（塗着効率の数値化）と，塗装された部材の膜厚をもとに計測する方法（膜厚の分析）とがとられた。以下では，この2つの活動「塗着効率の数値化」と「膜厚の分析」において，MFCAがどのような翻訳を行い，それによって生じた数値（銘刻）がどのような知識を形成していったかを分析する。

(4) 塗着効率の数値化：マテリアルバランスへの翻訳

　部材の塗装前と塗装後の重量を測定することで，投入された塗料がどれだけ製品となっているのかについて塗着効率として測定している。静電塗装工程に霧散した塗料をMFCAの計算の枠組みに沿うものにするために，散布された部材に付着した塗料と，水槽などへ吸着されることで廃棄物となった塗料を，それぞれ正の製品と負の製品へと翻訳する必要があった。これは現場で起きている塗料の物理的な変化がMFCAによって会議室で共有可能なマテリアルバランスへと翻訳することを意味する。

　しかし一斗缶からスプレーのタンクへ移された液体と，金属板の上でようやく確認される程度の厚さの薄い膜とを比較するのは困難な作業であった。日本電気化学の会議室には筆者らとともに，MFCAの推進役の品質保証管理部副部長を中心とした6人の日本電気化学のスタッフが集まっていた。このとき我々に与えられたたった1つの地図は，マテリアルのフローを物量に換算して投入材料を正の製品と負の製品とに分けるというMFCAの枠組みであった。この工程では塗料を付着させる金属板は形も大きさも，厚みさえも多種多様なものが流れているため，工程のマテリアルのフローを理解するには対象の変換が必要であった。ここでMFCAがアクターとして作用する。

工程を MFCA という枠を通して見てみると，正の製品としての塗料は金属板の上で薄い膜として付着していることはすぐにわかった。ただ負の製品としての塗料は水槽の中でスラッジとなっていたり，排気ダクトの中で固まっていたり，金属板を吊り下げる針金に付着していたりと様々な状態を見せていた。何より廃棄物を物量の測定の対象として選ぶことを我々に諦めさせたのは，いつ，つまりどの液体が噴射されたときに廃棄物となってしまったのかについては，塗料自体を我々も皆も解決策が見つけられなかったためである。そのため我々は投入された原材料と正の製品を比較することで，マテリアルバランスを計算することとした。

　このとき，薄い膜の物量について，厚さとして知ることができるのか，それとも重さとして知ることができるかが，最初の問題となった。このとき環境管理部品質保証管理部副部長は「塗膜の膜厚は一定ではなくバラバラになっています」と指摘した。しかしこれは正の製品の物量を知る方法が閉ざされたことを意味するのではなかった。むしろ塗膜の不均一性は静電塗装工程でのマテリアルのフローを異なる 2 つの方法で理解するためのチャンスであった。

　そこで我々は重量によってマテリアルバランスを測定するとともに，それと並行して膜厚の分布としてマテリアルのフローを理解することを試みた。[8] まずインプットとアウトプットの対応関係を知るために，多様な部材の中から 20 くらいのまとまった数のある製品を選択した。金属板に対する塗料の重さは，大変わずかなものである。そこで金属板ごとのほんのわずかな誤差を平準化するために，部材をグループ化して塗装前後の重さを比較した。

　MFCA を利用する多くの企業がそうであるように，正と負の製品の値は，より多くのアクターと結びつくことで現場においてより強固な実在となっていく (Latour, 1999)。その 1 つが，ここでは大きさ，形状の異なる 3 種類の部材である。静電塗装工程はレシプロケーター[9]を用いて塗装を行っており，部材の大

---

[8] 具体的な事例の分析について，本節でマテリアルバランスの測定について分析したのちに，次節で膜厚の分布についての分析を行っているが，これは両者の間に時系列的な前後関係があることを意味するのではなく，これらの分析は重複しながら並行して行われていた。

[9] 塗装機を上下に反復させる装置。

きさごとにロス率が変化することが予想された。そのため大きさや形状の異なる3種類の部材を測定対象に計測を行った。3種類の部材の塗着効率分析の結果は、表面積の大きいものから33.2%, 25.67%, 9.45%であった。

部材の重量の比較を通じた分析の結果、図表11-2のように①では塗装の前後での部材の重量が、②では塗装の前後でのタンク内塗料の重量が、③ではタンク内の塗料の溶剤部分を修正して集計された重量が表示された。そして④のように塗着効率がエクセルシート上で示された。

この3つの数値はMFCAによる翻訳によって生じた銘刻であり、新たな知識を生む出発点となる。これらの銘刻は部材の大きさごとに異なる数値を示しながら、実験室となっている日本電気化学の会議室のスクリーンに映し出された。この銘刻によって作業現場に霧散する塗料の粒子は物量の変化のパターンとして翻訳され、MFCAは会議に参加したメンバーにとって資源生産性を理解するため通過しなければいけない可視的な空間が作り上げられた。ラトゥールも指摘しているように単一の銘刻よりも複数の銘刻が重ね合わせられることでその指標への信頼は高くなるが（Latour, 1999）、まさに、そのような状況が生み出された。

この段階ではもはや日本電気化学のメンバーとアクションリサーチに参加している我々にとって塗料は溶媒であるシンナーに溶け込んだ液体でも、金属板の上に微かに確認できる薄い膜でもなくなっている。それはコンピュータの画

図表11-2　塗装工程での塗着効率の計測

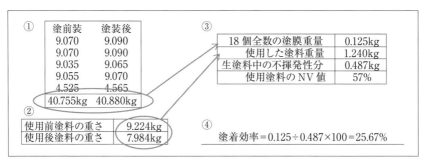

（出所）　日本電気化学の内部資料をもとに筆者らが一部修正。

面と会議室のスクリーンに映し出される数字と，そのパターンを示すグラフ上の点となっている。

日本電気化学のスタッフは日々，現場で塗料を扱っている。しかしこのエクセルシートに銘刻された塗料について，彼らよりも我々研究者の方が詳しく知っており，この時点で塗装工程における関係のネットワークはMFCAを介して変容していた。エクセルシート上の数値は塗料の物量を指示するものであると同時に，MFCAの枠組みのなかで資源生産性を表していた。

この翻訳は我々に大きな自由度を与えてくれた。実際の作業現場での塗料の変化と違って，エクセルシートの上では，投入材料，正の製品，負の製品としての塗料の物量は簡単に変化させられる。測定対象である塗料と強く結びついた物量としての数値はたとえば図表11-3のように，現状で約30％の塗着率が50％に改善した物量の変化として，塗料を変化させることとなる。またこれに連動して金額の変化として提示することで，静電塗装工程における改善活動の目標にも変換された。

実験室である会議室で日本電気化学のスタッフとともにこの自由度を利用することが，我々の重要な関心事となった。シミュレーションはロス改善効果の評価だけを意味するのではない。これは塗料の変化という視点からローカルにおける製造現場の新たな理解の枠組みを形成する作業とも言える。つまりマテリアルロスとして算出された数値が改善するということを，どの値が変化して，

図表11-3　静電塗装工程での改善効果のシミュレーション

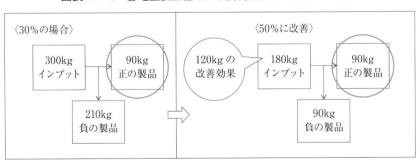

（出所）　筆者作成。

どのような効果として表れるのか具体的な数値として理解することで，資源生産性という抽象的な概念に対する具体的な理解を可能にさせる。

　記号となった塗料を会議室のスクリーンのなかでロス数値の増減を通じたマテリアルのフローを変化させる方法と共有することで，計算を通じたマテリアルへの考え方を共有することができた。インプットとアウトプットを示す白地図であったMFCAに，塗料の変化のパターンを加えることによって日本電気化学のスタッフは自工程のなかでMFCAを理解していった。これはMFCAによる知識の形成と関係者への浸透を意味する。

(5)　膜厚の分析と工程への理解：マテリアルの態様の翻訳

　塗装前後での部材の重量の比較を通じて工程のバランスをつかむことと並行して，我々は膜厚を通じても静電塗装工程におけるマテリアルフローを理解しようとした。品質保証環境管理部副部長は膜厚について「バラバラです」と説明している。静電塗装加工はたとえばメッキ加工のように，同時にそして一様に表面を処理するようなものではなかった。

　コンベアーによって右から左へと移動してくる金属板に対して，レシプロケーターにより上下するスプレーから塗料は噴出されている。スプレーのノズルヘッドから噴き出される塗料は放射状に拡がり，たった10数cm先の部分に届くときには，その塗料の付着の分布は中心から外側へと次第に薄くなっていくようであった。それとともに電化された部材の側面にも塗料は引き寄せられていった。

　静電塗装工程でマテリアルの変化を評価する我々のもう1つの目的は，この空間的に複雑なマテリアルの動きを，数字という銘刻へと変換することであった。それは，膜厚の視点から捉えるもう1つのマテリアルロスを理解するためであった。重量で正の製品と負の製品の関係を分析したときと同様に，部材の表面の塗膜が正の製品であり，それ以外の霧散した塗料は負の製品である。

　正，負の製品のバランスについて我々は重量の変化を通じて知ってきたが，ここでは，なぜマテリアルロスが発生するのかについての分析も行っている。我々はもう，すべての正の製品の量を知る必要もなければ，塗膜とタンクの液

体塗料の関係にも，ここでは関心が向けられることはなかった。我々の関心は，ノズルから塗料が噴出され，一部は部材に付着し他の多くは空中へと霧散していく，その短い間の塗料の空間的な態様に向けられていた。

　初めに，噴出された塗料は膜厚の分布として翻訳された。平板に約1秒間塗料を噴射して放射状に拡がる塗料の分布を分析のためのサンプルとした。会議室には塗料が吹き付けられた金属板そのものが持ち込まれるとともに，図表11-4の膜厚分布の図が示された。金属板に放射状に拡がった塗料は，膜厚へと変換されることでマテリアルのフローを評価する新たな指針となった。同時に示された縦方向の膜厚分布と横方向の膜厚分布の2つの折れ線グラフは中心の値が最も高い山形となっており，より立体的に膜厚の傾向を映し出していた。

　ただここではそれぞれの膜厚の多寡がそのまま問題とされるわけではなかった。図表11-4に示された膜厚の銘刻は，具体的な塗料の拡散という現象を平面に閉じ込めることで，スプレーノズルから噴射される塗料の動きを時間から切り離すとともに，空間的にも三次元から二次元に縮減させた。拡散した塗料の膜厚が基準以上を超えているところで囲い込むことで，それは設備が有効に作用する中心からの距離を表す範囲となった。これをもう1つの平面空間，すなわち設備がスプレーから塗料を噴射している領域と重ね合わせることで，複雑だったマテリアルの態様はスクリーンを通じた銘刻として実験室に持ち込まれた。そしてこれは，もう1つのマテリアルフローへの理解の枠組みが形成された瞬間であった。ここでも同じように複数の銘刻を重ね合わせることで理解の枠組みを作っていった。その理解の枠組はMFCAによって形成され，知識として関係者に共有され，改善策が検討されることになった。

　スプレーから塗料が噴射される領域は部材の大きさと設備の余白の設定によって規定されていた。センサーで部材の大きさを把握し，上下左右に設定されたメモリの分だけ余白を持ってスプレーが噴出される領域は設定される。1メモリが5cmなので，各方向に4メモリと設定されたとき，30cm角（900cm²）の部材が投入されると70cm×70cm（＝4900cm²）の範囲でスプレーは塗料を噴出する。つまり部材の表面積の5倍以上の領域でスプレーが作動している。このオーバースプレー分を見直すというのが改善の着眼点であった。

190 第Ⅱ部 MFCA の実践

図表 11-4 塗膜の分布分析

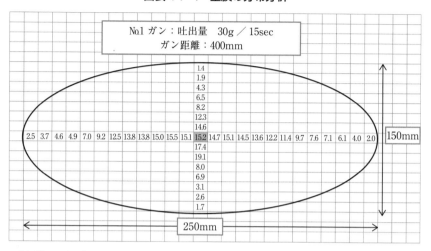

（出所） 日本電気化学の内部資料をもとに筆者らが一部修正。

　日本電気化学では，設備導入時のメーカー推奨値のままメモリを固定してきた。マテリアルに着目して工程を計算の枠のなかに映し出していくことで，資源生産性の視点から工程を理解し，実践を変化させていくきっかけとなった。

4. おわりに

　これまでの分析から，日本電気化学という中小企業において，MFCA が導入されることで，製造現場の情報が様々な数値に翻訳され，その数字が銘刻として製造現場から離れた空間で，理解され，分析されるプロセスが明らかになった。そこでは，銘刻を理解する新しい枠組みが関係者の間で形成され，これが新しい知識として共有され，改善活動という行動に結びついていったのである。このような知識創造のプロセスを明らかにしたことが本章の貢献である。

　これは，MFCA の目指す資源生産性の向上もしくはロスの削減という抽象的な概念が，分析対象の設定や測定，算出されたデータの評価といった一連の計算活動を通じて，組織で共有可能なものへと翻訳され，特定の現場における資

源生産性やロスに関する知識を形成するプロセスであると言える。日本電気化学では静電塗装工程のマテリアルのフローを，物量としてのマテリアルバランスとマテリアルの空間的なパターンの2つの視点から分析していた。これらのデータの取り方への問題意識は，そのままローカルな生産活動への理解の方向性を形成していた。マテリアルバランスの情報は，ロス改善のシミュレーションのなかで資源生産性に基づく改善がどのような意味をもたらすのかについて理解する枠組みとしての知識を形成していた。膜厚の分布の測定を通じたマテリアルの空間的なパターンの情報は，ロスの発生の構造と静電塗装工程がおかれた状況を明確にした。これらの点は，組織においてマテリアルフローがどのように理解されるかのプロセスを示すものであり，これまでのMFCA研究では十分に明らかにされてこなかった側面である。また，本事例ではラトゥールが指摘するように，単一の銘刻よりも，多数の銘刻が組み合わされることで，指標への信頼性が高まり，理解も深まることが示された。この点は中小企業におけるMFCA活用の1つの過程が析出されたという意味で重要である。

　では，このような記述的な研究は実践に対してどのようなインプリケーションを持つのであろうか。MFCAの中小企業への導入という文脈から見れば，これまでは中小企業は経営資源が不足しているため，複雑な手法の導入は難しく簡易な手法が必要であることが繰り返し主張されてきた（経済産業省，2005）。実際に，MFCAキットという簡易手法も開発されるに至っている（日本能率協会コンサルティング，2009）。さらに，ISOでも中小企業向けのMFCAがISO14053として審議されるに至っている。

　本章では，翻訳の社会学という分析方法を用いて，中小企業におけるMFCAの導入プロセスを詳細に分析したところ，MFCAによる翻訳とその結果としての銘刻が重ねられることで，構成員のMFCAに対する理解が高まり，理解の枠組みという新しい知識が創造され，改善活動に結びついていくというプロセスが明らかにされた。したがって，この研究から，中小企業においても，それなりのプロセスを経れば，MFCAの本質を十分理解することが可能なことであり，中小企業だから簡易手法が必要であるとは必ずしも言えないことが明らかとなった。もちろん，これはすべての中小企業に対して，一般化できるもので

はないが，中小企業でのMFCA導入事例の理解が進むにつれて，より有効な中小企業へのMFCAの導入促進の方法が検討可能となることであろう。

〈付記〉

　本章は，北田皓嗣・天王寺谷達将・岡田斎・國部克彦「会計計算を通じた知識形成に関する研究―日本電気化学におけるMFCA導入事例を通じて」(『原価計算研究』第36巻第2号，2012年，1-12頁) に加筆修正したものである。

[参考文献]

Justesen, L. and Mouritsen, J. (2011) "Effects of Actor-Network Theory in Accounting Research," *Accounting, Auditing and Accountability Journal*, Vol.24, No.2, pp. 161-193.

Latour, B. (1999) *Pandora's Hope: Essays on the Reality of Science Studies*, Harvard University Press. (川崎勝・平川秀幸訳 (2007)『科学論の実在―パンドラの希望』産業図書)。

Latour, B. (2005) *Reassembling the Social -An Introduction to Actor-Network Theory-*, Oxford University Press.

Vollmer, H., Mennicken, A. and Preda, A. (2009) "Tracking the Numbers: Across Accounting and Finance, Organizations and Markets," *Accounting, Organizations and Society*, Vol.34, No.5, pp. 619-637.

岡田斎・北田皓嗣 (2009)「日本電気化学株式会社におけるマテリアルフローコスト会計の導入―京都MFCA研究会実証トライアル事業」『環境管理』第45巻第3号，66-70頁。

経済産業省 (2005)『平成17年度中小企業向けMFCA導入共同研究事業調査報告書』経済産業省。

國部克彦編著 (2008)『実践マテリアルフローコスト会計』産業環境管理会計協会。

國部克彦・澤邉紀生・松嶋登 (2017)『計算と経営実践―経営学と会計学の邂逅』有斐閣。

天王寺谷達将・北田皓嗣・岡田斎 (2010)「日本電気化学株式会社におけるマテリアルフローコスト会計の導入―化学銅めっき工程での導入事例」『環境管理』第46巻第5号，40-45頁。

中嶌道靖・國部克彦 (2008)『マテリアルフローコスト会計―環境管理会計の革新的手法 (第2版)』日本経済新聞出版社。

日本能率協会コンサルティング (2009)『MFCA簡易手法ガイド (2009年度版)』日本能率協会コンサルティング。

(北田　皓嗣，天王寺谷　達将，國部　克彦，岡田　斎)

第12章

MFCAによる環境と経済の統合と離反

1. はじめに

　企業の環境問題に対する取り組みは，経済活動に対する追加的な活動としてだけではなく，経済活動に環境活動を統合して取り組むことが求められるようになってきた。そうした企業では環境戦略を構築し，中長期的な視点からこの課題に取り組んでいる。また，環境戦略を構築するだけではなく，それを経営戦略と結びつけて活動する企業も見られる。

　このような環境経営戦略のもとで，企業は環境活動と経済活動を統合し，両パフォーマンスの達成を目指す。そうした活動を支援するマネジメント手法として期待されるのが，環境情報と経済情報の両方を包含する環境管理会計である (IFAC, 2005)。これまでの環境管理会計研究は，特定の意思決定を支援するための手法の開発に重点が置かれてきた。しかし近年は手法の開発に加えて，次節で述べるように，環境経営戦略遂行のためのマネジメントコントロールシステム (MCS) の視点からの研究が進んでいる (Arjaliès and Mundy, 2013 ; Henri and Journeault, 2010 ; Perego and Hartmann, 2009)。しかしこれらの研究では，戦略における環境と経済の統合や，既存のMCSとサステナビリティコントロールシステム (SCS) の統合について議論されており，多くは短期的な活動を対象としており，長期間にわたり環境管理会計を活用するプロセスでどのような問題が生じるかについては，焦点が当てられていない。

　一方で，環境管理会計を組織や社会のコンテクストから捉えようとする研究

では，少数ではあるが企業の長期的取り組みを対象とした研究も見られる。たとえば，東田他（2013）は，MFCA が企業において長期間に活用される過程で，様々なアクターとの関わりの中でその役割が変化する様子を記述的に示している。また，環境問題に対する取り組みを組織変化の観点から考察した研究では，企業に対して環境問題に対する取り組みを求める要求が，企業にどのように取り入れられ，対応するかが比較的長期間にわたって捉えられている（Contrafatto and Burns, 2013）。

これらの研究では，環境問題に対する取り組みの発展と後退の要因を，アクターとの関係に求めたり，組織内外の外乱に求めているところに特徴がある。しかし，企業の環境経営の発展と後退を理解する際に，アクターの働きかけや外乱による圧力は重要な論点ではあるが，一面に過ぎない。それは，既存の経済活動の中に環境を統合することの影響について注意が十分に払われていないからである。

それに対して本章は，環境管理会計を導入し，既存の MCS と連携しながら環境経営の推進に長期的に取り組む企業事例を分析し，企業内における環境と経済の統合関係が長期間のプロセスの中でどのように変化するのかについて究明しようとしている。

以下では，まず環境と経済の連携を推進する仕組みについて，環境管理会計研究を中心に考察する。そして，4 節以降で環境管理会計の長期間にわたる導入経験のある 3 社の事例を分析する。

2. 環境と経済の連携―環境管理会計の視点から

企業が環境問題に取り組む上で，環境活動が利益獲得にどのようにつながるのか，またそのためにいかに本業である経済活動と結びつけて環境活動を行うのかが，長年の大きな課題である。このような課題は環境と経済の統合やエコエフィシェンシー（環境効率）の向上として，環境問題に先進的に取り組む企業の環境理念や方針などに位置づけられてきた。これらは，環境配慮製品の売

上高向上や CO_2 削減に伴うエネルギー費用の削減などとして，企業の成功事例がよく知られている。しかし，これらの成功事例には，短期的プロジェクトとしての事例が多く，環境経営戦略遂行のための SCS と MCS の統合に関する議論は緒についたばかりである。

環境問題を経済活動に統合した環境経営に取り組む企業のコントロールシステムを考察する場合，重要な論点の1つは環境戦略の位置づけである。さらに，長期的に環境経営に取り組むためには，環境戦略が構築されているだけでなく，それが企業の中長期的な経営戦略とどのように連携しているかが重要となる。

たとえば，Henri and Journeault（2009）は環境問題を戦略計画プロセスに統合していたり，環境マネジメントをインセンティブシステムや予算と結びつけている企業ではエコエフィシェンシー指標が向上していることを示している。また Gond *et al.* (2012) は理論的な考察ではあるが，企業のメインストリームの戦略に環境戦略が統合されている程度によって，MCS と SCS の関係が異なり，戦略の統合レベルが高いほど，MCS と SCS の両方がインタラクティブなシステムとして活用され，また両コントロールシステムの統合の程度も高くなることが先行研究をもとに示されている。また，環境のコントロールシステムとパフォーマンスとの関係について Henri and Journeault（2010）は，環境のコントロールシステムが既存の MCS と統合されているほど，環境パフォーマンスを媒介して経済パフォーマンスに影響することを明らかにした。つまり，環境戦略と経営戦略の統合レベルが高いほど，環境のコントロールシステムはインセンティブや業績評価といった既存の MCS と結びついて設計され，その結果，環境パフォーマンスに影響し，最終的には経済パフォーマンスの向上につながることを示している。しかし，これらの研究では戦略やコントロールシステムにおける環境と経済の統合について，ある時点の状況を対象としており，長期間の状況を考慮しているわけではない。長期的視点から見た場合でも，同じことが言えるのだろうか。

長期的な視点に立った場合，異なる状況が予想される。環境と経済の統合には環境負荷削減と利益獲得の両方の目標を含むことから，経営の実践において両方を同等に企業目標として維持するためには，様々な組織上の工夫が必要と

されるであろう。短期であればアドホックな対応が可能であろうが，長期的に維持するためにはより公式的な管理が求められることになる。その場合には，当初追求されていた環境と経済の関係も変化することが予想される。特に，企業のMCSは経済効率の追求を第一義的に構築されているので，そこで環境目標を経済目標と同等に追求し続けることが可能なのかどうかということが問題である。

　本章では，環境戦略と経営戦略の統合と，それを支援するコントロールシステムとしての環境管理会計に注目する。その中でも，特にMFCAに注目する。その理由の1つは，MFCAは組織内のマテリアルやエネルギーのフローを物量と貨幣単位で測定し，マテリアルロスを明らかにする手法であり，その手法内に環境情報と経済情報を有するためである。すなわち，環境経営戦略推進のための基盤情報システムとしての役割を果たす可能性が高いためである（國部・中嶌，2003）。

　また，MFCAはマテリアルロスの削減を通じて環境負荷の削減とコスト削減の同時実現を導くことが期待される手法であり，企業のエコエフィシェンシーの実現に直接貢献することが可能だからである。またこうしたメリットを認識して，これまで多くの日本企業がMFCAの導入を試みてきており，さらにISO14051の規格策定の影響もあり，海外企業からも注目を集めている。

　しかし，多くの企業ではMFCAの活用は短期のプロジェクトとして実施されることが多い[1]。この課題に対して，長期的にMFCAを利用してエコエフィシェンシーを高めるために，これまでマテリアルロスの削減をいかに進めるかという観点から，責任範囲の拡張（國部，2007；北田，2010）や製品ライフサイクル全体に責任を持つプロダクトマネジャーの参加（東田，2011），さらには予算（中嶌・木村，2012），目標設定（國部，2007），業績評価（Onishi *et al.*, 2008）など，既存の管理会計の仕組みとの連携について議論されてきた。

---

[1] 2000年代に実施された経済産業省委託によるMFCAの導入プロジェクトでは，特定の製品の特定の製造ラインを対象に実施されている。また，企業間での導入プロジェクトも実施されたが，いずれもデータの測定はおよそ1ヵ月であり，その後に改善案を検討して終了している。詳しくは第13章の参考文献に記している「マテリアルフローコスト会計開発・普及調査事業」の報告書等を参照。

これらの管理会計の仕組みと連携することで，MFCAの活用は進むだろうが，そのためには解決しないといけない本質的な課題が存在する。それは，環境と経済の統合を目指す企業において，MFCAを通じた環境負荷削減活動とコスト削減活動は長期的に両立するのかという問題である。この問題に対して，MFCAを長期的に活用する企業の実践から，環境と経済のバランスの変化について考察する。

3. ケーススタディ

(1) 方　　法

環境管理会計を通じた環境と経済の統合に取り組む企業を分析するにあたって，我々はMFCAの導入について約10年にわたる経験を有する3社を対象とする。

我々は，この3社に対して長期間にわたって断続的にインタビューを実施し，セミナーや講演会等でも情報を得てきた。本章はこれらの活動からの情報収集に加えて，これらの企業におけるMFCAに関する論文，サステナビリティ報告書，アニュアルレポート，有価証券報告書などの公表資料を用いている。ただし，事例評価に関する解釈は筆者独自のものであるため，企業名，部門名，個人名などはすべて仮名とし，年代等の情報も一部変更している。

(2) H　社

H社は化学メーカーであり，早くから環境問題に対して敏感な企業であった。H社が環境問題との関わりを見直す契機となったのが，2000年前後の業績悪化に陥った時期であった。この時期，H社は事業や組織の見直しを行うと同時に，全従業員の意識を1つにすることを意図し，環境経営企業を目指すことをスローガンとして打ち出した。これにによって，環境経営を経営の柱に据えることを従業員にコミットメントしたのである。また当時就任した社長は，各工

場を訪問する際に環境問題に取り組むことの重要性を語って回った。しかし，この時点では，どのように環境経営企業を目指すのかといった内容は議論の途上であり，そのための手法も有していなかった。

2000年代前半に，環境経営実現に向けて具体的に動き出す。まず，3年間の中期経営計画において，成長のための柱の1つとして環境を位置づけたのである。投資家向けのアニュアルレポートの経営者挨拶の中では，社長自身の言葉で，環境経営を積極的に推し進め，環境と経済の両立を図ることが説明された。

しかし，この中期経営計画で想定されていた環境面での貢献は，主に製品についてである。一方，環境部門では環境経営を推進するための手法の検討が行われていた。この時期に環境部門のメンバーがMFCAについて知り，環境負荷削減と経済効果の同時実現を達成するための手法として有効であると考え，工場での導入を試みた。

その結果は，マテリアルロスがかなりの割合で存在することを示しており，工場長も驚いたという。そして，この結果の説明を受けた社長もショックを受けたと語っている。この結果を受けて，中期計画のなかに生産革新を位置づけ，MFCAを活用してそれを実現しようとした。マテリアルロスの削減が環境負荷の削減になると同時に，コスト削減にもなり，この両者の達成を目指すことを戦略に位置づけたのである。

試験的導入の成果が社長に認められて全社展開を模索するが，その途上で課題に直面した。それは，環境部門が生産技術やプロセスに精通していないため，マテリアルロス削減案を提案できないことであった。そのため，環境部門がマテリアルロス削減活動を主導することができなかった。

そこで，MFCAは環境部門の管轄から離れ，2000年代半ばに新設された生産革新部門（仮称）にMFCAの業務と担当者を移管し，全社展開を進めることになった。この部門は，当時のH社の課題であった生産管理や生産技術の向上を目指して設置された本社スタッフの組織である。この組織が設置された同時期に始まる3年間の中期経営計画において，重点課題の1つとして生産革新が位置づけられた。これを実現するための手法として位置づけられたのがMFCAである。

この時期には，MFCAの事務局は環境部門に代わって生産革新部門が担うようになった。しかし，マテリアルフローの測定や改善活動の検討などの実行部隊は各生産ラインのメンバーであり，生産現場が主導で行うようになった。ただし，マテリアルロス削減について実行が困難な活動などについては，必要に応じて生産革新部門のスタッフが現場に入り込んで支援した。

　また，MFCAをはじめとした生産活動の経営への貢献を明らかにするために，生産革新指標が設定された。これは，製品に関する苦情・クレーム対応の費用や不良品の処分にかかる費用，生産工程における原価改善，環境コストなどの5項目で構成される。この5項目それぞれに，事業部ごとに削減目標値が設定され，生産革新部門のスタッフが各事業部に入り込んで，コスト削減に取り組む。これらのコスト削減額は経営への貢献として，全社の営業利益の増分にどれだけ影響しているかを示すものである。生産革新部門に移管されたMFCAは，この生産革新指標の目標達成に貢献する手法として位置づけられることになった。

　2000年代末に環境経営を打ち出した社長が退任し，新経営者のもとで新たな中期経営計画がスタートした。この新経営計画においても，前年までの経営計画に引き続き，生産革新は経営計画の重要な要素であった。さらにこの生産革新に関する重点課題として，エネルギー大幅削減と生産性大幅増加という目標が新たに加わった。これらの目標も，当初はMFCAと連携させて推進することが目指された。

　しかし，実際には2010年代に入り，MFCAの活用は以前ほどではなくなる。それが最も端的に表れているのが，マテリアルロス概念の変化である。それは，前年材料ロス率と当期材料ロス率の差に当期材料費を掛けたものと定義が変更された。ここでいう材料ロス率とは，使用材料に占める廃棄される材料ロスの割合として示されるものである。つまり，対象とするマテリアルロスの範囲は，MFCAが対象としてきたマテリアルロスの範囲から，廃棄される材料を対象としたマテリアルロスへと限定されたのである。[2]

　以上のように，H社において環境経営手法として導入されたMFCAは，その後，生産管理と結びついて全社展開された。そして全社展開時には生産革新

を担う部門のサポートを得て，生産現場がMFCAの運用を担うこととなった。この段階で，MFCAは環境経営の手法というよりは生産管理の手法の1つとみなされるようになり，経済性，特にコスト削減に重点を置いて理解されるようになる。生産管理の手法とみなされれば，コスト削減額の大きさが問題となるため，生産現場で削減できるコストが必ずしも大きいわけではないMFCAの活用は後退したように見える。また，環境の視点が失われてしまっては，マテリアルのフローを追跡する動機も小さくなる。その後は，マテリアルロスの範囲を廃棄物に限定することで，今度は廃棄物削減の手法として捉え直したのである。

(3) I 社

電気機器業界のI社は環境問題に先進的に取り組む企業の1つである。I社では，2000年代初めに定款に環境事業を加え，事業を通じて環境に貢献するという姿勢を明確にした。また時を同じくして，環境問題の本質的な活動は資源問題であるとの認識のもと，「資源生産性の最大化」を環境活動の基本概念に据えた。もう1つの基本概念が生産活動の基本要件である品質，コスト，納期の前提条件として環境問題を位置づけたことである。

このような環境問題に関する基本的な考え方のもとで，環境中期計画としてCO_2排出量当たりの売上高を2倍にすることを目指す目標が設定された。その後も上記の環境ビジョンや基本概念は維持されており，それに基づいて行動計画が作成されているが，新たな環境中期計画は設定されていない。

環境ビジョンとして掲げられた資源生産性の最大化は，まさにMFCAと合致する考え方であった。I社では早い時期からMFCAに取り組み，海外を含む多くの生産拠点に導入した。この頃は，環境部門内にMFCA導入の専門部署を作り，導入を支援していた。また環境部門としても，マテリアルロスやその削減効果について，事業所などから報告を受けていた。またある事業所では，

---

2 MFCAにおけるマテリアルロスは，インプット量とアウトプット量の差と定義される。つまり，マテリアルロスには廃棄物だけでなく，再利用されたりリサイクルされる材料も含まれており，その範囲は廃棄物よりも広い（中嶌・國部，2008）。

MFCA についてマテリアルロスを見える化するためだけでなく，ロス削減活動後の評価手法として位置づける事例も見られた。

しかし，MFCA 導入から 10 年近くたつと，MFCA はあくまでも資源生産性向上，特に材料生産性向上のための手法の 1 つとして捉えられるようになった。MFCA という手法にこだわらず，材料生産性というより広い観点から材料のムダの削減に取り組むようになった。この時期になると，環境部門は MFCA の導入を積極的に進めることはなくなり，工場や事業所から問い合わせがあった際に情報提供するなどの対応にとどまるようになった。また，実際には工場からの問い合わせもほとんどなくなったという。

それは，I 社の組織的特性とも関係する。その 1 つは，MFCA の導入を牽引してきた担当者が職場を移動し，MFCA 導入部署が消滅したことである。もう 1 つの組織的要因は，事業部の独立性の高さである。上記の環境に関する方針や目標の実現を目指すための方策の選択は，各事業部やその事業所に任されているのである。

上記の環境方針の達成を目指して，I 社は環境配慮型業績評価を導入して，工場や事業部の環境負荷削減活動を促進しようとしてきた。工場の評価には CO_2，廃棄物，化学物質に関して生産量原単位の目標が設定されている。また事業部には製品ライフサイクルの CO_2 削減目標が設定されている。これらの目標は全社目標に基づいて環境部門が各事業部や工場に割り付け，その評価は業績評価全体の一部を占めている。このような業績評価を通じて，環境目標の達成を促進しているのである。

しかし，これらの目標をどのように達成するかは事業部や工場に委ねられている。また，MFCA の取り組みは，本社環境部門のサポートが一時的であったこともあり，短期的なプロジェクトとして取り組まれることが多かった。したがって，一端導入した後は，MFCA の活用は生産現場に委ねられた。

生産現場に委ねられた MFCA は，生産現場の論理に基づいて理解されるようになる。その結果，コスト削減手法の 1 つとして捉えられた MFCA の活用は，他のコスト削減手法に対する優位性を失い，生産現場における利用は後退することとなる。

(4) J 社

　J社は複数の大手メーカーに部品を供給する製造企業である。同社は,「あらゆるムダの徹底排除」を環境ビジョンに位置づけている。「ムダ」には多様な概念が含まれるが,環境ビジョン策定に当たり,社内で環境問題にどのように取り組むかを議論した際,「ムダ」という語が頻繁に登場したという。これは,環境負荷を削減することは,あらゆるムダを削減することと同義であり,それはコスト削減にもつながるという考えに起因する。

　J社の初期の環境経営は,環境マネジメントシステムを中心とした活動であったが,次に環境と経済の統合を目指す環境経営活動への展開を模索するようになった。それを実現するための手法として注目したのがMFCAである。そこで環境部門が主導し,MFCAの導入を一部の工場で開始した。明らかになったマテリアルロスの削減は,主に生産現場の担当者が集まって会議を行ったり,小集団活動として取り組まれることが多かった。

　これらの会議には環境部門も参加していたものの,検討された改善案のうち実施された活動の多くは,生産現場で対応可能なものに限定された。その要因の1つは,J社が部品製造業であり,自社の製造工程を部品供給先の会社によって工程監査を受ける必要があることがあげられる。製品と製造工程の設計には顧客企業の承認が必要であり,彼らの許可なく,製品や製造工程の設計を変更することができないため,これらに関わるマテリアルロスの改善に取り組むことが難しかったのである。

　この課題に取り組むために,マテリアルロス削減案の検討会議に製品開発の責任者の参加を求めたりしたが,当時の組織ではマテリアルロス削減に対する責任の所在が明確でなかったこともあり,あまり機能しなかった。そこで,MFCAの導入対象を広げる中で,工場で生産する製品全体に責任を持つ工場長をトップとする組織を作ることで,マテリアルロス削減を推進する組織を形成した。この組織にはスタッフとして環境部門も入っている。これは環境部門がMFCAの推進者であるということもあるが,それだけが理由ではない。生産現場は生産現場の論理で活動しているため,マテリアルロスが明らかになっても彼らの論理から判断して,ロス削減活動が進まないということがよくあるため

である。また，生産管理上はロスとみなされない，副資材の使いすぎなどもMFCAの観点からロスと捉え，それを削減する活動を実施した。つまり，環境部門は生産活動について詳しくはないが，彼らが環境経営の視点から様々な提案をし，マテリアルロス削減活動を後押しすることが，J社においては有効であった。

　こうした活動が，経営トップの目にとまる。MFCAについて環境部門から説明を受けた経営トップは，MFCAが工場のコスト削減に寄与すると理解したという。また，この手法が当時の中期経営計画と整合性が高かった。当時の中期経営計画において「環境技術商品を創造して，社会に貢献していく」というように，環境技術に基づく製品を中心に売上をあげようという姿勢が表れている。さらに，その重点戦略の1つとして「あらゆるムダの徹底排除」が位置づけられた。つまり，環境ビジョンの根幹である「あらゆるムダの徹底排除」が中期経営計画にも反映されたのである。こうして中期経営計画と合致し，経営トップの理解が得られたJ社では，環境部門が主導してMFCAの全社展開に取り組むことになる。

4. 考　察

　これら3社について，MFCAの導入時期と，その後の展開期（後退期）ではMFCAの捉え方がどのように異なるのかについて，環境と経済の統合に焦点を当てて改めて考察しよう。

　3社のケーススタディではいずれの企業も，MFCAの導入時にはそれを環境経営戦略に位置づけ，環境負荷削減とコスト削減を同時に達成する手法とみなしていた。H社は業績改善の戦略として環境経営を掲げ，それを中期経営計画において位置づけていた。そして当初，MFCAは環境経営を推進するための手法として導入されたのである。ここで環境経営とは，環境パフォーマンス向上と経済パフォーマンス向上の同時実現であり，MFCAを活用してマテリアルロスを削減し，同時にコストを削減することが目指された。環境経営を経営戦略

に据えたのは当時の社長であり，MFCAの導入を許可したのも同じ社長である。つまり，当時の社長によって環境経営戦略がメインストリームの戦略に統合され，それを実現するための手法としてMFCAは社長の理解を得て導入されたのである。

　I社は定款に環境事業を位置づけ，早い時期から経済活動を通じて環境問題に貢献することを意図していた。この考え方は環境方針にも反映され，環境方針を構成する基本概念として資源生産性の向上が掲げられている。また，生産管理の基本的な考え方である品質，コスト，納期よりも優先して環境問題を位置づけており，これも製造業としての本業を通じて環境問題に取り組むことの決意の表れと言えるだろう。こうした方針を実現するための手法としてMFCAは導入された。

　またJ社は，環境保全活動を環境マネジメントから次の段階に進めるにあたって環境と経済の統合を志向し，そのための手法としてMFCAに着目した。J社の環境ビジョンでは環境問題に取り組むことを「あらゆるムダの徹底排除」と位置づけており，この考え方とマテリアルやエネルギーのムダを削減する手法であるMFCAが合致したのである。

　このように，いずれの企業においても，MFCAは環境経営戦略のもとで環境負荷削減とコスト削減を同時に実現する手法とみなされ，環境部門が主導して導入された。しかし，MFCAの捉え方や運用はその後，変化する。

　H社では，環境経営を推進する手法とみなされたMFCAは，その後生産革新活動を担う部門が主導するようになり，MFCAの導入を担ってきた担当者も環境部門から新設された生産革新のための部門に異動する。これは，マテリアルロス発生の要因が生産プロセスや製品設計，材料などに起因することが多く，それらに対して責任を持つ組織の協力が不可欠であったことが要因であった。また，環境部門自体は生産活動に精通しているわけではなく，マテリアルロスを削減するための手法を有しておらず，マテリアルロス削減活動を主導することができなかったことも要因であった。さらに，MFCAが生産革新を担う部門に異動した後，この部門はマテリアルロス削減の活動が困難である場合に生産現場に技術指導を行うなど，そのサポートを行うことが主たる活動となり，

MFCA を通じたデータの測定などの主たる活動は生産現場に任されるようになった。

　I 社でも似た状況が見られた。資源生産性向上を目指し，生産活動を環境の視点から見直す手法として位置づけられた MFCA は，環境部門内の MFCA 専門部署によって導入が実施され，多くの生産拠点に導入された。しかし，いずれの生産拠点でも環境部門内の MFCA 専門部署による短期間の導入プロジェクトの後は，MFCA に関する活動は各生産拠点に委ねられた。I 社では事業部の自立性が非常に高く，各事業部が目標をどのように達成するかは，各事業部の判断に委ねられている。環境部門は事業部全体に対して製品ライフサイクル全体にわたる CO_2 の削減や，工場に対して生産量当たりの CO_2，廃棄物，化学物質の削減目標を課しているが，それをどのように達成するかは各事業部や工場に委ねられており，本社の環境部門が直接指導したりはしない。

　このように，H 社と I 社では MFCA が環境部門の手を離れ，生産革新の部門や生産現場に委ねられるようになった。こうして環境部門の手を離れると，MFCA は次第にコスト削減手法の側面に注目して理解されるようになる。なぜなら，廃棄物削減であれば，MFCA を導入して根本的に生産活動を見直さなくても目標を達成できる可能性があるからである。そして，生産プロセスや材料の変更などはマテリアルロスが発生する生産現場で取り組むことは難しく，また時間がかかりすぎる。したがって，MFCA が生産現場に委ねられると，生産現場の責任の範囲で MFCA は捉えられる傾向があり（國部，2007；北田，2010），彼らの主たる業務であるコスト削減手法として理解されるのである。そして，コスト削減手法として捉えられると，自分たちの責任の範囲内でより大きなコスト削減を可能にする手法を重点的に用いて活動する。MFCA によるマテリアルロスの削減に関して，生産現場で実現可能なロスの削減額は必ずしも大きくないため，他のコスト削減手法と比べて重要性が低下し，次第にその利用が後退する。

　他方，J 社でも MFCA の導入は一時的なプロジェクトとしての導入が主ではあるが，依然として環境部門が中心となって実施している。そして，環境部門は MFCA の導入指導だけではなく，マテリアルロス削減案を検討する会議に

も出席して，マテリアルロス削減の活動を推進する。もちろん，H社と同様で，J社の環境部門も生産活動には精通しておらず，彼らがマテリアルロスの削減案を提案できるわけではない。しかし，生産現場の判断では難しいとされる取り組みを環境部門が後押ししたり，生産管理の観点からはロスとみなされない副資材の使いすぎのムダなどを環境部門の観点から見て改善したりする事例が見られた。つまり，J社では環境部門が主体的にMFCAに関わることでMFCAは環境の視点を維持している。そしてこのことによって，生産現場においてコスト削減の観点からだけでは優先順位が下がるテーマについても，環境の観点から取り組むことの重要性を主張し，マテリアルロスの削減に取り組んでいるのである。

つまり，3社の事例を通じて，MFCAは環境と経済の統合や環境経営という理念のもと，環境部門が中心となって導入された。そしてこのときには，確かにMFCAは環境と経済を統合する手法として利用されていた。しかし，その後の運用過程でMFCAが環境部門の手を離れ，生産管理部門や生産現場に委譲されると，環境負荷削減手法としての重要性は低下し，コスト削減手法として活用されるようになる。しかし，マテリアルロスを根本的に削減するために生産現場で対応可能な活動は限られており，またその効果は他のコスト削減手法と比べて大きくない場合も見られるため，MFCAに基づく活動の優先順位は低下するのである。

MFCAはマテリアルロスの削減を通じて環境負荷削減とコスト削減の両立を可能にする手法であり，まさに環境と経済の統合を直接的に実現する手法である。しかし，MFCAの実践においては，短期的にはそれが可能でも，長期的には経済活動の中に環境の視点を維持することが難しいことを，これらの事例は示している。

5. おわりに

MFCAの導入にあたっては，いずれの企業においても，MFCAが環境と経

済を連携させる方法であるから全社展開が可能であり，これが廃棄物削減のためだけの手法であったら不可能であったろうと思われていた。MFCAが本業における環境と経済の統合を直接的に可能にする手法であるからこそ，本章で取り上げた3社において全社展開が実施され，活用の程度は異なれど，長期間にわたって活用されてきたのである。

　しかし，環境経営を目指す活動が本業の経済活動に近づき，コスト削減という形で効果が明確に示されるほどに，環境の視点を長期的に維持することが難しくなる。環境経営は企業活動の本業と結びつくことで促進されるが，そのことによって環境の視点が経済の視点に飲み込まれる危険性を高めていることが本章の研究で示された。環境と経済の関係は，國部（2017）で論じた公的領域と私的領域の関係性の問題でもある。環境と経済のwin-win関係は，企業という私的組織においては，win-winが維持されている間は経済目標の点から維持されるが，経済目標に貢献すると認められた環境活動は，環境目標の貢献度合いではなく，経済目標への貢献度合いによって，企業内での位置づけが変化し，場合によっては環境活動としては後退してしまうことが示された。これは，企業という組織における環境に対する経済性の優位を示すものであり，公共的な目的のために企業において環境と経済の統合を目指すならば，企業外からの制度的な支援が必要なことを本章の結論は示唆している。

〈付記〉

　本章は，東田明・國部克彦「企業経営における環境と経済の統合と離反：MFCA導入事例を通して」（『国民経済雑誌』第210巻第1号，2014年，87-100頁）に加筆修正したものである。

　なお，本研究は，科学研究費補助金基盤研究（B）（課題番号25285138）の研究成果の一部である。

[参考文献]

Arjaliès, D.-L. and Mundy, J. (2013) "The Use of Management Control Systems to Manage CSR Strategy: A Levers of Control Perspective," *Management*

Accounting Research, Vol.24, No.4, pp.284-300.
Contrafatto, M. and Burns, J. (2013) "Social and Environmental Accounting, Organisational Change and Management Accounting: A Processual View," *Management Accounting Research*, Vol.24, No.4, pp.349-365.
Gond, J.-P., Grubnic, S., Herzig, C. and Moon, J. (2012) "Configuring Management Control Systems: Theorizing the Integration of Strategy and Sustainability," *Management Accounting Research*, Vol.23, No.3, pp.205-223.
Henri, J.-F. and Journeault, M. (2009) "Eco-efficiency and Organizational Practices: An Exploratory Study of Manufacturing Firms," *Environment and Planning C: Government and Policy*, Vol.27, No.5, pp.894-921.
Henri, J.-F. and Journeault, M. (2010) "Eco-control: The Influence of Management Control Systems on Environmental and Economic Performance," *Accounting, Organizations and Society*, Vol.35, No.1, pp.63-80.
IFAC (2005) *International guidance document; Environmental management accounting*, International Federation of Accountants.
Onishi, Y., Kokubu, K. and Nakajima, M. (2008) "Implementing Material Flow Cost Accounting in a Pharmaceutical Company," in Schaltegger, S., Bennett, M., Burritt, R. L. and Jasch, C. (Ed.) *Environmental Management Accounting for Cleaner Production*, pp.395-409.
Perego, P. and Hartmann, F. (2009) "Aligning Performance Measurement Systems with Strategy: The Case of Environmental Strategy," *Journal of Accounting, Finance and Business Studies*, Vol.45, No.4, pp.397-428.
北田皓嗣（2010）「マテリアルフローコスト会計と管理可能性」『社会関連会計研究』第22号, 13-24頁。
國部克彦（2007）「マテリアルフローコスト会計の継続的導入に向けての課題と対応」『国民経済雑誌』第196巻第5号, 47-61頁。
國部克彦（2017）『アカウンタビリティから経営倫理へ―経済を超えるために』有斐閣。
國部克彦・中嶌道靖（2003）「環境管理会計におけるマテリアルフローコスト会計の位置付け―環境管理会計の体系化へ向けて」『會計』第164巻第2号, 123-136頁。
中嶌道靖・木村麻子（2012）「MFCAによる改善活動と予算管理」『原価計算研究』第36巻第2号, 15-24頁。
中嶌道靖・國部克彦（2008）『マテリアルフローコスト会計―環境管理会計の革新的手法（第2版）』日本経済新聞出版社。
東田明（2011）「マテリアルロス削減活動の課題の克服に向けて―サンデンの事例を中心に」『社会関連会計研究』第23号, 71-83頁。
東田明・國部克彦・篠原阿紀（2013）「環境管理会計による可視性の創造と変容―A社におけるマテリアルフローコスト会計実践の時系列分析を通じて」『日本情報経営学会誌』第33巻第4号, 65-77頁。

（東田　明・國部　克彦）

第13章

MFCAの実践への普及
―日本 MFCA フォーラムの活動分析―

1. はじめに

　本章は，これまで日本で行われてきたMFCAの普及支援策および普及のための議論を評価したうえで，MFCAのさらなる普及を促すための方策を考察する。第1章で紹介されているように，MFCAは，その原型となる手法がドイツで誕生し (Wagner, 2015)，ISO14051としてISO14000シリーズに組み込まれた環境管理会計手法である。MFCAは，日本で発展・普及したことから，ISO化は，日本が提案し主導することで果たされたが，その背景には経済産業省による長期的な支援があった。[1]経済産業省の支援は，2000年に経済産業省委託の環境管理会計プロジェクトにMFCAが組み入れられたのを契機に始まった。当初は，環境管理会計の一手法としての支援であったが，2004年度から2010年度までの7年間は，MFCAに特化した開発・普及事業が展開された。また経済産業省以外にもIGESが2003年度と2004年度にMFCA導入を支援しているほか，地方自治体や公益法人もMFCA導入の支援事業を行っている。[2]さらに2009年には，産学官が協力してMFCAの深化と普及を図ることを目的とした日本MFCAフォーラムが設立され，そこでもMFCAを普及させるための議論が行われている。経済産業省とIGESのプロジェクトでMFCA導入事例を公開した企業は，2010年度までに計79社（日本能率協会コンサルティング，

---

[1] 国際規格化の経緯などの詳細は，中嶌・國部（2008），安城（2008），古川・立川（2011）などで描かれている。

2011），導入企業数は，300社を超えると言われている（Schmidt and Nakajima, 2013）。

これまで採られてきたMFCAの普及支援策は，導入企業数や日本発の国際規格化が果たされたことなどに鑑みると，一定の成果を得たと評価することができる。しかし，それらの普及支援策は，理論的な観点から十分に評価が試みられておらず，さらなる普及支援の体系的な議論に踏み込めていない状態にある。そこで本章では，これまで日本で行われてきたMFCAの普及支援策ならびに普及のための議論を，普及理論を用いて評価したうえで，さらなる普及を促すための方策を考察するための土台を築くことを目的とする。研究対象は，数多くの報告書が発行されていることから具体的な支援策を読み取ることが可能である経済産業省の一連の普及支援策，および筆者がメンバーとして参加した日本MFCAフォーラム内のワーキンググループ「新しい生産革新ツールとしてのMFCA」でなされた普及のための議論とする。また分析視角は，普及理論の大家であるE.ロジャーズの「イノベーションの知覚属性」（Rogers, 2003）とする。

次節では，研究対象である普及支援策と普及のための議論を紹介し，3節では，「イノベーションの知覚属性」の概念を説明する。4節では，「イノベーションの知覚属性」の視角から普及支援策と普及のための議論を考察し，5節でMFCAのさらなる普及を促進するための方策を考察する。

---

2 たとえば，新潟県工業技術総合研究所，長野県工業技術総合センター，長野県経営支援機構，岐阜県産業振興センター，岐阜県工業会，京都産業21，京都産業エコ推進機構，大阪府工業協会，堺市産業振興センター，広島市産業振興センター，沖縄県公衆衛生協会などがセミナーの開催や，導入を支援してきた。たとえば，筆者も携わった京都府のプロジェクトでは，府内の中小企業にMFCAを導入する実施体制として「京都MFCA研究会」が立ち上げられ，2008年度から2010年度まで実証トライアル事業が行われた（岡田・北田, 2009；天王寺谷他, 2010；北田他, 2012；天王寺谷他, 2012）。また，経済産業省の地方ブロック機関である関東経済産業局や東北経済産業局もMFCA普及事業を実施している。これら事業に関する論文も書かれており，たとえば，今田（2008）では東北地域におけるMFCAの普及活動が紹介されている。

2. MFCA の普及支援策

(1) 経済産業省の普及事業

　日本に MFCA をもたらすきっかけとなったのは，2000年5月15日・16日にウィーンで開催された国連持続可能開発部主催の環境管理会計の専門家会合[3]において，神戸大学大学院教授の國部克彦が，アウグスブルク大学教授の B. ワグナーの報告で MFCA を知ったことであった（中嶌・國部，2008，2頁）。MFCA は，國部教授のウィーン出張からわずか数ヵ月後に経済産業省の環境管理会計プロジェクトに組み入れられることになり，同年11月には MFCA の導入実験が一製品群一製造ラインを対象とする形で，日東電工株式会社でなされることとなった（p.122）。このプロジェクトは，経済産業省が，産業環境管理協会に委託したもので，1999年度から2001年度まで3年間続けられ，その成果は『環境管理会計手法ワークブック』としてまとめられている（経済産業省，2002）。さらに2002年度以降も，環境管理会計への経済産業省の支援は続く。産業環境管理協会に引き続き環境管理会計に関するプロジェクトが委託され（産業環境管理協会，2003，2004，2005），2004年度から2010年度までは，日本能率協会コンサルティングや社会経済生産性本部（現・日本生産性本部）に委託する形で，MFCA に特化した支援事業がなされることになった（日本能率協会コンサルティング，2005，2006，2007，2008，2009，2010b，2011；喜多川，2008）。

　経済産業省による一連の支援事業の最終年度である2010年度の事業報告書は，MFCA 事業について，2004年度と2005年度を「MFCA 普及活動と活用手法研究」，2006年度から2010年度を「MFCA 普及ツール開発，普及活動，高度化研究」と位置づけている（日本能率協会コンサルティング，2011，145頁）。さらに経済産業省は，2008年度から2010年度まで，産業環境管理協会と日本

3　国連の環境管理会計プロジェクトについては，國部（2000）が詳しい。

生産性本部に委託した「サプライチェーン省資源化連携促進事業」として，支援の対象範囲をサプライチェーンにまで拡げている（経済産業省，2010a，2011a，2011b，2011c）。

経済産業省によるMFCAの普及支援策は，『環境管理会計手法ワークブック』の中で書かれている以下の方針に従って，これまで進められてきたと思われる。

「環境管理会計は制度化したり強制したりするものではないので，導入企業にとってハードルが低く，導入のインセンティブが高くなければならない。導入のハードルを下げるためにはより分かりやすいマニュアルや教材などの開発や，安価なコンサルティングの導入支援体制の構築などが考えられる。導入のインセンティブは手法の有効性にかかわっているが，ケーススタディを積み重ね，成功事例を蓄積することが説得力を増すことになる」（経済産業省，2002，240頁）。

MFCAの普及支援が開始されたのは，2002年度の事業で「MFCA普及研究」が始まってからである（日本能率協会コンサルティング，2010b）。2002年度の事業報告書である産業環境管理協会（2003）においては，MFCAを広く社会に普及させるためには，MFCA情報を利用した改善活動を調査・報告することが必要不可欠であると指摘されている（226頁）。また，MFCAを普及するためのマニュアル作り，より具体的には中小企業を想定したハンドブックの作成が，難しい導入の説明ではなく，現場での実行を通してできるだけ簡単にMFCAの考え方を具体的に理解できるような導入テキストとなる方向性で検討されている（239頁）。2003年度には，成功事例が提示され（産業環境管理協会，2004，1頁），企業が管理会計に環境項目をスムーズに取り組むことに視点を置いた研究がなされた（217頁）。ここでMFCAは，伝統的原価計算との関係性の中で考察されている（221-224頁）。

産業環境管理会計協会に委託された2004年度の事業報告書は2部構成となっているが，1部「調査研究」，2部「普及啓発」と，普及支援策に焦点が当てられた構成になっており（産業環境管理協会，2005），この時点より具体的な

「MFCAの普及活動」が始まったと言える。普及啓発事業の中心は，環境管理会計セミナーの実施であり，「昨年度実施した環境管理会計手法導入事例調査研究の結果をセミナーで広く紹介することで，環境管理会計手法に対する正しい理解を深め，環境と経営の両立を目指した環境会計の企業への一層の導入促進を図ることを目的」(63頁)として行われた。日本能率協会コンサルティングに委託されたMFCAに特化した2004年度・2005年度の事業においても，MFCAセミナーが開催され，さらに2015年12月にはMFCAのホームページも開設されることになった(日本能率協会コンサルティング，2005，2006)。また，普及のためのMFCA研究も続けられ，新たにMFCAを導入する企業がスムーズに導入を行えることを目指した研究が，MFCA計算研究，MFCA活用研究，拡張MFCA研究に分類されることで，それぞれ進められた(日本能率協会コンサルティング，2006)。

　2006年度の事業からは，本格的に普及支援が始まる。2006年度は，MFCA普及のための方策として，パンフレット類の作成，導入手順に関するガイダンス文書の作成，マニュアル・計算プログラムの試作(MFCA簡易計算ツールの開発とマニュアル制作)，MFCA計算ツールを使用したMFCA教育研修プログラムの開発，セミナー・シンポジウムの開催，MFCA相談窓口の設置，MFCAホームページの改良と更新がなされた(日本能率協会コンサルティング，2007)。また，2007年度には，MFCAの指導者育成を目的とした普及拠点におけるインターンシップ事業が開始され，また，MFCA導入を支援するMFCA導入アドバイザリーボードが設置され，さらに各地域の普及地点の公募も実施された。引き続き，セミナー等も開催されたほか，情報提供事業として，MFCA手法導入ガイド(Ver.2)の制作，MFCA導入事例集(Ver.1)の制作，MFCA簡易計算ツールの改良とその使用マニュアルの制作，ホームページの運用による継続的な普及活動に関する情報提供も行われた(日本能率協会コンサルティング，2008)。

　2008年度には，アドバイザリーボードの設置と運営，各地域の普及拠点の公募の実施，採択された団体と協力した普及策の実施(セミナーの開催など)，MFCAシンポジウムの実施，情報提供事業として，MFCAのパンフレットの

見直し（2008年度版の制作），MFCA手法導入ガイドの見直し・拡充・改善（ver.3の制作），MFCA導入事例集の見直し・拡充（ver.2の制作），MFCA簡易計算ツールとその使用マニュアルの見直し・拡充・改善（2008年度版の制作），ホームページによるMFCAに関する情報提供が行われた（日本能率協会コンサルティング，2009）。また2009年度には，MFCAの有識者等からなる事業委員会が設置され，引き続きアドバイザリーボードが設置されたほか，MFCA導入実証事業が実施された。さらには中小企業向け「MFCA簡易手法」の開発・実証事業もなされた（日本能率協会コンサルティング，2010b）。2010年度の事業においても，事業委員会およびアドバイザリーボードが設置・運営された。さらに，引き続きMFCA導入実証事業も実施され，そこでは，2009年度の事業で開発された中小企業向け「MFCA簡易手法」が「MFCAキット」として中小企業向けと対象を限定せずに利用され，検証が行われた（日本能率協会コンサルティング，2011）。また，サプライチェーンを対象とした普及支援策も，冊子などの情報提供を通じてなされている（経済産業省，2010a，2011a，2011b，2011c）。

(2) 日本MFCAフォーラムのWGにおける普及のための議論

MFCAは環境志向の生産革新手法としても有効な手法である（國部，2010）。そこで，生産革新手法としてMFCAを位置づけることでMFCAの普及を促進させようという議論が2011年から2013年にかけて日本MFCAフォーラムにおけるワーキンググループ（WG）でなされた。日本MFCAフォーラムは，産官学の協力によるMFCAの深化と普及を図っており，当該WGは，MFCA研究所代表である安城泰雄による「MFCAが有用な生産革新ツールであることについては，いまだに認知度が低いままである」（安城，2012，60頁）という問題意識から立ち上げられた。これまでも，たとえば，2004年度の事業で，MFCAとTPMなどの生産革新手法との関係は考察されていたが（日本能率協会コンサルティング，2005，41-44頁），その議論は一部にとどまっていた。そこでWGでは，「MFCAを新しい生産革新ツールとしてデビューさせる」ことでMFCAの普及促進を目指した議論がなされた。WGのメンバーは，コンサルタントが中心であり，他に実務家，公認会計士や研究者から構成されており，全18回

の会合に筆者はメンバーの1人として参加した。[4]

　WGの内容は，第1回から第5回の第1フェーズと，第6回以降の第2フェーズに分類される。第1フェーズでは，「生産革新ツールとしてMFCAをどう認知させるか」の議論が中心になされた。主要な生産革新ツールであるIEやTPMと並列されるものとしてME（Mottainai Engineering）が創造され，MFCAはMEの測定技術という位置づけで議論は進められた。[5] MEは，Materialの管理技術を意味する。「IEやTPM等の管理技術は，測定技術や改善技術，および組織技術で構成され，進化を遂げてきた」（安城・下垣，2011，143頁）点を踏まえ，MEはIEとTPMに並列する管理技術として，MFCAはそのうちの測定技術として位置づけられた。並列化は，管理を目指す投入資源の観点から，IEはManを管理するツール，TPMはMachineを管理するツール，MEはMaterialを管理するツールとすることでなされた（図表13-1）。また，IEやTPMが時間を管理対象とする「時間生産性」を向上させるツールとして位置づけられる一方で，MEは「資源生産性」を向上させるツールとして位置づけられた。

　会合の第6回以降は，第2フェーズとして，「改善のアプローチ」を大枠のテーマとして議論が進められた。第1フェーズはMEを認知させるための議論であるのに対し，第2フェーズはMEを実施するための議論であると言える。第2フェーズでは，測定されたMaterialに由来するロス（以下，マテリアルロス）を改善へと導くために，ロスの分類が試みられた。そこでマテリアルロスは，「管理ロス」，「無管理ロス」，「容認ロス」，「盲点ロス」の4種類に分類され，MFCAがその測定で優位性が見出されるロスとして，「容認ロス」と「盲点ロス」が着目された。「容認ロス」は，管理上，容認されているロスで，既存

　4　WGの内容は，筆者によってすべて録音，テープ起こしされている。WG各回の議事録は，筆者により作成され，事務局を通じてメンバーに配信された。また筆者は，WGにおいて配布された資料をすべて保管している他，ホワイトボードに描かれた図等も写真データとして保管している。開催日時および参加人数は，天王寺谷（2014）の付録を参照されたい。また，WGの議論は，安城（2012）においても紹介されている。
　5　WGにおいてTPMは，Total Productive Management and Maintenanceの略とされている。

図表13-1 ME・IE・TPMの関係性

（出所）筆者作成。

の標準・規定・ルールに従って加工，業務処理をすれば必ず発生するマテリアルロスを意味し，「盲点ロス」は，管理の盲点になっているロスで，既存の標準・規定・ルールの盲点になっており，管理・改善すべきロスとして把握できないマテリアルロスを指す。MFCAは実測を求め，純粋な資源生産性を計算するため，これらのロスを測定することが可能となる。またWGでは，「容認ロス」と「盲点ロス」を改善するための方策も議論され，これらのロスを改善するためには，自部門単独での改善が不可能な場合には，他部門やサプライヤーとの連携，設計の見直しなどの制約解除，新技術開発を可能とする組織体制が必要であることが主張された。

3. イノベーションの知覚属性

本章が分析視角とする「イノベーションの知覚属性」は，イノベーションの採用速度を説明するのに有用な概念であり，「相対的優位性（relative advantage）」，「適合性（compatibility）」，「複雑性（complexity）」，「試行可能性（trialability）」，「観察可能性（observability）」の5つから構成される（Rogers, 2003, pp. 15-16）。ここでイノベーションとは，「個人または他の採用単位によって新しいと知覚されたアイデア，実践，あるいは対象物」（p.12）を指し，普及の問題を扱ううえでMFCAは，Rogers（2003）が定義するイノベーション

と捉えることができる。「イノベーションの知覚属性」は，以下，それぞれの知覚属性の説明から明らかとなるように，イノベーション，本章の文脈で言えばMFCAの普及についての評価ツールとなり得る概念である。

初めに，「相対的優位性」は，あるイノベーションが，既存のアイデアに取って代わるほど良いと知覚される程度である。「相対的優位性」は，経済の言葉で表現されることもあるが，加えて社会的な評価や，便利さ，満足度などを捉えることも重要となる。一方で，イノベーションが十分に「客観的」な優位性を有しているかどうかは，あまり重要ではない。問題は，個人がそのイノベーションを優位であると知覚するかどうかである。イノベーションの相対的な優位性を知覚する度合いが大きければ大きいほど，その普及速度は速くなる（Rogers, 2003, p.15）。

次に「適合性」は，イノベーションが，潜在的採用者が有する既存の価値観や過去の経験，ニーズと一貫していると知覚される程度である。社会システムの価値観や規範と適合しないアイデアは，適合しているイノベーションほど速く普及しない。適合していないイノベーションの採用は，それ以前の新しい価値制度の採用をしばしば必要とするために，時間がかかるからである（Rogers, 2003, p.15）。

「複雑性」は，イノベーションを理解したり利用したりすることが難しいと知覚される程度である。イノベーションには，多くの社会システムの成員によってすぐさま理解されるものも，そうでないものもあり，後者の場合の採用は遅くなる。簡単に理解できるアイデアは，採用者が新しい技量や理解を身につける必要があるイノベーションよりも，早く採用される（Rogers, 2003, p.16）。

「試行可能性」は，イノベーションが，限定的な基盤の中で実験される程度である。分割された計画の中で試行できるアイデアは，そうでないイノベーションよりも一般的に早く採用される。試行可能であるイノベーションは，使用しながら学ぶことが可能であるので，採用しようしている個人にとっての不確実性が低いため，早く採用される（Rogers, 2003, p.16）。

最後に「観察可能性」は，イノベーションの結果が他の者に可視化される程度である。個人がイノベーションの結果を容易に見ることができれば，イノベ

ーションは採用されやすくなる。採用者の友人や隣人はイノベーションの評価情報をしばしば求めるので、このような可視化は、新しいアイデアに対する仲間内の議論を促す（Rogers, 2003, p.16）。

以上の説明から明らかなように、イノベーションの普及の速度は、「相対的優位性」、「適合性」、「試行可能性」、「観察可能性」が高いほど、また「複雑性」が低いほど速くなる。したがって、MFCAの普及について評価する際には、それぞれの「イノベーションの知覚属性」を考慮すれば良い。たとえば、MFCAの「相対的優位性」が高ければ、それだけ普及されやすいということになる。

4. イノベーションの知覚属性からの評価

(1) イノベーションの知覚属性とMFCA

イノベーションの知覚属性を利用したMFCAの研究も存在する（Sulong et al., 2015 ; Christ and Burritt, 2016）。Sulong et al. (2015) は、マレーシアの中小企業において、MFCA導入の促進要因と阻害要因を探求した研究であるが、その一部にイノベーションの知覚属性を利用した考察がなされている。事例企業において、MFCAは、隠れた利益を可視化する点で既存のツールに対して「相対的優位性」が高く、TQM、リーン生産システム、歩留まり、環境マネジメントシステムが実践されている事業環境と「適合性」が高く、比較的簡単にその概念を理解できる点で「複雑性」が低く、相対的に単純である工程に導入してからその範囲を拡張させることができた点で「試行可能性」が高く、セミナーなどで結果が報告されることが可能であった点で「観察可能性」が高いと評価された。また、Christ and Burritt (2016) は、MFCAの普及に対して、国際規格化（ISO14051）が与える影響をイノベーションの知覚属性から評価し、国際規格化によってMFCAはさらに普及するであろうと主張している。

本節では、「イノベーションの知覚属性」の視点から、2節で紹介した日本におけるMFCAの普及支援策ならびに普及のための議論を評価する。上述のよ

うに，イノベーションの普及の速度は，「相対的優位性」，「適合性」，「試行可能性」，「観察可能性」が高いほど，また「複雑性」が低いほど速くなる。したがって，普及支援策や普及のための議論が，「相対的優位性」，「適合性」，「複雑性」，「試行可能性」，「観察可能性」に与える影響に焦点を当て，評価する。

(2) 相対的優位性

相対的優位性は，あるイノベーションが，既存のアイデアに取って代わるほど良いと知覚される程度である（Rogers, 2003, p.15）。経済産業省は，MFCAを環境管理会計手法の1つとして位置づけ，その開発・普及を支援してきた。例えば『環境管理会計手法ワークブック』において，MFCAは，他の環境管理会計手法との関係性の中で，生産・物流等プロセスを適用対象とし，原材料の調達から製造プロセスを対象領域とし，評価段階・実績把握に利用される手法であると位置づけられている[6]（経済産業省，2002, 7-11頁）。また，同ワークブックは，環境管理会計手法の普及促進事業の方策を提示している一方で，「環境管理会計手法はいずれも個別具体的な課題に対応するための手法であるから，その手法を必要とする状況になければ適用する意味がない」（240頁）とも指摘している。この指摘は，個別具体的な課題に対応する環境管理会計手法と比較して，MFCAの相対的優位性の議論を行う意義は低く，むしろ個別具体的な課題に対処するにあたっての，従来の管理手法に対する相対的優位性の議論が重要であることを示している。ここで「測定できないものは管理できない」という格言に着目すると，従来の手法では測定できなかったものを測定できれば，その点に相対的優位性を捉えることができる。

MFCAは廃棄物の原価を計算する点に，従来の原価計算に対する相対的優位性を有している。「当初は，克服不可能に見えていた廃棄物の低減が，その正確なコスト情報を得ることにより，当初の代替案の範囲を超えた設備投資が可能となり，大きな廃棄物削減（＝コスト削減）につながることがある」（産業環境

---

[6] 他の環境管理会計手法とは，環境配慮型設備投資決定手法，環境配慮型原価管理システム（環境配慮型原価企画システム，環境コストマトリックス手法），ライフサイクルコスティング，環境配慮型業績評価システムを指す（経済産業省，2002）。

管理協会，2004，222頁）のである。また導入支援ガイドブックにも「MFCAと通常の原価計算の違い」が説明されている。そこでは，例えば，標準原価計算との対比で，「MFCAは材料のロスをすべて表すが，標準原価計算では，材料のロスを表しているわけではない」（経済産業省，2009a，9-10頁）ということが指摘されている。

　一方で，MFCAは，従来の生産革新手法との関係性の中でも，相対的優位性を有している。これまでの生産革新手法では，「資源生産性」の考え方が限定されて適用されていたためである。「今まで材料っていうのは，材料を移動していくときの効率だけで，材料そのものの効率っていうのはなかった」（第2回，コンサルタントA）のである。さらに，次のコンサルタントの発言に見られるように，これまでの生産革新手法では，管理が分断される工程をまたいで材料のフローを見る視点もなかった。「最大の特徴は流れで見て行くときに，流れが分断されていくところと，流れが潜んでいるところですね，伏流しちゃっているところ。それが見えてくると，だいたいどこも無管理状態になっているんで，そこがもう本当に宝の山になっている」（第5回，コンサルタントB）。ここにも他の生産革新手法に対するMFCAの相対的優位性が存在する。

　生産革新手法としてMFCAを位置づけるWGの議論は，MFCAは既存の生産革新手法に取って代わるものではなく，従来の生産革新手法と相互補完的なものであるという認識のもと進められ，MFCAは，前述のMEの測定技術として位置づけられることになった。議論の中で，生産の3M（Man, Machine, Material）が挙げられ，IEはManの「労働生産性」を向上させる手法，TPMはMachineの「設備生産性」を向上させる手法，MEはMaterialの「資源生産性」を向上させる手法として位置づけられた。ここで重要なのは，前者2つが「時間生産性」の改善を促す手法である点である。時間生産性の改善は，製品を作れば売れる状況においては有用である。創出された生産余力を通じ，追加での生産が可能となった製品が販売されることで，改善の効果は発現する。しかし，多くの製品を作っても売れない状況にある環境下では，時間生産性を改善して生産余力を生み出す意味は小さい。時間生産性の改善は，その改善対象である設備や雇用にかかる費用がコミッテッドコストとして位置づけられる

ために,その原価低減は困難である。一方で,MEによる資源生産性の改善は,その改善対象であるマテリアルの多くは変動費であり,マテリアルの購入時点で削減することが可能であるため,早期に効果が表れ,さらにはキャッシュフローも改善できる。時間生産性の改善では必要であった販売という前提がなくても「原価低減とキャッシュフローの改善を実現する」(安城,2012,64頁)ことが可能なのである。この点についても,MFCAは前者2つの手法に対する相対的優位性を有する。

(3) 適合性

適合性は,イノベーションが,潜在的採用者が有する既存の価値観や過去の経験,ニーズと一貫していると知覚される程度である(Rogers, 2003, p.15)。環境管理会計手法としてMFCAを捉えるとき,その適合性の重要性は,『環境管理会計手法ワークブック』の中で以下のように指摘される。

「最も重要なことは,環境管理会計手法はあくまでも手段であって,その本質的な目的は持続可能な経済社会の実現にあるということである。そのような社会を実現するのだという強い意思や理念のないところで,環境管理会計という手法だけをいかに精緻化させても,真に有効な手法とはなり得ないであろう。社会が「持続可能な経済社会の実現」という基本的な理念を共有していることが重要なのであり,そのような理念を持ち続けるための施策こそ,環境管理会計の発展と普及のための前提条件になると考えられる」(経済産業省,2002,240-241頁)。

経済産業省(2002)は,「社会が「持続可能な経済社会の実現」という基本的な理念を共有していることが重要」と指摘しているが,企業は社会の構成要素であるという側面を捉えると,各企業の理念に焦点を当てて議論を進めても構わないであろう。各々の導入企業が,持続可能な経済社会を目指す環境経営に関する理念を有していない場合,その適合性は低くなってしまう。適合性を高めるためには,環境経営に関する啓発活動が必要となると考えられ,実際に

そのための施策が重要であることを経済産業省（2002）も認識しているが，この点についてこれまで挙げてきた経済産業省の普及支援策は重点を置いておらず，むしろコスト削減手法として経済面の効果を強調してきたと考えられる。一方で，平成21年度に行われた低炭素型環境管理会計国際標準化事業においてもMFCAは取り上げられている。この事業では，MFCAを中心とした環境管理会計を，企業の環境経営でより効果的に活用するための調査，研究がなされている（日本能率協会コンサルティング，2010a，1頁）。当該事業では，アンケート調査も行われ，経営課題における環境問題の位置づけや環境経営における会計情報の活用に関するアンケートがとられている。この調査は，上述の事業目的を考えれば，MFCAの適合性を高めるための礎を構築するためのものであると評価できる。

　MFCAはその名の通り「会計」手法であるが，その導入対象である製造現場の人々は会計の専門家ではない。この弊害は，WGの中で議論され，たとえば，「やっぱり名前というのが誤解のもとで財務会計を連想する方がいっぱいいる」（第2回，コンサルタントC）という発言に代表されるように，「現場は会計という言葉をものすごく毛嫌いする」という議論がなされた。そして，「マテリアルフローコスト会計」という名前に問題があるという意識から，「会計」という用語を用いない「ME」という概念が提案された。[7]また，同じコンサルタントは次のようにも主張する。「セミナーもムダ取りとかですね，元気のある現場づくりとかそういうテーマでやって，その中でMFCAの手法を入れるとかIEの手法を入れるとかすればいいんですよね。MFCAそのものは何ぞやというセミナーをやっても，知名度もそんなにないし，なんだろなと思って。むしろ目的を，お客さんが欲しがっているニーズをテーマに持ってきて，そこにMFCAを放り込んでやると，セミナーでもまだいけると思うんですよね」（第1回，コンサルタントC）。このようにWGでは「会計」という言葉が内包しうる弊害に鑑み

---

[7] 一方で，第5章で議論しているように，トップマネジメントの支持という観点から言えば，「会計」という言葉を残すことに意義がある。ここでの議論は，製造現場に焦点を当てたものである点には注意を要する。また天王寺谷（2014）は，本章が対象としている事例を用いて，製造現場による抵抗の問題とその対処方法を考察している。

て,「ME」という用語を採用した。MFCA は,製造現場の人々がすでに有している価値観である「ムダ取り」に適合させる形で,さらに ME の測定技術として位置づけられた。これらの方策は,製造現場の人々にとっての適合性を高めることを目指してなされていた。

(4) 複 雑 性

　複雑性は,イノベーションを理解したり利用したりすることが難しいと知覚される程度である (Rogers, 2003, p. 16)。経済産業省は,MFCA の導入者にとっての複雑性を低減させる意図をもってこれまで普及策を実施してきた。経済産業省 (2002) で方針が示されているように,導入者にとっての導入のハードルを下げることを目指した普及策がなされてきた。たとえば,導入手順が記された導入マニュアルが発行され (経済産業省, 2007, 2008a, 2009a),MFCA に関する相談窓口も設置された。MFCA を紹介するセミナー・シンポジウムも開催されてきたし,経営者向けに簡潔に MFCA を紹介したパンフレットも作成されてきた。MFCA を簡易に計算するツールの開発とそのマニュアル制作,また MFCA 計算ツールを使用した MFCA 教育研修プログラムの開発もされ,簡易計算ツールを利用した研修もなされている (日本能率協会コンサルティング, 2007, 2008, 2009)。さらに 2009 年度には,中小企業向けの「MFCA 簡易手法」も開発され,その考え方をまとめた『MFCA 簡易手法ガイド』も作成されたほか,これらを利用した導入支援もなされている (日本能率協会コンサルティング, 2010b, 2011)。また成功事例を掲載した事例集では,事例を適用分野区分に基づいて分類したうえで,それぞれの MFCA の特徴ならびに事例を紹介してきた。たとえば,経済産業省 (2008b) では,成形加工,機械加工,化学反応プ

---

　8 「従来の「MFCA 簡易計算ツール」は,様々なプロセスや複雑なプロセスにも対応可能にするために,複雑になりすぎたきらいがある。一方,中小企業では,その製造プロセスもシンプルであることが多く,従来の「MFCA 簡易計算ツール」でも複雑すぎる面があった」(日本能率協会コンサルティング, 2010b, 193 頁) という問題意識のもと,「MFCA 簡易手法」および「MFCA 簡易手法ガイド」は開発された。『MFCA 簡易手法ガイド』は,「MFCA キット」とも呼ばれている (中嶌, 2011)。MFCA キットでは,MFCA の考え方が非常にシンプルに表されているため,MFCA の進化は,これが開発された 2009 年度を契機として加速したという主張もなされている (安城・下垣, 2011)。

ロセス,混合充填包装プロセス,紙加工,繊維製品,食品飲料品製造,電子・電気機器製造,表面処理と区分したうえで,MFCAの視点から製造・加工プロセスの特徴を説明し,それぞれの具体的な事例を紹介する形を採っている。また,経済産業省（2010b）も,成形加工,機械加工,化学反応プロセス,表面処理,繊維製品,紙加工,物流,工事,リサイクル,クリーニングサービス,流通サービスに分類したうえで,同様の形を採っている。これらの試みは,導入者にとっての複雑性を低下させる効果があったと思われる。

　MFCAが導入される製造現場で働く人々は,日々の生産活動において利用している生産革新手法の知識に比べ,会計の知識は乏しいと言える。そこで,WGの議論のように,生産革新手法としてMFCAを位置づけることは,製造現場の人々にとっての複雑性を相対的に低くする効果があると考えられる。さらに,他の生産革新手法の補完的手法として位置づける点も複雑性を減少させるポイントとなっている。「今,手法というのをリスクをとって自分たちのものにしようという感覚の人が少なくなっているんだよね。というのは,何か1つ塊になったもの,それが1つどんと会社に入ってしまうと,そこにいいものを取り込んでいくという感覚が全然なくなってますよね」（第2回,コンサルタントA）という発言からも明らかなように,製造現場の人々は,今日,新しい技量や理解を身につける意識が少なくなってしまっている傾向にある。この傾向は,企業の製造現場からの要求にも顕著に表れている。「現場の実際の企業の方はですね,IEとかTPMとかQCとかをやっていて,その連携を望む企業が多いです。これはどこにいってもそうです。IEとかTPMとか会社の中で,生産現場の中でやっているんですね。2本も3本も活動するのが嫌だと。あと現場を動かすうえでも嫌だと」（第2回,コンサルタントD）。WGでは,このような観点からシンプルさを求める議論がなされた。「新しい視点って,すごくいいと思っているんですけど,じゃあ一口でいうと何かいなと」（第5回,実務家A）。この結果,WGでは「マテリアルのフロー」という答えが出た。これは,従来のMFCAの普及支援の文脈でも言われてきたことであるが,生産の3Mの中で位置づけられたことによる適合性の向上を通じて,複雑性も低下される,すなわち製造現場の人々の理解をより促すと考えられる。WGでは,MFCAを従来の

生産革新手法と取って代わるものではなく，それらと相互補完的な手法と位置づけた。さらに複雑性を低くするために，一言でMFCAの概念を説明できる言葉についても議論を行った。第2フェーズにおいても，ロスの管理水準と組織体制についてのマトリックス図が提案されるなど，導入者である製造現場にとっての複雑性を低下させるための議論がなされていた。

(5) 試行可能性

試行可能性は，イノベーションが，限定的な基盤の中で実験される程度である (Rogers, 2003, p.16)。MFCAは，工程を限定して導入できるため，そもそも試行可能性が高い手法であると解釈できる。Rogers (2003) の「イノベーションの知覚属性」を利用した Sulong et al. (2015) も，MFCAの試行可能性の高さを評価している。しかし，MFCAが誕生したドイツの導入事例では，ERPシステムを導入している企業が多く（中嶌・國部，2008, 78頁），その試行可能性は高かったとは言えなかったかもしれない。一方で，日本では，最初の導入実験で，一製品群一製品ラインが適用範囲とされてからMFCAは発展することとなった。これは，まさに試行可能性を高めるための方策であり，工程を限定した導入でも実際に成果を得ることができた。その後，経済産業省による普及支援策として積極的になされたMFCA導入支援は，MFCAが有する試行可能性の高さを活かした取り組みであり，さらにはMFCAを簡易に導入してもらうための支援策もなされることとなった。

(6) 観察可能性

観察可能性は，イノベーションの結果が他の者に可視化される程度である (Rogers, 2003, p.16)。経済産業省は，これまで観察可能性を高める数々の施策を行ってきた。MFCAの導入成功事例の紹介（たとえば，経済産業省，2008b，2009b, 2010b, 2011c），パンフレット類の作成，MFCAのホームページの開設，セミナー・シンポジウムの開催など，MFCAの結果の公開を積極的に進めてきた。セミナー・シンポジウムの参加者の人数なども把握されており，たとえば，MFCAシンポジウムの参加者は，2006年度106名，2007年度197名，2008

年度199名，2009年度170名とされる（日本能率協会コンサルティング，2010b, 206頁）。

　生産革新手法としてMFCAを位置づけるWGの議論においては，観察から導入に至る確率を高める方策が考察されていた。たとえば，WGでは，他の生産革新手法が認識するロスとの性格の違いを強調してきた。MFCAが可視化するロスの改善効果は，相対的優位性の項で指摘したように，作ったものが売れるという前提がなく表れる。この改善効果の優位性が前面に出されることによって，観察から導入に至る確率は高まるであろう。またMFCAの観察可能性の高さを生かして導入に至る確率を上げるという策では，1日診断などによって「まず大雑把なロスを把握させる」重要性も議論された。

5. さらなる普及に向けての方策

　これまで考察してきたように，経済産業省による普及支援策ならびに日本MFCAフォーラムでなされたWGの普及のための議論は，「イノベーションの知覚属性」の観点から評価できるものである。経済産業省は，環境管理会計としてのMFCAの発展・普及をこれまで支援してきた。MFCAの導入実験は，一製品一製造ラインを対象とすることで始まったが，これは試行可能性を高めるための方策であったと言える。MFCAは，従来の原価計算手法では測定されてこなかった廃棄物の原価を計算することを通じて，環境負荷の低減に加えコスト削減を可能とさせる点に，従来の原価計算手法に対する相対的優位性を有する。経済産業省は，従来の管理手法との差異の説明を通じて，相対的優位性がある旨を強調してきた。また，適合性を高める観点からは，MFCAに特化した普及支援策ではないが，環境経営に関するニーズを把握することに努めていた。さらに，導入ガイドの作成，簡易手法の開発や，質問できる場の設置などの複雑性を低減させる取り組み，成功事例の紹介，ホームページの開設など観察可能性を高める取り組みを熱心に行ってきたと評価できる。

　一方で，生産革新手法としてMFCAを位置づけるWGの議論は，MFCAが

導入される製造現場の人々の関心に焦点を当てたものであった[9]。WGは，製造現場の人々にとっての適合性を高めるために，彼らにとって馴染みの深い生産革新手法であるIEやTPMと並列させる形でMEという概念を創造し，MFCAは会計という言葉を前面に出さずに，MEの測定技術という形で位置づけられた。さらにIEやTPMに対する相対的優位性として，材料そのものの効率を捉える，材料のフローを捉えるといった既存の生産革新手法には含まれていない新たな視点を加える旨と，改善効果発現の確実性が相対的に高い旨が挙げられた。IEやTPMと並列してMEを捉えることは，製造現場の人々にとっての複雑性の低減にも繋がる。さらに，ロスの分類と改善のための組織体制についてまとめられたことも複雑性の低減に寄与していると思われる。

このように，経済産業省によるMFCA普及支援策は，環境管理会計手法としてMFCAを捉えることでなされてきた一方で，日本MFCAフォーラムのWGにおける普及のための議論は，生産革新手法としてMFCAを捉えることでなされてきた。WGの議論は，製造現場の人々の関心を捉えたうえで，彼らの適合性を高める方向性で進められてきた。導入者にとっての適合性は，これまでの経済産業省によるMFCA普及支援策では，あまり強調されなかった点である。このことからWGの議論は，経済産業省によるMFCA普及支援策を補完する役割を有すると考えられる。今後，MFCAの普及をさらに促進するためには，これまでのように引き続き，相対的優位性，適合性，試行可能性，観察可能性を高めるための，また複雑性を低くするための方策を考えていく必要があろう。

ここでMFCAのさらなる普及に向けての方策を考察するにあたって，1つの研究を紹介したい。それは，管理会計手法であるBSCのスウェーデンにおける普及研究のAx and Bjørnenak（2005）である。彼らは，スウェーデンにおいてBSCは，ノンバジェットマネジメント（non-budget management）や知的資産モデル，従業員パースペクティブと束にされることで普及したと主張する。

---

[9] WGの議論は，管理会計手法の実務における適合性の重要性を説いたJohnson and Kaplan（1988）の「新たな管理会計システムを設計するとき，エンジニアや現場管理者の積極的な関与は不可欠である」（p. 262）という主張にも適合的な議論であると言える。

この研究から得られる示唆は，導入者の関心は様々であること，またそれに関連して多様な存在形態を有することが普及促進に繋がることである[10]。この知見をMFCAの文脈に当てはめてみると，環境管理会計手法としてのMFCA，生産革新手法としてのMFCAといった，様々な存在形態があることは，MFCAの普及促進に寄与するかもしれないことが示唆される。これは，生産革新手法としてMFCAを捉えることでなされた普及のための議論が，環境管理会計手法としてMFCAを捉えることでなされてきた普及支援策を補完する役割があるという上述の考察とも一致する。本章ではMFCAの2つの存在形態のみを紹介しているが，他にも普及を促進するための新たな存在形態があるかもしれない。これまで見逃されてきた重要なアクターを識別し，彼らにとっての適合性を高める方策を考察することで，MFCAの普及を促進させる余地がまだあるかもしれない。

　特にトップマネジメントの関心を惹きつけることが，その影響力の大きさから，肝要になると思われる。これまでもトップマネジメントの関心は考慮されてきたと思われるが，新たな観点からそれを捉え直すことで，MFCAの普及の余地は拡がるかもしれない。また，普及チャネルに関わるアクターの存在も重要となろう。ABCとGPMという2つの管理会計手法のフランスでの普及を対象とした研究であるAlcoufee et al. (2008) は，普及チャネルとしての学術界やコンサルティング界等の期待や関心を捉える重要性を指摘している。MFCAの普及策を考察するためには，このような普及チャネルに位置する人々の関心も捉える必要がある。

　一方で，生産革新手法としてMFCAを位置づけることは，MFCAの環境側面と経済側面のうち経済側面に重点を置くことを意味すると考えられるが，その弊害も示唆されている。本書第12章の議論からは，組織内の定着に与える弊害が示唆される他，國部 (2014) の議論からは，公共性に与える弊害も示唆される。彼らが問題視しているのは，環境側面と経済側面の対立であり，経済側面が環境側面に対して優位になってしまうことに関する弊害である。これら

---

　　[10] 普及の議論において関心を捉える重要性は，Akrich et al. (2002a, 2002b) などでも主張されている。

の問題は，非常に重要な論点であるため，今後は，このような弊害と向き合ったうえで，複数の存在形態に関する議論を行う必要性があろう。

6. おわりに

　本章は，経済産業省のMFCA普及支援策ならびに日本MFCAフォーラム内のWGにおける普及のための議論を，「イノベーションの知覚属性」（Rogers, 2003）の視角から評価し，MFCAの普及をさらに促進させるための方策を考察した。経済産業省のMFCA普及支援策は評価されるものであるし，WGにおける普及のための議論は，経済産業省の普及支援策を補完する議論であったと言える。MFCAのさらなる普及を促すためには，本章で紹介した2つのMFCAの形態，すなわち，環境管理会計手法としてのMFCA，生産革新手法としてのMFCA，それぞれの相対的優位性，適合性，試行可能性，観察可能性を高めるための，また複雑性を低くするための方策を引き続き考察し，実行していくことが重要となろう。また，MFCAを取り巻くアクターの関心の多様性に鑑みると，その適合性を高めるための議論も必要となろう。WGの中で生産革新手法としてMFCAが位置づけられたように，そのアクターの思考枠組みを示すより大きな枠組みの中でMFCAを位置づけることは，適合性を高めるための一手法となるであろう。

　MFCAの普及に関する新たな知見を蓄積するためには，MFCAを取り巻くより大きな枠組みを研究対象に据える必要性がある。様々なアクターの関心に合わせて，複数のMFCAの存在形態を創造することは，その弊害を考慮すべきではあるが，MFCAの普及という観点から有用であると考えられる。今後，普及の観点からMFCAを取り巻くより大きな枠組みを研究対象に据えた多様な研究が蓄積されることで，MFCAの普及に関する新たな知見が蓄積され，その普及がさらに促進されることで，持続可能な経済社会が構築される一助となることを期待する。

〈付記〉

本章は，天王寺谷達将「普及の視点からみるマテリアルフローコスト会計の位置づけの再考」『社会関連会計研究』(第 24 号，2012 年，53-68 頁) に，大幅な加筆修正を加えたものである。また，本研究は，JSPS 科研費 JP26780266 による研究成果の一部である。

[参考文献]

Akrich, M., Callon, M. and Latour, B. (2002a) "The Key to Success in Innovation Part 1: The Art of Interessement," trans. Monaghan, A., *International Journal of Innovation Management*, Vol.6, No.2, pp.187-206.

Akrich, M., Callon, M. and Latour, B. (2002b) "The Key to Success in Innovation Part 2: The Art of Choosing Good Spokespersons," trans. Monaghan, A., *International Journal of Innovation Management*, Vol.6, No.2, pp.207-225.

Alcoufee, S., Berland, N. and Levant, Y. (2008) "Actor-networks and the Diffusion of Management Accounting Innovations: A Comparative Study," *Management Accounting Research*, Vol.19, No.1, pp.1-17.

Ax, C. and Bjørnenak, T. (2005) "Bundling and Diffusion of Management Accounting Innovations: The Case of Balanced Scorecard in Sweden," *Management Accounting Research*, Vol.16, No.1, pp.1-20.

Christ, K. L. and Burritt, R. L. (2016) "ISO 14051: A New Era for MFCA Implementation and Research," *Spanish Accounting Review*, Vol. 19, No. 1, pp.1-9.

International Organization for Standardization (ISO) (2011) *ISO14051: Environmental Management: Material Flow Cost Accounting: General Framework*, International Organization for Standardization.

Johnson, H. T. and Kaplan, R. S. (1988) *Relevance Lost: The Rise and Fall of Management Accounting*, Harvard Business School Press. (鳥居宏史訳 (1992)『レレバンス・ロスト―管理会計の盛衰』白桃書房)。

Rogers, E. (2003) *Diffusion of Innovations* (Fifth Edition), NY: Free Press. (三藤利雄訳 (2007)『イノベーションの普及』翔泳社)。

Schmidt, M. and Nakajima, M. (2013) "Material Flow Cost Accounting as an Approach to Improve Resource Efficiency in Manufacturing Companies," *Resource*, Vol.2, No.3, pp.358-369.

Sulong, F., Sulaiman, M. and Norhayati, M. A. (2015) "Material Flow Cost Accounting (MFCA) Enablers and Barriers: The Case of a Malaysian Small and Medium-sized Enterprise (SME)," *Journal of Cleaner Production*, Vol.108, pp.1365-1374.

Wagner, B. (2015) "A Report on the Origins of Material Flow Cost Accounting (MFCA) Research Activities," *Journal of Cleaner Production*, Vol.108, pp.1255-1261.

安城泰雄 (2008)「ISO14000 ファミリーの新しいテーマについて―日本発提案の新規格

"ISO14051"の国際標準化活動の状況」『粉体と工業』第40巻第12号，34-39頁。

安城泰雄（2012）「日本MFCAフォーラムWG3活動状況報告　WG3研究テーマ"ME：もったいないエンジニアリング"―生産革新ツールとしてのMFCA」『環境管理』第48巻第3号，59-65頁。

安城泰雄・下垣彰（2011）『図説MFCA（マテリアルフローコスト会計）―マテリアル・エネルギーのロスを見える化するISO14051』JIPMソリューション。

今田裕美（2008）「東北地域におけるマテリアルフローコスト会計の普及活動」『環境管理』第44巻第2号，53-58頁。

岡田斎・北田皓嗣（2009）「日本電気化学株式会社におけるマテリアルフローコスト会計の導入―京都MFCA研究会実証トライアル事業」『環境管理』第45巻第3号，66-70頁。

喜多川和典（2008）「中小企業におけるマテリアルフローコスト会計の活用方法」『環境管理』第44巻第7号，66-71頁。

北田皓嗣・天王寺谷達将・岡田斎・國部克彦（2012）「会計計算を通じた知識形成に関する研究―日本電気化学におけるMFCA導入事例を通じて」『原価計算研究』第36巻第2号，1-14頁。

経済産業省（2002）『環境管理会計手法ワークブック』経済産業省。

経済産業省（2007）『マテリアルフローコスト会計導入ガイドVer.1』経済産業省。

経済産業省（2008a）『マテリアルフローコスト会計導入ガイドVer.2』経済産業省。

経済産業省（2008b）『マテリアルフローコスト会計（MFCA）導入事例集Ver.1』経済産業省。

経済産業省（2009a）『マテリアルフローコスト会計導入ガイドVer.3』経済産業省。

経済産業省（2009b）『マテリアルフローコスト会計（MFCA）導入事例集Ver.2』経済産業省。

経済産業省（2010a）『サプライチェーン省資源化連携促進事業事例集』経済産業省。

経済産業省（2010b）『MFCA事例集』経済産業省。

経済産業省（2011a）『企業連携で取り組む省資源化入門―サプライチェーンで解決』経済産業省。

経済産業省（2011b）『サプライチェーン企業連携で省資源化に取り組むための企業ガイダンスVer.3』経済産業省。

経済産業省（2011c）『サプライチェーン省資源化連携促進事業事例集』経済産業省。

國部克彦（2000）「国連の管理会計プロジェクト」『企業会計』第53巻5号，78-84頁。

國部克彦（2010）「積水化学工業の環境経営イノベーション―環境を通した企業成長」植田和弘・國部克彦・岩田裕樹・大西靖『環境経営イノベーションの理論と実践』中央経済社所収，143-177頁。

國部克彦（2014）「社会環境会計と公共性：新しい会計学のディシプリン」『国民経済雑誌』第210巻第1号，1-23頁。

産業環境管理協会（2003）『環境ビジネス発展促進等調査研究（環境経営総合手法）報告書』産業環境管理協会。

産業環境管理協会（2004）『環境ビジネス発展促進等調査研究（環境管理会計）報告書』産業環境管理協会。

産業環境管理協会（2005）『エネルギー使用合理化環境経営管理システムの構築事業（環境会計調査）報告書』産業環境管理協会。

天王寺谷達将 (2014)「管理会計イノベーション導入時の抵抗の考察―理解の進化を目指した探索的研究」『広島経済大学経済研究論集』第37巻第3号, 155-165頁.

天王寺谷達将・北田皓嗣・岡田斎 (2010)「日本電気化学株式会社におけるマテリアルフローコスト会計の導入―化学銅めっき工程での導入事例」『環境管理』第46巻第5号, 40-45頁.

天王寺谷達将・北田皓嗣・岡田斎・國部克彦 (2012)「マテリアルフローコスト会計情報の利用可能性―日本電気化学株式会社における静電塗装工程の事例」『環境管理』第48巻第8号, 110-114頁.

中嶌道靖 (2011)「MFCAキットによるマテリアルフローコスト会計のポイント」『工場管理』第57巻第11号, 8-11頁.

中嶌道靖・國部克彦 (2008)『マテリアルフローコスト会計―環境管理会計の革新的手法 (第2版)』日本経済新聞出版社.

日本能率協会コンサルティング (2005)『大企業向けMFCA導入共同研究モデル事業調査報告書』日本能率協会コンサルティング.

日本能率協会コンサルティング (2006)『大企業向けMFCA導入共同研究モデル事業調査報告書』日本能率協会コンサルティング.

日本能率協会コンサルティング (2007)『マテリアルフローコスト会計開発・普及調査事業報告書』日本能率協会コンサルティング.

日本能率協会コンサルティング (2008)『マテリアルフローコスト会計開発・普及調査事業報告書』日本能率協会コンサルティング.

日本能率協会コンサルティング (2009)『マテリアルフローコスト会計開発・普及調査事業報告書』日本能率協会コンサルティング.

日本能率協会コンサルティング (2010a)『次世代環境管理会計調査事業報告書』日本能率協会コンサルティング.

日本能率協会コンサルティング (2010b)『マテリアルフローコスト会計導入実証・国内対策等事業報告書』日本能率協会コンサルティング.

日本能率協会コンサルティング (2011)『マテリアルフローコスト会計導入実証・国内対策等事業報告書』日本能率協会コンサルティング.

古川芳邦・立川博巳 (2011)「ISO14051の動向とMFCAのグローバルな展開について」『工場管理』第57巻第11号, 4-7頁.

(天王寺谷 達将)

第14章

サプライチェーンにおける MFCA情報の共有

1. はじめに

　これまで多くの企業がMFCAの導入を実施してきたが，そのほとんどが一企業に限定した展開であり，サプライチェーンへの展開事例は少数にとどまっていた。そのような中，2008年に経済産業省が「サプライチェーン省資源化連携促進事業」を開始したのを機に，MFCAをサプライチェーンへ展開した事例が3ヵ年で58件まで増加した。MFCAをサプライチェーンへ展開することで，一企業のみでMFCAを導入した場合とは異なる視点での新たなマテリアルロスの顕在化と改善方法が可能になるという意義がある一方，克服しなければならない課題もある。その1つがMFCA情報の共有である。資本関係のある企業間と資本関係のない企業間では共有できる情報も異なる。そこで本章では，これまでのMFCAのサプライチェーンへの展開についてその意義と課題について整理し，上記の58件の事例を対象に，情報共有に焦点を当てて分析を行い，資本関係の有無とロスコストの比率，内容，削減のための施策との関係性から，その導入効果について比較検討する。

2. MFCAのサプライチェーンへの展開と課題

(1) サプライチェーンへの展開

　1999年から3年計画で経済産業省（当時は通商産業省）が一般社団法人産業環境管理協会に委託して環境会計の調査プロジェクトが実施され，2000年からMFCAの研究と企業への導入が進められてきた。MFCAのサプライチェーンへの展開は，日本へMFCAが導入された当初から模索されてきた。産業環境管理協会（2001）では，MFCAの環境会計上の位置づけの中で，「サプライチェーンマネジメントとの連携を図る可能性もある」（82頁）としており，経済産業省（2002）でも同様の記述がある。また，上記のプロジェクトに関わった中嶌・國部（2002）では，サプライチェーンマネジメントとMFCAとの関わりについて，「サプライチェーンマネジメントの思考は，本業だけでなく，環境問題にも適用できるのである。しかし，そのためにはサプライチェーン全体で，どのようにマテリアルが流れ，どこで非効率が生じているかを把握するシステムが存在しなければならない。このシステムとして最も有望なものが，マテリアルフローコスト会計なのである」（49頁）と説明されている。

　このように，当初からその可能性や意義が指摘されてきたMFCAのサプライチェーンへの展開について，最初の実例となったのが2001年度からMFCAに取り組んだ田辺製薬株式会社（当時，以下田辺製薬）とキヤノン株式会社（以下キヤノン）の2つの事例である。田辺製薬は，2001年6月に小野田工場（現，田辺三菱製薬工場）の医薬品の一製品群一製造ライン（合成→精製→原薬→秤量→製剤→包装）にMFCAを導入した。その結果，合成工程の廃棄物処理コストと製薬工程のマテリアルロスが大きいことが判明し，その中でも廃棄物処理コスト改善のために設備投資（投資額約66百万円）や製造方法の変更，廃棄物処理方法の変更を実施し，年間約54百万円（うち，省エネ効果約33百万円／年）の経済効果を上げた（河野, 2006）。この結果を受けて，田辺製薬はMFCAを

企業情報システム (SAP R/3) と連携させることで全社展開を図った。この全社展開の対象に関係会社である田辺製薬吉城工場株式会社 (田辺製薬の100％子会社, 以下吉城工場) が含まれており, 資本関係のある企業とのMFCAのサプライチェーンへの展開を開始した。

吉城工場は様々な医薬品の小分け包装を行っている工場であり, 2004年にSAP R/3と連携したMFCAを導入した。その結果, 顆粒剤製造プロセスでマテリアルロスとシステムロスが大きいことが判明し, その金額は73百万円にのぼり, 製造費用総額の1.9％に及ぶことが明らかになった。中でも顆粒分包ラインでのロスが全体の30％に達しており, 原因調査を行った結果, 製剤バルク製造元からの使用原料の粒度が細かいため, 微粉が舞い上がって噛み込みが発生し, 噛み込み量が多いとマテリアルロスとして廃棄されることがわかった。そこで, 田辺製薬のグループ内で検討を行い, 原材料の変更, 製造方法の変更を実施した結果, 2005年度から2006年度にかけて約6百万円を削減し, 経常利益を12％向上させた (船坂・河野, 2008)。

キヤノンは, 2001年に宇都宮工場のカメラレンズの一機種一加工ライン (荒研削→精研削→研磨→洗浄・検査→芯取→洗浄→蒸着) にMFCAを導入した。その結果, マテリアルロスが全体の1/3を占めており, 中でも荒研削工程でのロスが全体の2/3に達しており, そのほとんどは硝子スラッジであることがわかった。宇都宮工場における初工程である荒研削工程における硝子スラッジを削減するためには, 硝材メーカーから購入する硝材そのものを小さくする必要がある。そこでキヤノンは資本関係のない硝材メーカーと打ち合わせをもち, マテリアルロスの物量データのみを共有し, 製造方法の変更等を実施した結果, 投入資源やエネルギー・水使用量の削減, スラッジ等の排出物の削減, 現場作業の負荷削減, 技術革新が実現した (経済産業省, 2002; 安城, 2003)。

田辺製薬とキヤノンの2つの事例は, 資本関係のある企業との連携と資本関係のない企業との連携という違いはあるが, いずれもMFCAを一企業内で導入した結果, マテリアルロスの原因が別の企業の上流工程にあることがわかり, 二企業間または複数企業間で問題解決のための分析や施策を行ったものである。これらの事例は, MFCAをサプライチェーンに展開したことで, 一企業のみで

MFCAを導入した場合とは異なる視点での新たなマテリアルロスの顕在化と改善方法が可能となることを示している。つまり，川上企業（サプライヤー）にとっては，自社製品がどのように使用されているのかを知る機会となり，川下企業（顧客企業）にとっては，自社製品の設計仕様や納期などが生み出すロスを知るきっかけともなる。

しかし，MFCAのサプライチェーンへの展開はメリットばかりではない。克服しなければならない課題も存在する。次項ではこれらの課題について検討していく。

(2) サプライチェーンへの展開に対する課題

日本能率協会コンサルティング（2007）では，2004年度から2006年度にかけて経済産業省が実施したMFCA導入適用モデル事業や高度化研究に参加した企業に対し，MFCAのサプライチェーンへの展開に関するインタビュー調査を行い，18社から得た回答結果を示している。なお，質問項目は以下の通りである。

① サプライチェーンで連携した取り組みが必要な改善課題の有無について
② サプライチェーン間での連携改善に関するMFCAの効果の有無について
③ サプライチェーン間での連携改善におけるMFCA活用のネック，阻害要因について
④ サプライチェーン間での連携改善におけるMFCA活用の成功条件について
⑤ サプライチェーン間で連携したMFCAの計算，MFCA情報共有化の実績の有無について
⑥ サプライチェーン間で連携したMFCAの計算，MFCA情報共有化の効果の有無について
⑦ サプライチェーン間で連携したMFCAの計算，MFCA情報共有化のネック事項，阻害要因について
⑧ サプライチェーン間で連携したMFCAの計算，MFCA情報共有化の成

功条件について

　まず，①について，10社がサプライチェーンで連携した取り組みが必要な改善課題があると回答している。そのうち5社はMFCA導入以前から問題を認識しており，3社はMFCAを導入したことで問題を把握し，2社は問題があることは認識しているが具体的にはつかめていなかった。次に，②については，MFCAを導入したことで総合的な効率性の向上や問題の発見，問題解決のきっかけとなっていた。③については，組織間・部門間の壁，ノウハウ流出への懸念，自社のメリットの有無が阻害要因となることがわかった。④については，情報共有，相互のメリットの共有化，連携改善のイニシアティブが挙げられていた。つまり，この3点がMFCAをサプライチェーンへ展開する際の課題であると考えられる。そして，残りの4つの質問項目はすべて情報共有に関する質問である。⑤についてグループ内の企業間または企業内部の部門間でMFCAを実施した事例が4つ，グループ外，つまり資本関係のない企業間でMFCAを実施した事例が2つあった。前者では，MFCAをシステム化してデータをサイトごとに管理しているケースもあれば，試行段階のものやマテリアルの物量データとコストデータだけを共有化したケースもあった。後者では，MFCAの物量データのみを共有化していた。⑥についてサプライチェーンでMFCA情報を共有化した経験のある企業では「効果があった」という回答が得られたが，経験のない企業ではその効果に疑問を呈す場合や，問題や抵抗が大きいと考えていた。⑦について，グループ内の企業間または企業内部の部門間では，メリットが不明確であることや，関連企業であっても情報共有には抵抗があることがわかった。グループ外の企業間では，コスト情報や技術情報などの機密情報を共有することの困難さが窺えた。⑧についてまずは自社でMFCAを活用した成功事例を作ることや，MFCAの有効性を共有していること，さらにはサプライヤーの様々な懸念に対してメリットを十分に説明することや，共有する情報は物量データや仮の数字，割合などを使用していた。

　また，環境管理会計研究所（2009）でも，2008年から2009年にかけてMFCAを導入した企業やサプライチェーンへ展開した企業15社に対し，成功

要因と阻害要因に関するインタビュー調査の結果が示されている。これによると，成功要因は支配力，情報共有，推進体制，理念・目的の共有，技術情報の共有の4点が挙げられている。また，阻害要因としては企業の意思決定構造と部門の壁，インセンティブ，サプライチェーンへのMFCA導入の技術的課題，購買形態の4点が挙げられている。この他，國部・下垣（2007）と東田（2008）では情報共有について，東田（2011）ではMFCAをサプライチェーンへ拡張する際の課題として情報共有，推進体制，成果の分配について論じられている。

MFCAのサプライチェーンへの展開に関する研究は多いとは言えないが，そのすべてにおいてMFCA情報の共有を課題として取り上げている。そこで，次にこの情報共有に焦点を当ててみていく。

(3) MFCA情報の共有

まず，MFCAをサプライチェーンへ展開していく範囲のタイプとして，日本能率協会コンサルティング（2007）では，①工場内の部門間，②自社の異なる工場間，資本関係のある関連企業間，③資本関係のない企業間，の3つのタイプを示している。このタイプごとに共有化できるMFCA情報の種類を示したものが図表14-1である。

このように，MFCA情報を共有化する場合，相手が自社内なのか，資本関係

図表14-1　MFCA情報共有化の範囲

MFCA情報共有化の相手	共有化できるMFCA情報			
	マテリアルの物量情報	マテリアルコスト情報	システムコスト情報	エネルギーコスト情報
①工場内の部門間	◎	○	○	○
②自社の異なる工場間，資本関係のある関連企業間	◎	○	△	△
③資本関係のない企業間	◎	△	—	—

（出所）日本能率協会コンサルティング（2007）109頁。

のある関連企業間なのか，資本関係がない企業間なのかによって共有化できる情報は異なってくることがわかる。なお，図表14-1にある◎○△は，情報共有の難易度を表したものである。これによると，①工場内の部門間では，難易度の違いはあるものの，すべてのMFCA情報が共有化できる可能性がある。②自社の異なる工場間，資本関係のある関連企業間では，システムコスト情報やエネルギーコスト情報はやや難易度が高いものの，こちらもすべての情報を共有化できる可能性をもっている。上述の田辺製薬の事例はこれにあたる。③資本関係のない企業間では，機密性の高い情報の共有は難しいが，それでも上述のキヤノンの事例のようにマテリアルの物量情報を共有したり，場合によってはコスト情報を共有できる可能性もある。

また，環境管理会計研究所（2009）では，図表14-2にあるように資本関係に加えて売上高支配力との関係性から，情報共有化の範囲とMFCAのサプライチェーンへの展開の成功度合いについて説明している。

図表14-2によると，資本支配力と売上高支配力がともにある場合は，物量情報とコスト情報共に共有可能なことが多く，マテリアルロスの削減に対して目的やメリットの共有化がしやすいため，MFCAの導入が成功しやすい。次に，資本支配力はあるが売上高支配力がない場合も，物量情報とコスト情報共に共有できる可能性が高いが，そのためにはマテリアルロスの削減に対する目

図表14-2　企業同士の支配力の関係

	売上高支配力あり	売上高支配力なし
資本支配力あり	物量情報・コスト情報共に共有可能目的やメリットの共有化がしやすい	物量情報・コスト情報共に共有可能目的やメリットの共有化，互いの信頼感が成否を左右する
資本支配力なし	物量情報は共有可能コスト情報は共有困難目的の共有化はしやすいが，メリットの共有化と互いの信頼感が成否を左右する	物量情報・コスト情報共に共有困難目的やメリットの共有化，強いコスト削減意識，MFCA推進者の強い意志が必要

（出所）　環境管理会計研究所（2009）64頁を筆者修正。

的やメリットを共有化し，互いの信頼感が醸成できているかが導入の成否を決める。また，資本支配力はないが売上高支配力はある場合，物量情報の共有は可能だが，コスト情報の共有は困難である。そして，目的の共有化はしやすいが，互いのメリットを共有化することと，信頼感の醸成が重要になる。最後に，資本支配力も売上高支配力もない場合は，物量情報もコスト情報も共有が難しく，MFCAを導入するためには目的やメリットの共有化や強いコスト削減意識，MFCA推進者の強い意志が欠かせない。

また，前述した環境管理会計研究所（2009）のインタビュー調査結果では，MFCAのサプライチェーンへの展開について，資本関係がないと困難であるとの意見がある一方で，それだけでは十分ではないし，また成功の可否にどの程度影響するのかは不明であるとする意見もあった。

ここまで，資本関係（資本支配力）の有無と情報共有との関係について見てきた。しかしながら，MFCAを導入した場合に，資本関係の有無によってロスコストの比率や内容，改善方法に違いがあるのか，つまり資本関係の有無がMFCAの導入成果とどのように関係しているのかについてはこれまで明らかになっていない。そこで，次節以降ではこれらの関係について明らかにする。

3. 分析方法

本章での分析対象は，経済産業省が2011年に発行した『平成22年度経済産業省委託事業　サプライチェーン省資源化連携促進事業事例集』（以下，事例集）に挙がっている58の企業チーム事例である。このサプライチェーン省資源化連携促進事業とは，「省資源化を目指す企業チームに対し，資源ロスの見える化と課題の発見，さらに各企業が協力して取り組むことで解決できる改善策の検討を支援し，企業チームが連携して行う省資源化，環境配慮設計などモデル的取組の手本となる事例を作り出すこと」（経済産業省，2011，1頁）を目的としたものである。

分析枠組みとして，本章では資本関係と情報共有について明らかにした後，

資本関係とロス率，ロス内容，ロス削減の施策の関係性を明らかにする。具体的には以下の通りである。

① 資本関係の有無と情報共有
② 資本関係の有無とロス率
③ 資本関係の有無とロス内容
④ 資本関係の有無とロス削減の施策

以上の4つの関係性について分析を行っていく。まず，事例集に挙げられている58の企業チームの事例を資本関係のある事例とない事例に分けたものが図表14-3である。資本関係のある企業事例よりも資本関係のない企業事例の数が上回っていることがわかる。

図表14-1において，MFCA情報共有化の範囲が示されているが，本章ではサプライチェーンの範囲を①資本関係のある企業間と，②資本関係のない企業間，に分けて分析を行う。なお，この場合資本関係がある，とは資本的な支配関係にあることを指し，資本関係がない，とは資本的な支配関係がないことを表している。また，事例集からは資本関係の有無はわかるが，売上高支配力の有無はわからないため，売上高支配力との関係の分析は行っていない。

次に，MFCAを導入したことで明らかになったロスコストの割合（ロス率）の分布を示している（図表14-4）。

ロス率とは，対象ラインにおける全投入コストのうち，製品にならなかった部分（負の製品）の割合である。なお，原則としてサプライチェーン全体のロス率を対象としているが，事例によってはサプライチェーン内の組織の個別の値や，工程ごとの値しか開示されていない場合もあった。その場合は最も高い値を用いている。図表14-4によると，ロス率は，50％を超える事例が最も多

図表14-3 資本関係の有無

資本関係あり	資本関係なし	合　　計
24 (41.4%)	34 (58.6%)	58 (100%)

（数字は事例数と割合）

図表14-4 ロス率の割合

ロス率分布	事例数（割合）
50％以上	15 (25.9%)
40～49%	3 (5.2%)
30～39%	10 (17.2%)
20～29%	4 (6.9%)
10～19%	8 (13.8%)
1～9%	9 (15.5%)
1％未満	3 (5.2%)
不　明	6 (10.3%)
合　計	58 (100%)

図表14-5 ロス内容

ロス内容	事例数（割合）
加工歩留まりロス	57 (41.3%)
不良によるロス	34 (24.6%)
切替調整ロス	9 (6.5%)
工程内リサイクルロス	8 (5.8%)
在庫処分ロス	7 (5.1%)
補助材料ロス	23 (16.7%)
合　計	138 (100%)

く，次いで30～39％，次に1～9％の順であった。また，ロス率が30％を超える事例は28件（48.3％）にのぼり，ほぼ半数の事例においてロス率が30％を超えることがわかった。

　図表14-5は，下垣（2005）で示された資源ロスの5つのタイプに補助材料ロスを加え，ロスの種類をロス内容として分類し，事例数とその割合を示したものである。具体的には，ロスを①加工歩留まりロス，②不良によるロス，③切替調整ロス，④工程内リサイクルロス，⑤在庫処分ロス，⑥補助材料ロス，

の6つに分類した。①加工歩留まりロスとは，端材・切粉・飛散などにより，加工の際に投入した原材料のうち，製品にならなかった材料をいう。②不良によるロスとは，製品の品質水準に満たないため不合格となったものをいう。③切替調整ロスとは，設備の立ち上げ時や停止時，品種切替時に発生する廃棄物をいう。④工程内リサイクルロスとは，加工歩留まりロス，不良ロスの材料を加工前の工程に戻して再投入することによるロスをいう。⑤在庫処分ロスとは，品質劣化または販売できなくなり処分対象となったものをいう。⑥補助材料ロスとは，製品の加工・製造に使用しても製品に加わらない材料を消費したロスをいう。事例数が58に対し，ロス内容の合計数がそれよりも高くなっているのは，1つの事例に複数のロスがあるからである。ロス内容については，加工歩留まりロスが最も多い。事例数58に対して加工歩留まりロスは57と，1社を除きすべての事例においてなんらかの加工歩留まりロスが発生していることがわかる。また，主材料については歩留率や不良率などで管理されていることが多いが，補助材料については主材料と比べてその使用量やロス量の管理がなされていない場合が多い。この補助材料をMFCAは適用対象とするが，約4割の事例でこの補助材料ロスが認識されていた。

次に，明らかになったロスに対してどのような対策を行ったのかを表したのが図表14-6である。経済産業省（2011）を参考にし，ロス削減の施策を①製造技術変更，②製品設計変更，③材料仕様変更，④品質基準変更，⑤生産情

図表14-6　ロス削減の施策

ロス削減活動	事例数（割合）
製造技術変更	47　(38.8%)
製品設計変更	25　(20.7%)
材料仕様変更	20　(16.5%)
品質基準変更	9　(7.4%)
生産情報変更	10　(8.3%)
その他	10　(8.3%)
合　　計	121　(100%)

変更,⑥その他に分類し,それぞれの事例数と割合を示している。①製造技術変更とは,製造方法,金型,工程設計,設備設計見直しを含む。②製品設計変更とは,製品・部品の仕様や設計の変更をいう。③材料仕様変更とは,材料の寸法,材質,形態等の見直しをいう。④品質基準変更とは,過剰品質,品質基準の不整合の見直しをいう。⑤生産情報変更とは,発注ロットサイズ,数量,納期見直しなどをいう。⑥その他とは,廃棄物のリユースやリサイクルなど上記に含まれないものを指す。このロス削減の施策もロス内容と同様に,1つのロスに対し複数の改善施策がとられることがあるため,事例数58に対して,改善施策の合計はそれよりも高くなっている。なお,改善施策としては製造技術変更が最も多く,約8割の事例で実施されていた。

4. 分析結果

ここでは,①資本関係の有無と情報共有,②資本関係の有無とロス率,③資本関係の有無とロス内容,④資本関係の有無とロス削減の施策,の関係性について明らかにしていく。

図表14-7は,資本関係の有無に対し,どのようなMFCA情報を共有しているのかを分析したものである。なお,事例数は58であり,MFCAをサプライチェーンに導入する際には,なんらかの情報共有がなされたと考えられるが,

図表14-7 資本関係の有無と情報共有

	資本関係あり	資本関係なし
正負の製品の割合を共有	0	4
物量情報を共有	4	5
物量情報・コスト情報共に共有	8	1

(数字は事例数)

共有したMFCA情報の種類にまで言及した事例は22と半数にも満たなかった。環境管理会計研究所（2009）では，MFCA情報の共有レベルを3つに分けている。1つめ（レベル1）は投入データと正負の製品の割合を共有するもので，最も低次の情報共有レベルであるが，支配力のない企業関係で採用される可能性が高いものである。2つめ（レベル2）は物量データを共有するもので，サプライチェーンでより強い企業関係で採用される可能性が高いものである。3つめ（レベル3）はコストデータを含めた全情報を共有するものであり，サプライチェーンで最も強い企業関係で採用される可能性が高いものである（37頁）。図表14-7の結果はこれを裏づけるものであり，資本関係がある場合はレベル2や3の情報共有が行われる一方，資本関係がない場合はレベル3の全情報を共有した事例は少ないものの，レベル2の物量情報のみの共有やレベル1の比率での共有が行われていた。

　図表14-4では，ロス率は，50％以上の事例が最も多く，次いで30〜39％の事例が多かった。これに対し，図表14-8では，資本関係がある場合はロス率が50％以上と1〜9％の事例が多いのに対し，資本関係がない場合はロス率が50％以上の事例が多く，次いで30〜39％の事例が多かった。また，ロス率

図表14-8　資本関係の有無とロス率

ロス率分布	資本関係あり	資本関係なし
50％以上	5　(20.8％)	10　(29.4％)
40〜50％	1　(4.2％)	2　(5.9％)
30〜39％	3　(12.5％)	7　(20.6％)
20〜29％	2　(8.3％)	2　(5.9％)
10〜19％	4　(16.7％)	4　(11.8％)
1〜9％	5　(20.8％)	4　(11.8％)
1％以下	1　(4.2％)	2　(5.9％)
不明	3　(12.5％)	3　(8.8％)
合計	24　(100％)	34　(100％)

（数字は事例数と割合）

図表14-9 資本関係の有無とロス内容

ロス内容	資本関係あり	資本関係なし
加工歩留まりロス	23（39.7%）	34（42.5%）
不良によるロス	15（25.9%）	19（23.8%）
切替調整ロス	6（10.3%）	3（3.8%）
工程内リサイクルロス	2（3.4%）	6（7.5%）
在庫処分ロス	3（5.2%）	4（5.0%）
補助材料ロス	9（15.5%）	14（17.5%）
合計	58（100%）	80（100%）

（数字は事例数と割合）

が30%を超える事例は，資本関係がある場合は9件（37.5%）なのに対し，資本関係がない場合は19件（55.9%）となっており，資本関係がない方がロス率が相対的に高くなる傾向にあることがわかった。これは，資本関係がある場合に比べて資本関係がない方が，サプライチェーンでの互いの製造にかかわる情報がそれまで共有されておらず，MFCAを導入したことでこれまで見えていなかったロスが顕在化した可能性がある。言い換えればそれだけロスの削減の余地が大きいことを示している。

　図表14-9は，資本関係の有無に対してロス内容に違いがあるかどうかを示したものである。図表14-5と比較すると，加工歩留まりロス，不良によるロス，在庫処分ロス，補助材料ロスについては，資本関係の有無による違いはほとんど見られない。これに対し，わずかな違いではあるが，資本関係がある場合は，切替調整ロスの割合が高いのに対して，資本関係がない場合は工程内リサイクルロスが高いことがわかった。ただし，総じて資本関係の有無とロス内容については特徴的な差は見られなかった。

　図表14-10は，資本関係の有無に対してロス削減の施策に違いがあるかどうかを示したものである。図表14-6と比較すると，製品設計変更にはほとんど違いが見られなかった。これに対し，資本関係がある場合は，材料仕様変更，生産情報変更，その他（リサイクル）を実施している割合が高い。また，資本

図表 14-10 資本関係の有無とロス削減の施策

ロス削減の施策	資本関係あり	資本関係なし
製造技術変更	17 (33.3%)	30 (42.9%)
製品設計変更	11 (21.6%)	14 (20.0%)
材料仕様変更	10 (19.6%)	10 (14.3%)
品質基準変更	1 (2.0%)	8 (11.4%)
生産情報変更	6 (11.8%)	4 (5.7%)
その他	6 (11.8%)	4 (5.7%)
合計	51 (100%)	70 (100%)

(数字は事例数と割合)

関係がない場合は，製造技術変更，品質基準変更を実施している割合が高い。この中で，資本関係の有無で実施された改善施策に大きな違いが表れたのが品質基準変更である。これは，資本関係がなかったために互いの品質基準や検査基準を共有することがなく，そのために発生していた品質過剰や検査の重複によるロスがMFCAをサプライチェーンで導入したことによって顕在化したことにより，削減対象となったと考えられる。

ここまで①資本関係の有無と情報共有，②資本関係の有無とロス率，③資本関係の有無とロス内容，④資本関係の有無とロス削減の施策，の4つの関係性について分析してきた。その結果をまとめると，まず①資本関係の有無と情報共有については，資本関係がある場合は，物量情報のみか，物量情報とコスト情報の両方を共有する事例のみだったのに対し，資本関係がない場合は，正負の製品の割合を共有する事例や物量情報のみを共有する事例が大半だった。これは，サプライチェーンの企業関係における関係性の強弱が表れているものと考えられる。次に，②資本関係の有無とロス率については，資本関係がある場合はロス率が50%以上と1～9%の事例が多いのに対し，資本関係がない場合はロス率が50%以上の事例が多く，次いで30～39%の事例が多かった。また，ロス率が30%を超える事例は，資本関係がある場合は9件 (37.5%) なのに対し，資本関係がない場合は19件 (55.9%) となっており，資本関係がない方が

ロス率が相対的に高くなる傾向にあることがわかった。次に，③資本関係の有無とロス内容については，特徴的な差は見られなかった。最後に，④資本関係の有無とロス削減の施策については，資本関係がない方が，品質基準変更を実施する割合が高いことがわかった。

5. おわりに

　本章では，MFCAをサプライチェーンへ展開することの意義と課題について整理し，その中でも情報共有について焦点を当て，資本関係がある場合とない場合とに分けて共有されるMFCA情報，ロス率，ロス内容，ロス改善施策について比較検討してきた。MFCAをサプライチェーンへ展開することの意義としては，企業のみでMFCAを導入した場合とは異なる視点での新たなマテリアルロスの顕在化と改善方法が可能となることが挙げられる。その一方で課題も多く，主なものとしてはMFCAの情報共有，推進体制，メリットの共有化などが挙げられた。中でも情報共有については企業間での資本関係の有無が重要なポイントであることがわかった。そこで，MFCAを導入した場合に，資本関係の有無によって共有されるMFCA情報，ロスコストの比率や内容，改善方法に違いがあるのか，つまり資本関係の有無がMFCAの導入成果とどのように関係しているのかについて分析を行った。その結果，資本関係がある場合とない場合では共有されるMFCA情報に違いがあることがわかった。また，ロス率についても，資本関係がある場合よりもない場合の方が高いことがわかった。ロス内容については，資本関係の有無による特徴的な差は見られなかった。ロス削減の施策については，資本関係がない場合は，品質基準変更を実施する割合が高いことがわかった。このように，ロス率やロス削減の施策についての分析結果は，今後資本関係がないサプライチェーンにおいてMFCAを適用させていくにあたっての重要な知見であると言える。

〈付記〉

　本章は，篠原阿紀「サプライチェーンにおけるマテリアルフローコスト会計情報の共有に関する研究」(『桜美林論考　ビジネスマネジメントレビュー』第5巻，2014年，47-60頁) に加筆修正したものである。

[参考文献]

安城泰雄 (2003)「環境経営とマテリアルフローコスト会計」『環境管理』第39巻第7号，28-32頁。
岡田華奈・國部克彦 (2013)「マテリアルフローコスト会計の導入効果―企業単独とサプライチェーンの比較検討」『環境管理』第49巻第12号，44-49頁。
河野裕司 (2006)「田辺製薬におけるマテリアルフローコスト会計の全社展開」『環境管理』第42巻第3号，58-64頁。
環境管理会計研究所 (2009)『〈平成20年度資源循環対策調査等委託費サプライチェーン連携型MFCA分析手法に関する調査業務〉サプライチェーンの省資源化とマテリアルフローコスト会計の役割』株式会社環境管理会計研究所。
経済産業省 (2002)『環境管理会計手法ワークブック』経済産業省。
経済産業省 (2011)『サプライチェーン省資源化連携促進事業事例集』経済産業省産業技術環境局リサイクル推進課。
國部克彦 (2011)「サプライチェーンへのマテリアルフローコスト会計導入の意義と課題」『日本情報経営学会誌』第31巻第4号，75-82頁。
國部克彦・下垣彰 (2007)「MFCAのサプライチェーン展開―サプライチェーンにおけるMFCA情報共有の意義」『環境管理』第43巻第11号，37-43頁。
産業環境管理協会 (2001)『〈平成12年度経済産業省委託〉環境ビジネス発展促進等調査研究 (環境会計) 報告書』社団法人産業環境管理協会。
産業環境管理協会 (2010)『〈平成21年度経済産業省委託〉サプライチェーン省資源化連携促進事業―診断案件モデル化検討事業―成果報告書』社団法人産業環境管理協会。
下垣彰 (2005)「経済産業省のモデル事業からみたモノづくりの管理・改善における活用方法」『環境管理』第41巻第12号，63-70頁。
中嶌道靖 (2009)「サプライチェーンにおけるマテリアルフローコスト会計の可能性について―環境時系列化の可能性」『環境管理』第45巻第4号，60-65頁。
中嶌道靖 (2010)「MFCAの展開―サプライチェーンにおけるMFCAの有用性について」『経営システム』第20巻第1号，8-12頁。
中嶌道靖・國部克彦 (2002)『マテリアルフローコスト会計―環境管理会計の革新的手法』日本経済新聞社。
中嶌道靖・國部克彦 (2008)『マテリアルフローコスト会計―環境管理会計の革新的手法 (第2版)』日本経済新聞出版社。
日本能率協会コンサルティング (2007)『〈平成18年度経済産業省委託〉エネルギー使用合理化環境経営管理システムの構築事業―マテリアルフローコスト会計開発・普及調査事業報告書』株式会社日本能率協会コンサルティング。
東田明 (2008)「マテリアルフローコスト会計サプライチェーンへの拡張」『企業会計』第

60巻第1号，122-129頁。
東田明（2011）「グリーン・サプライチェーン・マネジメントを支援する環境管理会計―マテリアルフローコスト会計の適用可能性」國部克彦編著『環境経営意思決定を支援する会計システム』中央経済社所収，145-167頁。
船坂孝浩・河野裕司（2008）「田辺製薬吉城工場におけるマテリアルフローコスト会計の導入」『環境管理』第44巻第5号，73-77頁。

（篠原　阿紀）

第Ⅲ部
アジアにおける MFCA の展開

第15章

中国における MFCA の展開

1. はじめに

　中国は，1978年の改革開放以降市場経済への移行が推進され，現在ではGDP世界第2位の経済大国となった。中国は急速な経済成長を成し遂げることができたが，日本の高度経済成長時と同様に，大気汚染，水質汚濁などの環境問題や，さらには原材料・エネルギーなどの資源枯渇という現代的な問題も深刻化している。現在，これらの問題を解決するために，たとえば，中国政府は2014年に「環境保護法」を大幅改正し，企業に対する環境規制を強化している。そのような状況の中で，中国における会計研究においても，1990年代以降，「環境会計」という新領域の研究が開始され，中国会計学会においては「環境与資源会計専門委員会」が常時設置されるようになった。

　本章では，まず中国における環境会計および環境管理会計に関する文献をレビューし，これまでの中国における環境会計研究の発展過程を考察する。この発展過程において，特に環境管理会計の具体的手法であるMFCAの中国における研究動向に注目する。結論においては，今後の中国におけるMFCAの有用性とその普及の可能性について言及する。

2. 中国における環境会計・環境管理会計の展開

中国の環境会計に関しては，大島（2003）や水野（2005）において，中国語で執筆された文献のレビューがなされている。大島（2003）によれば，中国における環境会計研究の文献上の登場は，1992年の葛・李（1992）からと推測している。その後，王・尹・李（1998）は企業へ環境会計に対するアンケート調査を実施している。また，許・蔡（2004）は最近10年間216本の学術論文をレビューし，その結果，ほとんどの論文が規範的研究にとどまっていることがわかった。

そこで，中国における環境会計の学術論文発行の発展を経年的に見るために，中国会計学会の機関誌であり，中国国内のトップジャーナルである『会計研究』における2001年以降の環境会計に関する学術論文の掲載状況を見ることとする（図表15-1）。過去16年間で55本の環境会計に関する論文が『会計研究』に掲載されており，近年では年5，6本が掲載されていることからも，中国の環境会計に対する関心・研究レベルが高くなっていることが理解できる。また，『会計研究』の掲載領域の区分において，環境会計はかつて「会計新領域」の中

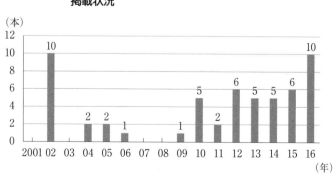

図表15-1 『会計研究』における環境会計に関する学術論文の掲載状況

（出所）　筆者作成。

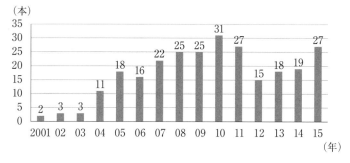

図表 15-2　環境管理会計に関する学術論文の掲載状況

（出所）　CNKI を使用して筆者作成。

に含まれていたが，2010 年より「环境会計」として独立して取り扱われるようになった。このことからも，中国会計学会の環境会計研究に対する意識が高まっていることが窺える。

また，中国の環境管理会計に関して，岡（2013）では，中国最大の学術情報データサービスである CNKI[1] を使用して，「环境管理会計」をキーワードとして，過去 5 年間の掲載状況を検索した。それをもとに，2001 年から 2015 年までの 15 年間について，同様の検索を再度実施し，その結果は図表 15-2 のとおりである。図表 15-2 が示すように，15 年間で合計 262 本の環境管理会計に関する論文が発表されており，また，環境管理会計研究は増加傾向にあることがわかった。

さらに，中国の会計教育においても，環境管理会計は浸透している。中国の国家重点大学が発行する「管理会計」に関する教科書である余・汪主編（2009），王・徐・饒・刘編（2011），冯主編（2016）において，環境管理会計に関して 1 章分が割り当てられて，環境管理会計の意義や環境管理会計の具体的な手法（MFCA など）についても説明されている。

また，実務での普及という点では，中国企業へのアンケート調査に関する研究成果もある。たとえば，牛・傅（2012）は中国企業 239 社に対して環境会計

---

[1] CNKI は China National Knowledge Infrastructure の略であり，中国語では「中国知网」である。CNKI のサイトは，http://gb.oversea.cnki.net/Kns55/ である。

に関するアンケート調査を実施した（有効回答数190社，回収率79.5％）。企業管理者に対して，①環境会計に対する認識，②企業の環境方針，③環境会計による効果について，質問票調査をしている。調査結果として，①について，環境会計と環境報告書を全く知らないという回答が全体の2/3を超えている。②については，ほぼ半数の企業には環境管理システムがないと答えている。③については，「企業の環境保全活動を改善する」，「企業イメージが向上する」という効果は半分以上の企業管理者が同意しているが，「環境保全と企業収益を両立させる」という効果に対しては，中立の立場を示している（牛・傅，2012，124-126頁）。この調査結果より，中国企業の企業管理者は，環境会計を導入することで環境と経済を両立することができるかどうかについて，疑問を抱いていると考えられる。

最近の研究では，王・馮（2016）において，中国における環境管理手法（LCA，ABC，クリーナープロダクション，MFCA，事前企画法，FCA，環境品質原価法）のレビューがなされ，その中から中国の現状に適した手法としてMFCAを提案している。そして，MFCAを導入するにあたり，初期段階において一部の生産工程や製品に限定し，十分に経験や知識を蓄積したのちに，その適用範囲を広げていく方がよいとしている（王・馮，2016，122頁）。またMFCAをただの会計情報システムとしてではなく，組織管理の一環として組み入れる工夫が必要であるとも指摘している（王・馮，2016，124頁）。そこで次節では，中国におけるMFCA研究の特徴について考察することとする。

3. 中国におけるMFCA研究の特徴

(1) 概 要

中国のMFCAについては，これまで楊（2006a，2006b），張・鈴木（2012，2013），岡（2013），賀・國部（2013），蒙（2014）において紹介されている。楊（2006a，2006b）や蒙（2014）では，中国企業へのMFCA導入の事例研

図表 15-3　中国と日本の MFCA 研究に関する論文数の推移

年	論文数（日本）	論文数（中国）
2000	0	0
01	0	0
02	0	0
03	8	0
04	0	0
05	3	0
06	13	0
07	18	0
08	15	1
09	14	4
10	14	5
11	17	8
12	16	6
13	15	5
14	3	2
15	3	9

（出所）　篠原（2015）および CNKI を使用して筆者作成。

究が示されている。また張・鈴木（2012）では中国企業の MFCA 導入の可能性について規範的研究がなされ，続く張・鈴木（2013）では中国における MFCA 研究の文献研究がなされている。岡（2013）において，CNKI を使用して，中国語で MFCA を示す「物料流量成本会計」「物質流成本会計」をキーワードとして，過去 5 年間（2007 年～ 2011 年）の論文の掲載状況について検索し考察している。本章では，2000 年から 2015 年までの 16 年間の MFCA 論文の掲載状況を見るために，同様のレビュー方法を実施し，その経年変化を図表 15-3 に示した。また，図表 15-3 では，日本の MFCA の文献研究である篠原（2015）を参考に日本での経年変化も表記し，中日の MFCA に関する論文数の推移も比較できるようにしている[2]。

本調査から，日本の MFCA 研究の論文総数は 139 本に対して中国は 40 本[3]であり，論文数から見ると，中国は日本と比べて MFCA 研究の蓄積は少ないと

---

[2]　篠原（2015）において，研究対象期間は 2000 年から 2014 年までであったが，中国の MFCA 研究と比較するために，筆者自ら 2015 年について追加で研究調査を行った。また篠原（2015）は『會計』，『企業会計』，『産業経理』，『会計プログレス』，『原価計算研究』，『管理会計学』，『社会関連会計研究』，『環境管理』の 8 誌を研究対象雑誌としている。中国においては学術雑誌に限定した場合，対象論文が少なくなるため，CNKI で検索可能なすべての学術雑誌を対象とした。なお，篠原（2015）は，加筆改訂され本書第 8 章に収録されている。

言える。しかしながら，日本は2014年以降論文数が大幅に減少しているのに対して，中国は2015年が過去16年間で最大であり，中国でのMFCA研究が現在進展していると考えられる。なお，中国においても日本と同様に，MFCAの国際規格であるISO14051が発行された2011年の論文数が多くなっている。

次節では，中国と日本のMFCA研究の相違点をさらに明らかにするため，篠原（2015）で用いられた①研究方法（どのような研究方法で行われたのか），②研究サイト（どのような業種を研究対象にしたのか），③理論ベース（どのような理論枠組みを用いたのか），④研究トピックス（何を考察しているのか）と同様の分類を用いて比較検討を行った。なお，日本のMFCA研究の特徴は篠原（2015）をそのまま援用し，2015年の特徴に関しては筆者らが追加している。

(2) 研究方法

中国と日本のMFCA研究において，どのような研究方法が用いられているのかを示したのが図表15-4である。日本ではケース／フィールド研究が78本（56.1％），規範的研究が55本（39.6％）であるのに対し，中国では規範的研究33本（82.5％），ケース／フィールド研究が5本（12.5％）であった。日本のMFCA研究は，当初から規範的研究とケース／フィールド研究が同時に行われたのに対し，中国のMFCA研究は総体的に規範的研究にとどまっている。日本においてMFCAが普及した背景として，①経済産業省の委託事業の実施による成果報告書，②研究者を中心とする理論的研究，③MFCAの導入事例による企業導入事例（多くの成功事例など）の紹介という3つの体系に区分され（中嶌，2011，29頁），この3つの体系が大きな役割を果たしたと考えられる。よって今後，中国においてMFCAを普及させるにあたって，産官学が連携した普及体制を構築することが重要であると考えられる。

---

3 CNKIで検索した結果，41本の論文が該当したが，41本の論文の内容をすべて確認したところ，1本の論文が明らかにMFCAの論文ではないと判断でき，40本の論文を分析対象とした。

図表 15-4　MFCA 研究の研究方法（中国と日本）

研究方法	規範的研究	ケース／フィールド	サーベイ	文献レビュー	その他	計
論文数（中国）	33	5	0	0	2	40本
割合（中国）	82.5%	12.5%	0%	0%	5.0%	100%
論文数（日本）	55	78	2	1	3	139本
割合（日本）	39.6%	56.1%	1.4%	0.7%	2.2%	100%

（出所）中国については筆者作成，日本については篠原（2015）7頁を加筆・修正。

(3) 研究サイト

次に，中国と日本のMFCA研究において，どのような研究サイトを研究対象にしたのかを示したのが図表15-5である。日本での研究サイトは製造業が73本（52.5%），非製造業が7本（5.0%）であるのに対し，中国ではケース／フィールド研究5本すべてが製造業であった。また，日本の研究サイトは，大企業のみならず中小企業へのMFCA導入事例もあり，さらにはサプライチェーンでの導入事例も数多くある。2017年には日本での導入事例も踏まえて，

図表 15-5　MFCAの研究サイト（中国と日本）

研究サイト	製造業	非製造業	製造業＋非製造業	非営利組織	その他	研究サイトなし	計
論文数（中国）	5	0	0	0	0	35	40本
割合（中国）	12.5%	0%	0%	0%	0%	87.5%	100%
論文数（日本）	73	7	0	1	4	54	139本
割合（日本）	52.5%	5.0%	0%	0.7%	2.9%	38.8%	100%

（出所）中国については筆者作成，日本については篠原（2015）7頁を加筆・修正。

MFCAのサプライチェーンへの適用に関する国際規格であるISO14052が発行された。今後さらに，日本企業のサプライチェーン経営においてMFCA導入が進めば，中国に進出している日系企業（大企業，中小企業）や中国ローカル企業においてもMFCA導入が進む可能性があると思われる。

(4) 理論ベース

また，中国と日本のMFCA研究において，どのような理論ベースを用いたのかを示したのが図表15-6である。日本，中国ともに，MFCA研究において，ほとんど理論ベースを明確に示した研究が実施されていない傾向が高いと思われる。しかしながら，近年，中国ではMFCAの考え方をベースにした資源価値フロー会計の研究が進んであり，資源価値フロー会計の研究において，数理分析を用いた分析的研究が進められている（肖・熊，2010）。

図表15-6　MFCAの理論ベース（中国と日本）

理論ベース	経済学	社会学	心理学／行動科学	その他	不明	計
論文数（中国）	0	0	0	2	38	40本
割合（中国）	0%	0%	0%	5.0%	95%	100%
論文数（日本）	0	2	0	3	134	139本
割合（日本）	0%	1.4%	0%	2.2%	96%	100%

（出所）　中国については筆者作成，日本については篠原（2015）7頁を加筆・修正。

(5) 研究トピックス

最後に，中国と日本のMFCA研究において，どのような研究トピックスを取り上げ考察しているのかを示したのが図表15-7である。篠原（2015）と同様に，論文によっては複数のトピックスを扱っている場合があるので，論文総数を超えている。日本ではMFCA技法を紹介し，MFCA導入事例を説明し，

図表 15-7　MFCA 研究の研究トピックス（中国と日本）

研究 トピックス	国際・国内 動向	技　法	導　入	成　果	計
論文数 （中国）	27	36	6	3	（のべ） 72 本
割合 （中国）	37.5%	50%	8.3%	4.2%	100%
論文数 （日本）	18	58	24	73	（のべ） 173 本
割合 （日本）	10.4%	33.5%	13.9%	42.2%	100%

（出所）　中国については筆者作成，日本については篠原（2015）8 頁を加筆・修正。

その成果について多くの論文で取り上げている。一方，中国では，MFCA 技法の紹介が最も多く，その次に，ドイツや日本など MFCA に関する国際動向について紹介されている論文が多い。大きな違いとして，MFCA を導入し，その結果得られた成果に関する論文は，日本と比べて大幅に少ないことが挙げられる。

(6) まとめ

本節では，中国と日本におけるこれまでの MFCA 研究について，研究方法，研究サイト，理論ベース，研究トピックスに分けて，比較・検討してきた。その結果，中国における MFCA 研究では，日本と比べて，企業実務での MFCA 導入・普及という事例研究が，まだ展開できていないことがわかった。その一因として，中国では，ドイツ，日本と異なり，これまで政府主導のもと，産学が連携した MFCA 導入・普及事業などが行われていないことがあると考えられる。つまり，MFCA 導入・普及させるにあたって，政府，研究者，企業が連携して，それぞれが果たす役割や課題，さらには中国企業での有用な実施方法を確立することが重要であると考えられる。

現在，中国における MFCA 研究は増加傾向にあるが，より効果的に中国企業へ導入・普及させるためにはどうすればよいのだろうか。次節で，中国にお

けるMFCA普及の可能性について,検討していきたい。

4. 中国におけるMFCA普及の可能性

(1) 概　要

　前節において,中国におけるMFCA研究の特徴について考察してきたが,日本とは異なり,中国では産官学連携のMFCA導入事業などが実施されていないこともあり,いまだ企業実務での導入・普及事例,特に成功事例が希薄である。先にも指摘したように,日本においてMFCAが普及した背景として,①経済産業省の委託事業の実施による成果報告書,②研究者を中心とする理論的研究,③MFCAの導入事例による企業導入事例（多くの成功事例など）の紹介という3つの体系に区分され（中嶌,2011,29頁）,この3つの要素の連携が大きな役割を果たしたと考えられる。

　しかしながら,今後,中国においてもMFCAが普及する土壌が整備される可能性があると思われる。次項以降で述べるように,近年,中国政府による環境分野に対する法整備や学術研究に対する資金投入が積極的に実施されているからである。

(2) 中国政府による環境分野に対する法整備

　中国では,1979年の「環境保護法（試行）」(1989年改正) 制定を最初に,自然資源に関する法律・法規体系の構築を行った。1987年の国連・ブルントラント委員会報告書,1992年のリオデジャネイロ・地球サミット開催後,同年8月,中国政府は,持続可能な発展のための10か条以上の対策を打ち出した。1994年,「中国21世紀議程―中国21世紀人口,環境および発展ホワイトペーパー」を配布し,そのなかで,持続可能な発展のための長期戦略,対策および行動プランを公表した。その後,1996年,国務院より「中国の環境保護」という報告書を公表して,中国の環境保護の現状および政府による環境保護への対

策を報告し，環境保護はこれからの中国の1つの基本的な国策であることを明らかにした。また，経済利益，社会利益および環境利益の3つの利益の融合を実現するという経済設計の指標方針も発表されている。さらには，2003年に「清潔生産促進法」を制定してクリーナープロダクションを促進し，2009年から「循環経済促進法」が施行され，資源の節約および効率的利用を目的に循環経済を推進し始めている。同法には「減量化」に関する規定があり，同法第1章第2条において，減量化の定義を，「生産・流通・消費各過程における資源消耗と廃棄物発生の削減」としており，MFCAへの貢献可能性が窺える。

また，2014年4月，「環境保護法」が25年ぶりに改正され，2015年1月1日から正式に施行され，汚染者責任や罰則が強化された。法改正で，特に注目に値するのは，環境汚染に対する汚染者の責任や罰則が強化され，汚染者に対する罰金の上限規定がなくなり，また，不法投棄などの場合，違反者は拘留される可能性もある。これにより，汚染者を明確にするとともに，汚染者にその責任を無限に問うようになったことである。また，同法第43条によると，汚染物を排出した企業や生産者は，国家の規定に基づいて汚染物に対して排出処理費を納入しなければならない。納入されたすべての排出処理費を環境に対する汚染の処理や防止に使用し，企業や個人は他の目的に流用することを禁止している。このように環境汚染の回復を前提とした費用の算定と支出が規定されている点も重要である。

MFCAが物質収支の情報を基礎としていることから汚染物質の排出を把握することに役立ち，また金額評価を兼ね備えていることから，本法律に基づくMFCAの運用は法の遵守とその検証を可能にする手法として利用可能であると思われる。また，何よりも企業の環境保全活動を推進させるだけでなく，資源効率をも向上させコスト削減をもたらすことで，企業に対して積極的に環境管理，サステナビリティの実現を動機づけることができるであろう。

(3) 中国政府による環境分野の学術研究への支援

次に，中国政府は，環境分野の学術研究に対して積極的支援を実施している。中国の科学研究基金は主に，国家自然科学基金，国家哲学社会科学基金および

教育部人文社会科学基金などで編成されており，たとえば，環境管理会計に関する課題に対しても本基金において立案が可能である。国家自然科学基金委員会管理科学部の科研資金獲得の情報によれば，1999年から2013年の間，科研資金を獲得した課題数は224件あり，そのうち，環境管理会計に関する課題は9件で，全体の4％を占める（中国国家自然科学基金委員会HPより）。また，同様にMFCAを研究課題キーワードとして調べた結果，科研資金を獲得した課題数は0件であるが，人文科学においてマテリアルフローを研究の側面として取り組んでいる課題数は2件ある。

　ところで，2011，2012年度において，中国国家自然科学基金課題で発足されたプロジェクトには，中国のサプライチェーンにおけるイノベーション，カーボンフットプリント，低炭素型社会に向けたサプライチェーンの設計・協調の方法研究などのテーマがあった。近年では，たとえば，Zeng et al. (2017)の研究において，中国の国家グリーン工業園区リストに含まれている85の工業園区を対象に，そのうちの620社の製造企業に対して質問票調査を行っている。研究目的として，グリーン工業園区はエリアが狭く，持続可能なサプライチェーン・マネジメントを実践しやすいと理解している。サプライチェーンの持続可能性は難度が高く，経済，社会，環境の最善の利益のバランスを達成するため，サプライチェーン・マネジメントに対して循環経済の概念を融合することが必要になる。そして，制度―実行―業績といったパラダイムに基づいて，コンセプトモデルを構築した。このモデルを通じて，制度的プレッシャー，サプライチェーンに関するマネジメント，持続可能なサプライチェーン・デザインおよび循環経済能力をめぐるメカニズムや関係について考察している。結果として，持続可能なサプライチェーンは，循環経済能力を改善でき，企業の中に融合されて企業の効率性が評価される。循環経済を促進するため，企業は継続的な環境配慮行動，たとえば，マテリアルフローを導入されているサプライチェーン・デザインなどを実施するサプライヤーを選択すべきという結論に至っている。

　また，2011年，肖序教授（中南大学）を課題代表者とした中国国家社会科学基金プロジェクト「工業の循環経済にもとづく価値フロー分析」が発足した。

中国において，企業の循環経済技術を適用するプロセスで起きる「循環が有り，経済力が無し」という現象を解決するため，かつ，外部環境コストの内部化を反映できない等の欠陥に対して，当該研究チームは循環経済の視点に基づいてMFCAの実践を展開した。ドイツや日本の導入経験を活かして，資源価値フローに依拠した「マテリアルフロー・価値フロー」の評価システムを提唱した（肖他，2017）。このマテリアルフローとは，ライフサイクルの観点により，資源，製造，物流，使用，回収，廃棄といった価値創造活動の形成から循環経済の原理に準拠した。また，価値フローに関しては，原材料のインプットがフローの価値移転を反映し，正の製品，負の製品，システムコスト，廃棄物損害価値，経済的付加価値からなると定義された。より具体的にマテリアルフロー，価値フローとそれぞれを構成する組織との関係性を示したのが，図表15-8である。また，資源価値フローの分析・応用モデルとして，以前の単一企業内部の「マテリアルフロー・価値フロー・組織」モデルをベースにしたものを国家レベルの「マテリアルフロー・価値フロー・組織」モデルまで開発された（図表15-

図表15-8　環境管理会計「マテリアルフロー・価値フロー・組織」3次元モデル

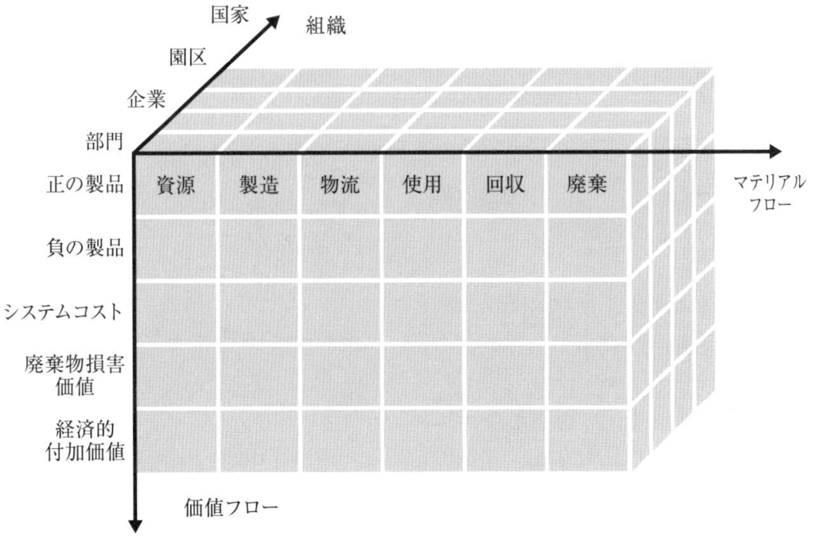

(出所)　肖他（2017）17頁。

図表 15-9 「マテリアルフロー・価値フロー・組織」3次元モデルの体系的枠組み

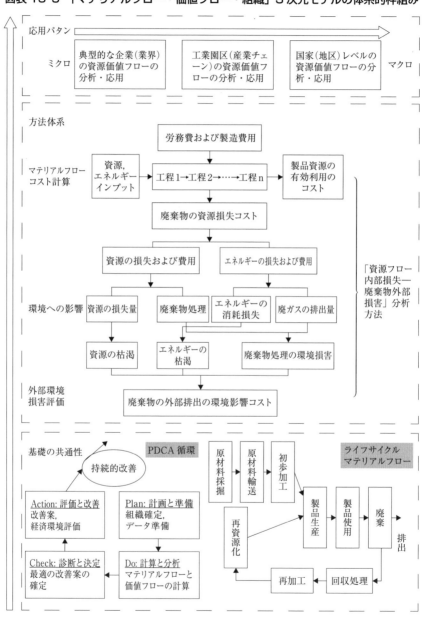

(出所) 肖他 (2017) 18 頁。

9)。ここでの組織とは，1つの企業から中国特有の工業園区の範囲まで普及し，さらに国家レベルまで展開していく構想である。

5. おわりに

　2015年5月，中国政府は『中国制造2025』を公布した。同時に，「グリーン製造プロジェクト」を重点実施の5つのプロジェクトのうちの1つとして位置づけた。中国は，全面的にグリーン製造を推進し，効率，清潔，低炭素，循環的なグリーン製造システムを構築することを目指している。グリーン製造の目標は，製品設計，製造，包装，物流，および廃棄までの製品ライフサイクルでの環境負荷を最低限にし，資源利用率を高め，企業の経済利益や社会利益を最適化することにある。『中国制造2025』では，工業基礎能力の強化，品質とブランドの強化，環境に配慮したものづくりの推進，製造業の構造調整，サービス型製造業と生産型サービス業の発展，製造業の国際化水準の向上などが強調されており，「イノベーションによる駆動」，「品質優先」，「グリーン発展」，「構造の最適化」，「人材が中心」という5つの方針が掲げられ，中国製造業の主要な問題点を強く意識し，その改善を喚起している。

　このような国家政策を基礎としながら産官学が連携し，中国における今後の持続的経済発展をするために，中国製造業へMFCAを普及・浸透させることは有効な手段であると考えられる。中国製造業へのMFCA導入において，多くの導入事例を有する日本の政府，研究者，企業との協働は有効かつ効率的であり，互いに生産プロセスが連携していることからも日中が相互に協力し実施するべきである。また，中国は「世界の工場」として，アジア諸国の企業と密接に結びついており，アジアを含むサプライチェーン全体の低炭素化は，世界的な環境問題の不可避の課題である。その目標設定や目標達成のためには，日中で共同研究を進めることが重要である。日本のこれまでのMFCA研究は，中国の学術的研究への貢献，日中の学術研究成果による中国企業・社会への貢献ができ，日中友好へと繋がるだろう。

現在，低炭素型社会に資する環境管理会計手法としてもMFCAが注目されており，MFCAがCO_2排出情報を提供・管理することができ，サプライチェーンへのMFCAの展開が進められており，日本，中国との垣根を越えた東アジアでのMFCAを導入することで，持続可能な社会の実現に期待したい。

〈付記〉

本章は，中嶌道靖・岡照二・呉綺「中国における環境管理会計の構築に向けて～中国の持続的経済発展に寄与するMFCA」『関西大学商学論集』第58巻第2号，2013年，37-48頁を大幅に加筆・修正したものである。また，メルコ学術振興財団2015年度研究助成（研究2015003号）および文部科学省私立大学戦略的研究基盤形成支援事業（平成26年～平成30年）により実施された研究成果の一部である。

[参考文献]

Zeng, H., Chen, X., Xiao, X. and Zhou. Z. (2017) "Institutional pressures, sustainable supply chain management, and circular economy capability : Empirical evidence from chinese eco-industrial park firms," *Journal of Cleaner Production*, Vol.155, pp.54-65.

Zhou, Z., Zhao, W., Chen, X. and Zeng, H. (2017) "MFCA Extension from a Circular Economy Perspective: Model Modifications and Case Study," *Journal of Cleaner Production*, Vol.149, pp.110-125.

王志・馮巧根（2016）「中国で実践すべき環境管理手法の検討」『企業会計』第68巻第8号，119-125頁。

大畠正克（2003）「中国における環境会計研究の生成と現状―中国の環境保全対策とその日中協力に関連させて」『亜細亜大学アジア研究所紀要』第29号，137-239頁。

岡照二（2013）「東アジアへの環境管理会計手法の伝播可能性」『関西大学経済・政治研究所研究双書』第157巻，69-83頁。

賀振華・國部克彦（2013）「中国における資源フローコスト会計の展開」『環境管理』第49巻第9号，79-83頁。

牛占文・傅暁曦（2012）「中国企業における環境会計の現状調査と分析」『日本情報経営学会誌』第33巻第1号，123-127頁。

國部克彦・伊坪徳宏・中嶌道靖・山田哲男編著（2015）『低炭素型サプライチェーン経営―MFCAとLCAの統合』中央経済社。

篠原阿紀（2015）「日本におけるマテリアルフローコスト会計の研究動向」『桜美林論考』第6号，1-22頁。

張本越・鈴木和男（2012）「中国における環境経営に基づいたMFCA導入の可能性」『神奈川大学国際経営論集』第43巻，31-50頁。

張本越・鈴木和男（2013）「中国における MFCA 研究の現状と今後の課題」『国際経営論集（神奈川大学）』第 45 号，157-167 頁．

中嶌道靖（2011）「環境配慮型生産を支援する環境管理会計―マテリアルフローコスト会計の経営システム化」國部克彦編著『環境経営意思決定を支援する会計システム』中央経済社所収，27-50 頁．

中嶌道靖・國部克彦（2008）『マテリアルフローコスト会計―環境管理会計の革新的手法（第 2 版）』日本経済新聞出版社．

水野一郎（2005）「中国の環境会計―経済発展と環境保護」 山上達人・向山敦夫・國部彦編著『環境会計の新しい展開』白桃書房所収，106-121 頁．

蒙雪超（2014）「MFCA 手法の中国中小鉄鋼企業の適用」『創価大学大学院紀要』第 36 集，73-90 頁．

楊軍（2006a）「中国企業における MFCA 導入事例研究」『立命館大学政策科学』第 13 巻第 2 号，109-121 頁．

楊軍（2006b）「資源生産性の向上に向けた広域マスバランスシステム―複数の中国企業への適用実験を事例として」『立命館大学政策科学』第 14 巻第 1 号，63-78 頁．

冯巧根主編（2016）『管理会计（第三版）』中国人民大学出版社．

葛家澍・李若山（1992）「九十年代西方会计理论的一个新思潮―绿色会计理论」『会计研究』5 号，1-6 頁．

国家制造强国建设战略咨询委员会编著（2016）『中国制造 2025 蓝皮书』电子工业出版社．

王立彦・徐浩萍・饶菁・刘应文编（2011）『成本会计-以管理控制为核心（第二版）』复旦大学出版社．

王立彦・尹春艳・李维刚（1998）「我国企业环境会计实务调查分析」『会计研究』8 号，7-23 頁．

肖序・熊菲（2010）「循环经济价值流分析的理论和方法体系」『系统工程』第 28 卷第 12 号，64-68 頁．

肖序・曾辉祥・李世辉（2017）「环境管理会计"物质流-价值流-组织"三维模型研究」『会计研究』1 号，15-22 頁．

许家林（2009）「环境会计：理论与实务的发展与创新」『会计研究』10 号，36-43 頁．

许家林・蔡传里（2004）「中国环境会计研究回顾与展望」『会计研究』4 号，87-92 頁．

余绪缨・汪一凡主编（2009）『管理会计（第 3 版）』辽宁人民出版社．

(岡　照二・中嶌 道靖・呉　綺)

第16章

韓国における MFCA の展開

1. はじめに

　韓国製造業における平均材料費は，製造原価の約70％を占めている。これは日本製造業における平均材料費の比率より10％程度高いことを示している（ヂョン・ユク，2012[1]）。それにもかかわらず，伝統的な原価計算上，製造原価の中の材料費は，他の原価項目と比較してあまり関心をもたれてこなかった。材料費より製造間接費の配分の方が重要であるという認識から，活動基準原価計算（ABC）の方により多くの注目が向けられてきた。一方，政府や国際機関等は環境規制を強化し，消費者や投資家などのステークホルダーの環境への関心が高まるにつれて，企業は廃棄物原価および廃棄物処理費用の低減に関心を持つようになった。そこで，韓国企業は製造原価の中で最も高い比率を占める材料費の低減を通じて，廃棄物原価および廃棄物処理費用を同時に低減できる MFCA に注目するようになった（産業資源部，2007；知識経済部，2010）。
　このような背景により，韓国産業通商資源部[2]（当時，産業資源部）は，クリーナープロダクションの拡張事業の一部として MFCA 導入プロジェクトを施行

---

[1] ヂョン・ユク（2012）では，2004年から2010年までの日本と韓国製造業における原価データを用いて，金融危機（リーマンショック）前後の日本と韓国製造業の原価管理の実態について比較研究を行った。そこで，韓国製造業は日本製造業より材料費が10％程度高いことが示されている。

[2] 現在，産業通商資源部の名称は，組織の改編によって産業資源部（1998年～2008年）と知識経済部（2008年～2013年）を経て2013年に新しく変更された。

し，MFCA に関する多様な研究と実務的なアプローチを行ってきた。最初に，産業通商資源部が行った『国内環境管理会計の方法開発および産業界への適用事業（2001.10 〜 2004.9）』では，MFCA が環境管理会計の手法として紹介された。それ以来，産業通商資源部は，韓国の大企業を中心にした『MFCA を通じた廃棄物低減および原価節減システムの構築事業（2005.3 〜 2007.5）』と，中小企業を対象にした『MFCA の拡張と国際標準化への対応のためのシステム構築に関する技術開発（2008.9 〜 2010.8）』という委託事業を通じて，韓国企業における MFCA 導入の効果を示した。したがって，本章では，韓国における MFCA 導入プロジェクトと MFCA に関する研究に基づき，韓国における MFCA の展開とその効果を示し，最後に将来の展望を述べる。

2. 韓国における MFCA の導入時期

　韓国環境部は環境保全コストの計算と外部報告のための環境会計ガイドラインを策定する一方で，韓国産業通商資源部は環境管理会計の開発のためのプロジェクトを行ってきた（産業資源部，2002）。産業通商資源部のプロジェクトは 2001 年 10 月から 3 年計画で，環境管理会計の国際的な傾向と海外企業のベストプラクティスを調査し，それらを踏まえ韓国企業に適した環境管理会計ツールの開発を行ってきた。このプロジェクトには韓国を代表する企業 5 社（ポスコ，LG 化学，柳韓キンバリー，サムスン電子，SK）が参加し，最終結果が 2005 年の 8 月に環境管理会計ワーキングマニュアルとして発表された（張，2009）。MFCA の考え方は，韓国産業通商資源部が 2001 年から 2004 年に実施した環境管理会計プロジェクトである『国内環境管理会計の方法開発および産業界への適用事業』を通じて環境管理会計の手法として初めて韓国の産業界に紹介された（産業資源部，2002）。

　このような動向に合わせて，ヂョン他（2004）は MFCA を韓国企業の実務に導入するために，MFCA に関する理論的な探索を行い，日本の日東電工の事例を紹介した。そこでは，MFCA についての基本概念を説明し，MFCA が原

材料費の低減，意思決定に有用な情報の提供，ERPシステムの改善を可能とすることを明らかにした。また，日東電工の事例を用いて，マテリアルロスの低減といったMFCAの効果を強調し，環境管理会計手法として有効であるMFCAを韓国企業にも導入することを提言した。

以上により，韓国におけるMFCAは，韓国産業通商資源部が2001年から2004年に実施した環境管理会計プロジェクトの『国内環境管理会計の方法開発および産業界への適用事業』を通じて初めて紹介され，ヂョン他（2004）により本格的に研究が行われ始めた。その当時，日本は2002年に経済産業省が公刊した『環境管理会計手法ワークブック』でMFCAが環境管理会計の有用な手法として解説され，公刊した後も，MFCAの普及活動を積極的に推進していたが，この導入時期に韓国では，MFCAの基本概念が中心に説明され，MFCAの普及活動についてはあまり関心を持ってこなかった。

韓国産業通商資源部も環境管理会計手法としてMFCAの有用性を認識したため，経済産業省の主導で環境管理会計手法の開発およびMFCAのプロジェクトが行われてきた日本をベンチマークとしながら，韓国産業通商資源部はMFCA導入プロジェクトの基盤を構築し始め，韓国企業におけるMFCAの効果を試すために，2005年からMFCA導入プロジェクトを開始した。また，この時期にMFCAに関する理論的探究および日本の先進事例が紹介された『マテリアルフローコスト会計―環境管理会計の革新的手法』（中嶌・國部，2002）が韓国語で翻訳され，韓国ではMFCAという新しい研究対象に関心を持つようになった。

3. 第1期MFCA導入プロジェクト―2005年～2007年

MFCAを導入した日本企業の事例からその効果を確認して，産業通商資源部は2005年から2007年に『MFCAを通じた廃棄物低減および原価節減システムの構築事業』を通じて韓国企業にMFCAを導入することになった。その当時，企業の環境経営と原価低減を実践的に達成できるシステムの構築が求めら

れ，特に，廃棄物低減を通じた環境経営が韓国政府の重要な政策の1つであった。また，環境規制が強化され，新しい管理手法が求められていた（産業資源部，2007）。

　このような状況から，産業通商資源部は2005年から2007年の2年間，サムスンSDI，ハイニックス，LGエレクトロニクス，LG化学，LG産電，柳韓キンバリー，三和電機，シムテク，パボナインの大企業9社にMFCAを適用した。その結果，企業の環境費用を効率的に管理し，廃棄物の低減を目的とするMFCAが，企業の原価管理および環境経営に有用であることを確認した（産業資源部，2007；張，2009）。

　第1期MFCA導入プロジェクトの結果，ほとんどの参加企業はマテリアルロスの経済的価値が思った以上に高いことを認識した。企業によってマテリアルロス率がそれぞれ異なったが，総製造原価の2.8％〜58.8％のマテリアルロスが発生していた（産業資源部，2007）。このように，MFCAはマテリアルロスを経済的価値で示すことで，製造工程における新たな改善策の模索を可能とするため，第1期MFCA導入プロジェクトの結果はMFCAが韓国企業の原価管理および環境経営に有効であることを示唆した。

　図表16-1は，第1期MFCA導入プロジェクトに参加した企業のマテリアルロス率を表したものである。総製造原価の中でマテリアルロスが占める比率は企業によって異なるが，MFCA導入の結果を活用してマテリアルロスの管理が可能であれば，マテリアルロスの低減による経済的効果が得られると考えられる。それに加えて，MFCAは製造工程で発生するマテリアルロス，つまり，不良品，廃棄物，廃水，エネルギーロスなどを総合的に管理できるため，特にゼロ・エミッションを追求する企業においては非常に有効な管理手法となる（産業資源部，2007）。

　図表16-2は，MFCA導入後の成果に対する参加企業9社への質問票調査の結果である。すべての参加企業が認識した共通の成果としては，マテリアルフロー分析の経験を通じてマテリアルフロー情報の把握が可能になったこと，マテリアルロスの重要性を新たに認識したこと，マテリアルロスの多く発生する工程を確認したことが示された。一部の参加企業は，MFCAが単なる原価計算

図表 16-1 参加企業 9 社のマテリアルロス率

企 業 名	マテリアルロス率（％）
サムスン SDI	3.2
ハイニックス	58.8
LG エレクトロニクス	26.9
LG 化学	6.1
LG 産電	18.9
柳韓キンバリー	2.8
三和電機	6.8
シムテク	5.6
パボナイン	14.6

注）ハイニックスのケースで，マテリアルロス率が高いのは，半導体製造の特性に由来している。半導体製造の最終工程では，投入原材料のほとんどが廃棄物となる。
（出所）産業資源部（2007，385 頁）。

図表 16-2 MFCA 導入後の成果に対する質問票調査

成　　　果	回答企業数（％）
マテリアルフロー分析と経験を通じた学習	9（100％）
原価管理と環境管理の関係を認識	4（45％）
原価配賦基準の重要性を認識	5（55％）
マテリアルロスの重要性を認識	9（100％）
MFCA と他環境管理会計の統合可能性	1（11％）
イノベーションツールとしての可能性	5（55％）
マテリアルロスが多く発生する工程の確認	9（100％）
マテリアルロス低減のための改善工程の確認	4（45％）
改善措置の実行および成果の確認	1（11％）
MFCA 導入による企業イメージの促進	4（45％）

（出所）産業資源部（2007，391 頁）。

や廃棄物管理手法を超えてイノベーションツールとして有用であること，マテリアルロス低減のために改善工程が把握できたことなども成果として認識した。さらに，一部企業ではMFCA導入による企業イメージの促進やMFCAと他の環境管理会計の統合可能性などの成果も認識した。

　一方，産業通産資源部の主導で行われたMFCA導入プロジェクトに加えて，2005年から2007年まで，会計学者を中心にMFCAに関する研究が行われてきた。たとえば，キム（2006）は企業の環境経営に関して，原価低減および環境負荷低減に有用な意思決定情報を提供することができるMFCAを紹介し，韓国企業におけるMFCAの導入事例を通じて，その有用性と活用方法を探究した。キム（2006）は，2005年1月から6月までの6ヵ月間，自動車の部品を生産している株式会社大韓イヨンにMFCAを適用して，製造工程の中でも廃棄物が多量に発生している製造工程では53％のマテリアルロスが発生していることを確認した。

　MFCAの意義と有用性を説明し，MFCAを導入した日本企業と韓国企業の事例を比較した後，韓国企業へのMFCA導入可能性を言及した研究もある。ヂョン（2006）は，韓国の大企業であるS社[3]のブラウン管製造工程の事例を通じて，その製造工程から負の製品に消費された原価が約3％程度で，その3％原価の約34％が「A-3」工程で発生していることを確認した。この結果から，製造工程の中で最も改善が必要な工程は「A-3」工程で，その損失額は1年基準で約1億3千万ウォン（約1,300万円）であると分析した。そこで，MFCAの導入は，マテリアルロスが多量に発生している工程を発見することができ，その改善の必要性に関する情報を提供するため，韓国企業へのMFCA導入を主張した。

　日本の日東電工の事例を提示し，韓国でのMFCA活用方法について議論したヂャン（2007）は，日東電工の事例を分析して，設備投資の意思決定におけるMFCA情報の活用可能性，MFCAを通じた現場改善の可能性，MFCAとLCAの結合可能性，MFCAのサプライチェーンへの拡張可能性など，MFCA

　3　S社は，カラーブラウン管，PDP，LCD，OLED，太陽電池，燃料電池，電気自動車等輸送用バッテリーなどを製造販売する韓国の大手電気メーカーである。

の活用方法を提示した。そこで，エコエフィシェンシーを高めるために，MFCAの導入事例が多い日本とドイツ企業との共同研究や協力研究を行いながら，韓国においてもMFCA導入を検討すべきであると議論した。

2005年から2007年までに『MFCAを通じた廃棄物低減および原価節減システムの構築事業』を通じて韓国の大企業9社にMFCAを導入した結果，総製造原価の2.8%～58.8%のマテリアルロスが存在していることを明らかにした。また，この時期では，主に日本企業の先進事例を提示しながら，韓国企業へのMFCA導入を提言する研究が多く行われたことを確認した。MFCA導入においては環境部署や原価部署だけではなく全社的に協力することが重要であることや，中小企業への拡張や多様な業種への適用など，今後，韓国企業がMFCAを導入するうえで，進むべき方向が示唆された。

4. 第2期MFCA導入プロジェクト—2008年～2010年

日本政府が2007年にMFCAの国際標準化活動を進める中で，韓国政府も廃棄物低減を通じて原価低減と資源生産性を向上できるMFCAを韓国の中小企業に適用して，ISOの国際標準化に効率的に対応できるように，産業通商資源部（当時，知識経済部）は2008年から2010年にかけて『MFCAの拡張と国際標準化への対応のためのシステム構築に関する技術開発』を実施した（知識経済部，2010）。具体的な研究内容は，MFCAの第1期MFCA導入プロジェクトに対する検討および分析を通じた改善方法に基づいて，第2期MFCA導入プロジェクトでは，MFCAを新しい中小企業14社に拡張して適用した。

韓国におけるMFCAの第2期MFCA導入プロジェクトの目的は，MFCAが韓国企業にも導入できるように基盤をつくることであった。この目的を達成するために，産業通商資源部はプロジェクトを通じた中小企業へのMFCAを拡張し，また，業種別ガイドラインの作成，ソフトウェアの開発，教育プログラムの企画および実行を行った（知識経済部，2010）。そこで，産業通商資源部が，2008年から2010年の2年間，ハンダン情報通信，エスアイテク，ヨンシ

第16章 韓国における MFCA の展開　277

ンエムテク，ディーエスティー，ソウ実業，平和産業，パブコ，SL ライテク，シンハン精密，ユラコーポレーション，ジェスン，テスン産電，ケイピー，コウェイの中小企業を中心に 14 社に MFCA を適用した。この中，ハンダン情報通信，エスアイテク，ヨンシンエムテク，ディーエスティーの 4 社はサプライチェーンの関係であったため，第 2 期 MFCA 導入プロジェクトでは，MFCA のサプライチェーンへの拡張適用の可能性も示された。以下では，韓国における第 2 期 MFCA 導入プロジェクトと，この時期に韓国で行われた MFCA 研究を説明する。

図表 16-3 は，第 2 期 MFCA 導入プロジェクトにおけるマテリアルロス率を表したものである。分析対象の製品・工程におけるマテリアルロスは参加企業

図表 16-3　参加企業 14 社のマテリアルロス率

企業名	マテリアルロス率（%）
ハンダン情報通信	＊
エスアイテク	2.35%
ヨンシンエムテク	Top カバー：6.35% Bottom カバー：5.60%
ディーエスティー	0.58%
ソウ実業	0.15%
平和産業	10.5%
パブコ	11.7%
SL ライテク	7.79%
シンハン精密	8.15%
ユラコーポレーション	2.31%
ジェスン	0.50%
テスン産電	6.56%
ケイピー	2.10%
コウェイ	0.00%

＊ハンダン情報通信はエスアイテク，ヨンシンエムテク，ディーエスティーの親会社であったため，ロス率を算定しない。
（出所）　知識経済部（2010）357 頁。

によって差があったが，総製造原価の0％～11.7％のマテリアルロスが確認された。この結果は，2005年から2007年に行った第1期MFCA導入プロジェクトの結果に比してより低いマテリアルロス率であるが，第2期MFCA導入プロジェクトの対象企業であった中小企業においても，MFCA導入はマテリアルロスが発生する工程の改善および廃棄物低減に役立つことを示唆している。

特に，第2期MFCA導入プロジェクトにおいては，今まで参加企業が取り組んできた品質管理や6シグマ（6 SIGMA）などの管理手法で得られなかった情報が，MFCA導入によって得られたため，MFCAの導入は大企業だけではなく，中小企業においても有用な管理手法であることが明らかになった。第1期MFCA導入プロジェクトから学習した改善方法を考慮しながら中小企業に拡張して適用した結果，MFCAが韓国企業にも導入できるように基盤が構築され，ISOの国際標準化にも効率的に対応できるようになった。

また，本プロジェクトの結果の中で注目したいのは，ハンダン情報通信がエスアイテク，ヨンシンエムテク，ディーエスティーの親会社で，MFCAをサプライチェーン上の管理目的として用いられることが示された点である。この事例を通じて，サプライチェーンへのMFCA導入は，親企業と協力企業との関係で改善活動を可能とし，ひいては利益とリスクを共有するシステムとして活用できることが示された。韓国企業においても，MFCAをサプライチェーンに拡張することによって，企業間のマテリアルフローを把握することができ，取引企業が共同で改善活動および意思決定を行うことも可能であることが認識された。

一方，2008年から2010年まで，政府主導のプロジェクトに加えて，研究者によるMFCAの研究も多角的な観点から行われてきた。たとえば，キム他（2008a）は，韓国の半導体企業であるH社[4]にMFCAを導入し，その効果を通じて，MFCA導入における基準となる指針を提供した。半導体の組立工程は生産工程の中で廃棄物が最も多く発生する工程であるため，H社はMFCA導入

---

[4] H社は，DRAM，NAND型フラッシュメモリなどの複数の半導体を製造している半導体メーカーで，1999年にLG半導体を吸収合併し，2001年に社名を変更してから成長してきた。

の対象工程を組立工程とした。組立工程にMFCAを導入した結果，半導体の組立工程への投入したほとんどの原材料は，製品加工時に必要な補助材料として使用されたため，56.56％のマテリアルロスが確認された。同時にシステム原価の65％がマテリアルロスであることも確認された。この結果は，システム原価のマテリアルロスを正確に計算することも原価管理および原価改善に影響を与え，さらに環境負荷の低減を可能とすることを新たに示唆した。

第1期MFCA導入プロジェクトの対象企業であるパボナイン社の事例を用いて，MFCAの実務への拡張可能性を議論したヂョン（2008）は，自動車部品，半導体，航空機などの多様な部品を生産するパボナイン社にMFCAを導入した。対象企業では塗装工程におけるマテリアルロスがシステム原価で最も多く発生していると認識していたが，MFCAを導入してから，その工程ではマテリアルロスがシステム原価よりも洗浄液や中和剤などのマテリアル原価で多く発生していることを新たに発見した。

キム他（2008b）は，MFCAの国際標準化に対応するための方案を提示し，その対応策として，MFCA導入の専門推進委員会の運営，教育プログラムの推進，持続的なMFCA適用事業の推進について議論した。ISO/TC207の国際標準化が進んでいるにつれて，MFCAを導入した韓国企業の事例が少ないことに問題意識を持ち，国際標準化に対応するために，先進事例が多い日本とドイツにおけるMFCAの動向を調査した。そこで，韓国企業もMFCAを積極的に導入して，MFCA国際標準化に韓国企業の特性を反映することを提案した。

廃棄物管理および原価管理の手法であるMFCAを理論的な観点から再評価して，今後の環境管理会計の研究においてMFCAの活性化を提案した研究もある。ユク（2009）は，TQM，TPM，MFCAの情報を比較して，伝統的な管理会計手法とMFCAとの差異を理論的な側面から分析した。この研究では，伝統的な生産管理と管理会計情報の限界について指摘しながら，MFCAの理論的な検討を行った。そこで，MFCAは短期的な生産効率の向上を目指すのではなく，長期的に環境保全と生産効率の均衡を志向し，マテリアルロスを低減することを目指しているため，MFCA導入は原価改善に対する強いモチベーションになると主張した。そこで，今後のMFCAの研究は，環境工学，会計学な

どの学際的な研究を行いながら，MFCA研究の活性化を図ることを提案した。

最後に，アン・ウォン（2010）は，シミュレーションを通じてMFCAの導入が企業の環境経営に及ぼす影響を分析した。そのため，仮想の企業を選定し，MFCA導入の前後を比較した結果，MFCAを導入する場合，企業は廃棄物を低減することができ，汚染や温室効果ガスに対する企業の負担も軽減されることを確認した。さらに，原材料とエネルギーを効率的に用いることによって，企業の総収益が増加することをシミュレーションで証明した。アン・ウォン（2010）は，仮想シミュレーションと会計システムとの連携が可能であれば，物量と金額で原材料とエネルギーロスが把握できるため，生産工程への環境問題の考慮が可能となることを明らかにした。正確な廃棄物の管理ができるMFCAは，全社的なレベルでの環境負荷を把握するだけではなく，国家のレベルでの廃棄物の管理にも役立つ手法として活用できると主張した。

第1期MFCA導入プロジェクトと同様に，中小企業を中心に実施された第2期MFCA導入プロジェクトにおいても，ほとんどの企業でマテリアルロスが発見された。MFCAを導入することによって，今まで参加企業が行ってきた管理手法から得られなかった情報や改善策を新たに確認できたため，MFCAは大企業だけではなく中小企業にも適用可能であることが示された。特に，本プロジェクトでは，サプライチェーン上にMFCAを導入し，親企業と協力企業が共同で原価管理および原価改善が可能であることを示唆した。ISO/TC207の国際標準化が進んでいたこの時期には，政府主導のプロジェクトおよびMFCAに関する研究が様々な観点から行われ，MFCAが韓国企業にも導入できるように基盤が構築され，新たなISO国際標準化の発行にも効率的に対応できるようになった。

5. 韓国におけるMFCA導入プロジェクト以降―2011年～2012年

韓国政府は2001年から産業通商資源部の主導でMFCAの適用事業を行ってきたが，第2期導入プロジェクトが終わった2010年の以降，MFCAに関する

プロジェクトはあまり行われていない状況である。しかし，少ないながら2010年の以後にもMFCA研究は行われてきた。たとえば，シン（2011）は，韓国を代表する自動車メーカーである現代・起亜自動車にMFCAを導入した事例を提示し，その効果を分析して，実際に企業における経営戦略としてMFCAが活用可能であるかを議論した。現代・起亜自動車では，まず廃水処理過程にMFCAを導入し，その廃水処理場でのマテリアルロス率が4.9%であることを確認した。また，アサン工場とソハリ工場の塗装工程にMFCAを導入した結果，各々のマテリアルロス率が11.4%，10.5%であることを確認した。現代・起亜自動車の事例では，MFCAの導入が製造工程における改善策を見つけることを可能とし，そのMFCAが企業において経営戦略として活用できることを示唆した。

　また，日本のキヤノンの事例を通じて，サプライチェーンにおけるMFCAの導入可能性について探究し，サプライチェーン上の導入時の課題を考察した研究もある。ユク（2011）は，キヤノンの事例を用いて，サプライチェーン上の情報共有，リーダーシップ，信頼関係の構築などが，サプライチェーンへのMFCA導入の成功要因であることを示した。MFCAをサプライチェーンに拡張することによって，企業間のマテリアルフローを把握することができ，取引企業が共同で改善活動と意思決定も可能となるため，ユク（2011）は韓国企業においてもサプライチェーンへのMFCA導入が必要であると主張した。

　さらに，キム他（2012）は，サプライチェーンへのMFCAを導入した韓国における最初の事例であるH社の事例を紹介して，MFCAを通じたサプライチェーン管理と改善について考察した。H社を親企業とし，サプライチェーン上にある協力企業（S社，Y社，D社）へMFCAを導入した。[5] 製品生産の流れは，S社とY社がそれぞれの部品を製造して，その部品をD社が組み立てて，H社がそれを販売している。H社は生産施設を保有していないが，製造に必要な原材料を購入し営業まで担当しているため，H社における原材料の管理は重

---

[5] キム他（2012）における研究対象の企業4社は，親会社と子会社の関係ではなく，各々の部品を製造，組立，販売を担当している協力関係の企業である。しかし，表現上の便宜のために，親企業と協力企業で表記している。

図表 16-4　サプライチェーン上の MFCA の適用

企業	MFCA の導入前 (不良率)	MFCA の導入後 (ロス率)
S 社	1.3%	2.35%
Y 社	0.5%	6%
D 社	0.3%	0.58%
H 社	わからない	1.58%

(出所)　キム他 (2012) 431 頁。

要な課題となっている。H 社と協力企業では生産量の最も多い製品の製造工程に MFCA を導入した。その結果をまとめたのが図表 16-4 である。

　以上より，第 2 期 MFCA 導入プロジェクトが終わった 2010 年の以降，韓国政府の主導での MFCA 導入プロジェクトはあまり行われてこなかった。しかし，少ないながらこの時期にも MFCA の有用性を認識した研究者を中心にMFCA に関する研究が行われた。そこで，MFCA は企業において経営戦略として活用できることが示され，さらに，サプライチェーンへ拡張導入の可能性も確認された。すなわち，サプライチェーンへの MFCA 導入は，マテリアルロスの可視化を通じて親企業と協力企業との協力による水平的な関係での改善活動を可能とし，ひいては利益とリスクを共有するシステムとして活用できるのである。そのため，韓国企業においても，サプライチェーンでのマテリアル管理と原価低減のための有用な手法として MFCA を活用する必要があると考えられる。

6.　おわりに

　日本やドイツなどの事例により，MFCA は廃棄物を低減し，資源効率性の向上に貢献できる手法として認識され，韓国では MFCA を環境と経済活動を統合するためのツールとして理解し強い関心を持つようになった。韓国産業通商

資源部は，『国内環境管理会計の方法開発および産業界への適用事業』を行い，環境管理会計手法の1つとして MFCA を紹介した。それ以来，産業通商資源部は，『MFCA を通じた廃棄物低減および原価節減システムの構築事業』を通じて大企業への MFCA 導入を試し，さらに『MFCA の拡張と国際標準化への対応のためのシステム構築に関する技術開発』を通じては，中小企業を中心に MFCA を導入した。韓国においても MFCA に関する多様な研究と実践的なアプローチが行われてきたが，第2期 MFCA 導入プロジェクトが終わった2010年以後は，MFCA に関するプロジェクトおよび研究はあまり行われていない現状である。

　今日，多様なステークホルダーの環境に対する関心が高まるにつれて，企業においても環境経営が企業戦略として重要な意味を持つようになった。そこで，本章では廃棄物管理および原価低減に貢献できる MFCA が，環境管理会計手法として利用できることを様々な事例から確認した。2010年以降，韓国では MFCA に関する研究があまり行われていないが，原材料価格が上昇している企業環境では，特に韓国製造業は，原価の中で材料費が占める比率が約70％であるため，韓国企業への MFCA 導入は資源効率性の向上のために何より重要である。そのため，経営者および製造現場の管理者は，原価だけではなく環境経営にも貢献できる MFCA 導入を検討する必要がある。

　最後に，環境問題が重要な社会問題となっている今日，環境問題が社会科学だけではなく，自然科学などの様々な分野の多様なアプローチを用いて研究がなされている。環境問題には様々な要因が含まれているからである。環境問題の解決のためには多角的な観点から考察する必要があり，この意味では，今後，韓国における MFCA の研究は社会科学だけではなく，自然科学などの様々な観点から学際的に行われることも必要である。さらに，実務においても設備投資の意思決定における MFCA 情報の活用可能性，MFCA を通じた現場改善の可能性，MFCA と LCA の結合可能性，MFCA のサプライチェーンへの拡張可能性など，MFCA の活用方法を考慮しながら経済的価値だけではなく環境的価値も高める環境管理手法として MFCA の導入を積極的に検討すべきである。

〈付記〉

　本章は，金宰弘・國部克彦「韓国におけるマテリアルフローコスト会計の展開」『環境管理』（第49巻第8号，2013年，71-77頁）に加筆修正したものである。また，環境省環境研究総合推進費（E-1106）の研究成果の一部である。

[参考文献]

中嶌道靖・國部克彦（2002）『マテリアルフローコスト会計―環境会計の革新的手法』日本経済新聞社．

張志仁（2009）「韓国におけるマテリアルフローコスト会計の実践―現状と今後の展開」『環境管理』第45巻第5号，66-74頁．

アンヨンチョル・ウォンヒヨン（2010）「温室ガス低減のためのMFCAソフトウェアの効果に関する研究（온실가스저감을 위한 MFCA 소프트웨어의 효과에 관한 연구）」『e-ビジネス研究』第11巻第3号，411-429頁．

キムヂョンナム（2006）「MFCAの概念と適用：製造工程の廃棄物低減の事例を中心に（MFCA의 개념과 적용：제조공정의 폐기물 저감 사례를 중심으로）」『Korean Journal of LCA』第7巻第1号，7-18頁．

キムジョンデ・ヂョムンギ・キムヨンボク・ユクグンヒョ・イムホソン（2008a）「MFCAの導入と適用―H社におけるMFCAの構築事例（MFCA의 도입과 적용：H사의 MFCA 구축 사례）」『環境経営研究』第5巻第2号，1-32頁．

キムジョンデ・ヂョムンギ・キムヨンボク（2008b）「MFCAの拡張のための標準化方案（MFCA의 확산을 위한 표준화 방안）」『第10回韓国環境経営学会夏季学術大会』1-11頁．

キムジョンデ・ヂョムンギ・アンヒョンテ・キムヨンボク（2012）「サプライチェーンにおけるMFCAの拡張適用の事例（공급사슬 상의 MFCA 기법의 확대 적용 사례）」『会計ジャーナル』第21巻第2号，403-438頁．

産業資源部（2002）『国内環境管理会計の方法開発および産業界への適用事業（국내 환경관리회계 방법론 개발 및 산업계 적용 확산 사업）』産業資源部．

産業資源部（2007）『MFCAを通じた廃棄物低減および原価節減システムの構築事業（MFCA를 통한 폐기물 감축 및 원가절감 시스템 구축 사업）』産業資源部．

シンガンス（2011）「MFCA導入の必要性の調査：自動車製造業を中心に（MFCA 도입 필요성조사：자동차제조업을 중심으로）」『環境経営研究』第9巻第1号，67-101頁．

知識経済部（2010）『MFCAの拡張と国際標準化への対応のためのシステム構築に関する技術開発（MFCA의 확산과 국제표준화대응을 위한 시스템 구축에 관한 기술개발）』知識経済部．

ヂョンムンジョン・ユクグンヒョ（2012）「金融危機以降の原価管理実務の変化および適切性：韓国と日本の比較（금융위기이후 원가관리 실무의 변화와 적절성：한・일 간의 비교）」『管理会計研究』第12巻第1号，109-128頁．

ヂャンジイン（2007）「エコ効率性を高めるためのMFCAの活用方案（에코효율성 제고를 위한 MFCA 기법의 활용방안）」『国際会計研究』第19巻，39-58頁．

ヂョンジェヨン・シンスンミョ・ヨンビョンモ（2004）「MFCAの概念と成果（MFCA

の 개념과 성과)」『環境経営研究』第 2 巻第 1 号, 39-59 頁。
ヂョンギルチェ (2006)「MFCA の実務導入への可能性に関する探索的研究―韓国と日本におけるプロジェクト参加企業の事例を中心に (MFCA 실무도입 가능성에 대한 탐색적 연구 : 한・일 시범 도입 기업사례 중심으로)」『韓日経商論集』第 35 巻, 57-79 頁。
ヂョンギルチェ (2008)「MFCA 適用事例と拡張適用のための提言 (MFCA 적용사례와 확대 적용을 위한 제언)」『環境政策』第 16 巻第 1 号, 115-134 頁。
ユクグンヒョ (2009)「MFCA の理論的分析および研究課題 (MFCA 의 이론적 분석과 연구과제)」『商業教育研究』第 23 巻第 1 号, 73-94 頁。
ユクグンヒョ (2011)「グリーンサプライチェーンにおける MFCA の有用性―日本製造業の事例研究 (녹색공급사슬에 있어서 MFCA 의 유용성 : 일본제조기업의 사례연구)」『日本近代学研究』第 33 巻, 523-548 頁。

(金 宰弘・國部 克彦)

第17章

ベトナムにおけるMFCAの展開

1. はじめに

　1986年に導入された「ドイモイ」政策はベトナムの政治・経済に関わる基本的な概念や戦略を大きく転換させることになった。従来の官僚主義や分配経済を捨てて，市場経済の導入，産業経済の変更，そして従来の社会主義路線の見直しを行った結果，ベトナム経済は大きく発展した。経済発展とともに，大気や水質などの環境汚染，エネルギー不足という問題が，ベトナムでも先進国と同様に深刻化してきた。経済発展だけでなく環境保全の必要性についてもベトナム政府は認識しており，1993年には環境保護法，2010年には環境保護税法などの法律が制定されている。そのような中，ベトナムでも，「環境」と「経済」の両立は大きな課題になっており，中小企業が多くを占めるベトナム企業にとっては死活問題である。

　しかし，財務的な体力の弱い中小企業に環境対応を求めることは簡単ではない。したがって，環境保全が経済効果をもたらすような活動から対応を進めることが有効である。環境管理会計はそのための手法として，世界的に広く普及している（國部，2008）。東南アジアでも，2003〜2008年には，ドイツの協力のもとで，「東南アジアにおける中小企業のための環境管理会計」プロジェクトがインドネシア，フィリピン，タイ，ベトナムを対象に実施され，ベトナムでも5社の企業に環境管理会計の導入が試みられた（Herzig et al., 2012）。

　その後2010年代に入り，ベトナムでは国家プロジェクトとして生産性の向

上を目指すようになる。その過程でMFCAに注目し，中小企業の生産性向上とMFCAの連携を追求するプロジェクトも開始され，ベトナム企業へのMFCAの導入が進んでいる。本章では，ベトナムにおけるMFCAの促進プロジェクトの事例の内容を詳しく検討して，MFCAの現状と今後の普及の可能性について考察する。

2. MFCAプロジェクトの展開

(1) ベトナム政府の取り組み

　ベトナムは，2007年にはWTO（世界貿易機関）に，2010年にはTPP（環太平洋戦略的経済連携協定）に参加するなど，経済面での国際化を加速的に拡大している。その結果，これまでは関税や輸入規制措置により守られてきたベトナム市場が開放されたため，ASEAN諸国をはじめとする外国から原材料や製品が自由に入ってくるようになった（グェン，2016）。

　こうした状況において，2010年には，ベトナム国内の産業育成と企業の競争力向上を目的として，科学技術省主導で「2020年に向けたベトナム企業の生産性および品質向上」という国家プロジェクトが展開された[1]。さらに，2012年には，そのプロジェクトをさらに推進するための第2のプロジェクト「生産性および品質向上の推進」も開始された[2]。

　これらのプロジェクトを推進していくにあたり，科学技術省標準・計量・品質局の直轄機関であるベトナム生産性本部とベトナム中小企業開発支援センター（以下，中小企業開発支援センター）が大きな役割を果たしている。ベトナム生産性本部はハノイを中心とする北部地域を，中小企業開発支援センターはホーチミンを中心とする南部地域を主に管轄しており，それぞれの地域企業に対して，ISO9001やISO14001などのISO規格や，TQM，リーン生産方式とい

---

[1] 2010年5月21日付政府首相決定第712/QD-TTg号。
[2] 2012年2月22日付政府首相決定第225/QD-TTg号。

った経営管理手法の導入支援を行っている。

　MFCAに関しては，ベトナム生産性本部がアジア生産性機構（APO）のベトナムにおける窓口であることから，アジア生産性機構が主催するワークショップなどを通して，2011年に初めてベトナム企業に紹介された。ベトナムで「生産性および品質向上の推進」プロジェクトが開始された2012年には，日本の経済産業省とアジア生産性機構がMFCAのアジアでの普及を促進させるためのプロジェクトを実施したこともあって，中小企業開発支援センターが支援する形でベトナム企業3社に対して初めてMFCAが導入された。

　このMFCAに関するプロジェクトは2013年までのものであったが，2年間という短い期間でもMFCAの有効性が確認された。科学技術省はこの成果を高く評価しており，その後も中小企業開発支援センターが中心となって，MFCAに関するセミナーやワークショップの開催や各企業への導入助言を通して，ベトナム企業へのMFCAの普及を促進することとなった。

(2)　中小企業開発支援センターの取り組み

　中小企業開発支援センターは，中小企業を支援することを目的として1995年に設立された科学技術省標準・計量・品質局の直轄機関であり，ホーチミンに本部，クァンガイに支部，ハノイにサテライトオフィスがある。

　中小企業開発支援センターの主な業務は，中小企業に向けて①貿易と投資推進，②持続的開発，③生産性と品質，④技術と設備，⑤製品認定という5つの分野のサービスを提供することであるが，国内外の様々なプロジェクトを引き受けてそれらを実施することも行っている。国家プロジェクトである「2020年に向けたベトナム企業の生産性および品質向上」や「生産性および品質向上の推進」もその一環として，ホーチミンをはじめ南部各地を中心に展開している。[3]

　中小企業開発支援センターはMFCAを「生産性および品質向上の推進」プロジェクトの展開項目として取り組むため，MFCAパイロットプランを計画し，ガイドライン等を作成して，2010年からMFCAの普及促進を進めている。

3　http://www.baomoi.com/mfca-quan-ly-chi-phi-than-thien-moi-truong/c/12402983.epi

図表 17-1　中小企業開発支援センターによる MFCA 導入実績

年	社数
2010	0
2012	3
2013-2015	25
2016-2017	40

（出所）　中小企業開発支援センターの資料に基づく。

MFCA の導入実績は図表 17-1 の通りである。2012 年にはタイル製造業者である Viglacera Hạ Long 社をはじめ 3 社に MFCA を導入し，2015 年にはその数は 25 社まで伸びた（グェン，2015）。特に，そのうちの 1 社である Quang Ngai 製糖株式会社は，MFCA 導入に積極的であり，まず，自社が所有する Thach Bich 工場（ミネラルウォーター），Dung Quat 工場（ビール），Biscafun 工場（菓子）においてそれを導入（導入期間 2013 ～ 2014 年）した。そして，これらの工場で MFCA の導入効果を評価した結果，効果が見られたために，同社は中小企業開発支援センターと顧問契約を結び，さらに Pho Phong 工場（砂糖），Vinasoy 工場（豆乳），Nha 工場（麦芽糖），環境と水道センター，Hoi 工場（蒸気発生）にも MFCA を導入するようになった。

MFCA はベトナム企業の生産性と品質向上には適切な手法であるという導入企業からのフィードバックもあって，中小企業開発支援センターが導入支援する企業の数は 2016 ～ 2017 年には 40 社となる見込みである。産業別に見ても，食品加工，飲料，木材加工など多岐にわたっている。

次節では，これらの導入事例の中から，MFCA の導入効果を高く評価している Thien Phuoc 社でのケースを取り上げて，その内容を検討する。

3. MFCA の実施例

(1) プロジェクトの概要

　Thien Phuoc 社は，2001 年に設立されたプラスチックメッシュネットを製造・販売する大手企業であり，中小企業開発支援センターの指導によって MFCA を導入した 1 社である。従業員数は約 300 人で，漁網，ゴルフ網，虫よけ網，植物保護網等幅広い種類の製品を製造・販売している。その数量は年間約 3,000 トンに及ぶ。Thien Phuoc 社の製品は品質が良く，デザインが豊富，リーズナブルな価格であるために市場によって高く評価されている。製品の約 60％は国内市場，残りの約 40％は海外市場で販売されている。海外市場は主にタイ，フィリピン等のアジア諸国である。

　Thien Phuoc 社は，国家プロジェクトである「2020 年に向けたベトナム企業の生産性および品質向上」や「生産性および品質向上の推進」の取り組みの一環として，2015 年 1 月から 8 月にかけて MFCA を導入した。その結果，産業廃棄物等のマテリアルロスの削減や電力ロスの改善ができたことによりコスト削減効果を確認することができた。筆者らは 2016 年 8 月 1 日に同社を訪問調査した[4]。以下はその時のインタビューと中小企業開発支援センターの報告書に基づくものである。

(2) マテリアルフローモデル

　Thien Phuoc 社は MFCA の導入を準備段階と実施段階の 2 段階に分けて実施した。第 1 段階は，導入準備段階である。Thien Phuoc 社の経営陣は常に生産性，品質向上，ロス削減に関心を持ち，力を入れているので，本プロジェクトに非常に協力的であった。それゆえに，プロジェクトを実施するための

---

[4] ホーチミンでは，MFCA 導入企業として，同社以外に，Vifon 社（食品企業），Nhat Tuong 社（木材加工企業）を訪問し，MFCA 導入の現状について調査した。

MFCAチームには,各関係部署の代表だけでなく,経営陣の代表もメンバーに加わっていた。そして,中小企業開発支援センターと協力してデータの収集,測定,進行状況の確認などを実施していった。また,MFCAを導入する際には,MFCAについて理解していることが重要であるので,各工場の工場長,関係各部署の責任者とMFCAの考え方,プロジェクトの意義,目標などを共有したり,彼らに測定方法等を説明するための勉強会を数回行った。図表17-2はその社内風景であり,多くの従業員が参加していることがわかる。なお,たとえプロジェクトを遂行している途中であっても,疑問な点や問題などが発生した場合には,それをチームで共有し,適宜,勉強会を開くなどして,問題に対して迅速で的確な解決策を図った。

第2段階は導入実施段階である。Thien Phuoc社では,MFCAの考え方についてメンバーが理解した後,次の6つのステップでMFCAを展開した。

　　　ステップ1：マテリアルフローモデルの作成
　　　ステップ2：工程別にマテリアルインプットとマテリアルロスを測定
　　　ステップ3：測定されたデータをもとにマテリアロスを量と費用ベースで計算,フローコストマトリックスの作成
　　　ステップ4：改善策の案出

図表17-2　Thien Phuoc社のMFCA勉強会

（出所）　Thien Phuoc社MFCA報告書より。

292 第III部 アジアにおけるMFCAの展開

ステップ5：改善策を実施
ステップ6：プロジェクトの評価

まず，ステップ1では選択した製造ラインのマテリアルフローモデルを作成した。本プロジェクトでMFCAを導入したのは第2製造ラインである。マテリアルフローモデルを作成することによってどの物量センターでどのような設備を使用し，どのような原材料を投入しているかについて見える化できた。

作成したマテリアルフローモデルを図表17-3に示す。まずペレットを機械

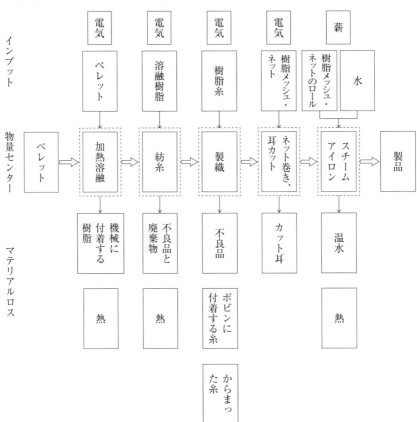

図表17-3　Thien Phuoc社の第2生産ラインのマテリアルフローモデル

（出所）　Thien Phuoc社MFCA報告書より作成。

に投入し，加熱溶融してから樹脂糸を紡糸する。樹脂糸は製品の決められたサイズになるまで何回も紡糸して，ボビンに巻く。ボビンは繊維機械に設置され，樹脂メッシュ・ネットを編んでいき，それをロールに巻いて，ロール両端の耳をカットする。なお，カットした耳は原材料として再利用できる。最後の工程として，ワーカーが耳をカットしたロールにスチームアイロンをかけて，しわをのばして製品として梱包する。

ステップ2では，物量センターを5ヵ所設定し，マテリアルインプットとマテリアルロスを1ヵ月半測定した。その際には，中小企業開発支援センターがThien Phuoc社のMFCAチームに3，4回ほど測定方法をアドバイスし，工場現場の労働者が毎日別の時間帯で測定して，平均値を取り，月単位のデータを集計した。そして，これら5ヵ所の物量センターで観測した情報を集計して，マテリアル物量データの一覧表を図表17-4のように作成した。

マテリアル物量データの一覧表を作成したことにより，生産ライン全体の不具合項目が明確になった。MFCAチームが不具合項目の原因を分析した結果，紡糸工程とスチームアイロン工程では他の工程より多くのロスが発生していることが判明したので，まずこの2つの工程の改善を優先する順位付けを行った。

MFCAのコスト範囲は，本来は，マテリアルコスト，システムコスト，廃棄物処理コスト，エネルギーコスト，減価償却費などを含めたフルフローコストである。ただし，本プロジェクトでは，ステップ3として，紡糸工程のマテリアルコストとスチームアイロン工程のエネルギーコストのみ算出した。マテリアルコストは紡糸工程で実際に使用しているマテリアルを測定し，マテリアルの単価を掛けて計算された。また，エネルギーコストはスチームアイロン工程で使用する電力量に電力（薪）の単価を掛けて計算された。それらの具体的な数値は図表17-5にある。

こうした数値をもとに，ステップ4として，マテリアルロスとエネルギーロスが多い紡糸工程とスチームアイロン工程で改善の検討を行った。詳細およびこの後のステップについては節を改めて見ていく。

図表17-4　Thien Phuoc社の第2生産ラインのマテリアル物量データ一覧表

物量センター	加熱溶融	紡糸	製織	ネット巻き 耳カット	スチームアイロン
観測情報		マテリアルロス率は規定ロス率より高い。マテリアルロスは不良品と廃棄物を含む。不良品は80％，再利用できない廃棄物は20％。	マテリアルロスの主な原因：織目が不均等40％，糸不足20％，サイズ間違い5％，機械故障35％。	糸を使いきっていない。20％残る場合もある。	熱水を再利用しない。熱水漏れ。
解釈		測定したデータによって計算されたマテリアロス率は4.5％，規定ロス率は2.3％。	生産中に機械が故障したため，織目が不均等になったことが主な原因。	原材料と廃棄物が整理整頓されていない。使いきった糸ロールも使いきっていない糸ロールもゴミにされる場合が多い。耳をカットする基準がない。	ボイラーのキャパシティーは1.5トン，1日当たり850ℓの熱水をロスしている。ボイラーが老化しているため，さびているところが多い。定期的にメンテナンスされていない。保温システムも整備されていないので熱損失が多い。
画像					

（出所）　Thien Phuoc社MFCA報告書より作成。

図表 17-5　Thien Phuoc 社のマテリアルコストとエネルギーコスト（改善前）

物量センター		紡　糸		スチームアイロン	
		1日当量	1日当コスト（ドン）	1日当量	1日当コスト（ドン）
インプット	電力	100kw	1,600,000	薪	250kg	3,500,000
	溶融樹脂	4,500kg	161,230,500	水	7,000ℓ	560,000
アウトプット	糸（半製品）	4,297kg	153,975,128			
ロス	マテリアルロス（糸不良品と廃棄物）	203kg	7,255,373	排出熱水	850ℓ	394,642

(出所)　Thien Phuoc 社 MFCA 報告書より作成。

(3)　紡糸工程改善効果

紡糸工程では，1日当たり 4,500kg の溶融樹脂を投入し，203kg のマテリアロス（不良品および廃棄物）が排出されているので，ロス率は4.5％となり，金額的には1日当たり 7,255,373 ドン程度である。

このようにロスが発生していることを認識し，原因分析を行った。この工程でのロス発生の主な原因は機械の故障や作業員のスキルの不足等であった。ステップ5として，ロスを削減するために，MFCA チームは毎月機械のメンテナンスを行ったり，作業員のスキルを向上させるために教育活動に取り組むべきだという改善策を提案した。

その結果，機械の故障が少なくなり，不良品も減っていることを確認することができた。具体的な数値では，1日当たり 25.7kg のマテリアルロスを削減し，920,621 ドンを節約することができるようになった。すなわち，改善後のロス率は3.94％にまで減少していることを確認できた。

(4)　スチームアイロン工程の効果

スチームアイロン工程では，1日当たり投入する薪料金と水料金の合計は 4,060,000 ドンである。一方 850ℓ の熱水を排出し，394,642 ドン相当をロスしている。その結果，この工程でのエネルギーロス率は9.7％と計算することが

できた。

　先ほどの紡糸工程と同様，スチームアイロン工程でもロスが発生していることが認識できたので，原因分析を行った。この工程でのロス発生の主な原因は，耐熱ポンプと温水ホッパーを利用していないため温水を再利用することができず，温水を排水せざるを得ないことが判明した。それをもとに，ロスを削減するために，MFCAチームは耐熱ポンプと温水ホッパーに投資することを提案した。

　そして，ステップ5として，耐熱ポンプと温水ホッパーを導入した結果，温水をすべて再利用できるようになった。ゆえに，1日当たり850ℓの温水，金額ベースで394,642ドンを節約できた。このように，改善後のエネルギーロス率は0％にまで減少していることを確認できた。

(5) 考　察

　MFCAは原材料とエネルギーを有効に利用させ，環境保全のみならず，経済性にもつながる会計手法である。今回，Thien Phuoc社はMFCAを導入し，ステップ6として，以下のような効果を確認することができた。

　まず，マテリアルフローモデルを作成することをきっかけに，どの物量センターでどのような設備を使用し，どのような原材料を投入しているかといった生産ライン全体の流れが見えるようになった。

　また，データを測定することによって，どの工程で投入した原材料やエネルギーをどのぐらいロスしているのかについて気づくことができた。具体的には，投入原材料でロスが一番多いのは紡糸工程であり，エネルギーロスが一番多いのはスチームアイロン工程であることが確認できた。

　そして，原因を分析し，改善策を実施した結果，紡糸工程ではマテリアルロスが4.5％から3.94％にまで減り，1日当たり920,621ドンが節約できるようになった。またスチームアイロン工程では耐熱ポンプと温水ホッパーを利用するだけで，毎日排水していた850ℓ，1日当たり394,642ドン相当を完全に節約することができるようになった。

　このようにMFCAを導入することによって，環境への負荷だけでなく，エ

ネルギーロスも完全に削減できたことを Thien Phuoc 社では確認することができた。したがって，今回，実験的に導入した MFCA が，実際に現場活動の改善につながったと言える。また，マテリアルフローモデルや計測したデータによって作成されたマテリアル物量データ一覧表から他の物量センターでもロスがあることが明らかになった。今回は，ロスが多い紡糸工程とスチームアイロン工程を優先して改善活動を行ったが，今回の導入によってある程度の効果が確認されたので，別の工程にも波及していくことが見込まれる。

4. おわりに

　本章では，MFCA のベトナムにおける展開について，現状を考察した。また，成功事例として Thien Phuoc 社のケースを取り上げた。ベトナムでの MFCA は同社の事例に限らず，マテリアルロスに対するマテリアルコストやエネルギーコストを中心とする簡易なコスト評価とその削減活動が中心である。ISO14051 で規定する MFCA はかなり詳細なものであるが，アジアの中小企業では，そのようなフルモデルではなくても，簡易的なコスト評価で十分効果が出ることがベトナムの事例から明らかにされた。本章で紹介している事例は1つであるが，これは筆者らが調査した他のベトナム企業においても共通に見られたことであった。

　MFCA は，今後，ベトナム企業に広く導入展開されていくことが期待される。その理由としては以下の点があげられる。第1は，MFCA は，環境保全をしながら経済効果も追求できる手法であるために，現在のベトナム企業，特に中小企業にとって適切な手法であるということである。一般的な会計手法だと，生産プロセスにおいてロスが出ることは理解できても，どのくらいのロスが出ているかを具体的な物量単位，金額単位で把握することができない。しかし，MFCA を導入し，マテリアルロスを計算することによって，それらを顕在化することができる。ロスが見えるようになり，その情報をもとに改善活動を行うと，ロスの削減が経済効果に繋がることが確認できる。

第2は，ベトナム政府がMFCAの効果を高く評価しており，国家プロジェクトである「2020年に向けたベトナム企業の生産性および品質向上」や「生産性および品質向上の推進」の一環として，他の生産管理手法と共にMFCAの導入を推進していることである。プロジェクトに参加する企業は，平均期間6〜8ヵ月の実施期間中に700〜1000万ドンの参加費用を支払う必要があるが，専門家による導入企業に対するコンサルタント料などの費用は国家予算から支援される。

　第3はMFCA展開の窓口となっている中小企業開発支援センター自体が，積極的にMFCAの普及活動を行っていることである。同センターのMFCA担当責任者は，筆者らとのインタビューで，導入したケースの効果を高く評価しており，これからもMFCAを広める活動を行っていきたいと語っている。たとえば，現在では，中小企業に対してMFCAを周知させるために，MFCA関連のフォーラム，カンファレンス，ワークショップ等を開催するとともに，ベトナムMFCAのロゴやパンフレットを作成している。また，MFCAのホームページを作成，ベトナム生産性本部と中小企業開発支援センターのホームページにリンクさせる等の活動にも取り組んでいる。さらに今後は，テレビ番組を通して，企業のみならず，多くの一般の人に知らせるような活動や，MFCAを導入している企業や組織を対象にMFCAコンテストを開催する予定である。

　このように，MFCAによって期待される効果はベトナム企業のニーズにマッチしているだけでなく，ベトナム政府の企業政策とも一致している。そのうえで，MFCA展開の窓口である中小企業開発支援センターもMFCA導入を積極的に支援していることから，MFCAがこれからベトナム企業に広く導入されることが期待される。

〈付記〉

　本章は，(独)環境再生保全機構の環境研究総合推進費（S-16）およびJSPS科研費（基盤研究B，16H03679）の成果の一部である。

[参考文献]

Herzig, C., Viere, T., Schaltegger, S. and Burritt., R. L. (2012) *Environmental Management Accounting: Case studies of South-East Asian Companies*, Routledge.

國部克彦編著（2008）『実践マテリアルフローコスト会計』産業環境管理協会。

國部克彦・伊坪徳宏・中嶌道靖・山田哲男編著（2015）『低炭素型サプライチェーン経営―MFCAとLCAの統合』中央経済社。

中嶌道靖・國部克彦（2008）『マテリアルフローコスト会計―環境管理会計の革新的手法（第2版）』日本経済新聞出版社。

グェン・ティ・フォン・リェン（2015）『マテリアルフローコスト会計―日本企業の事例研究とベトナムに導入する条件』ハノイ国家大学。（ベトナム語）

グェン・ティ・ハイン（2016）「TPPに参加する際にベトナムの企業への環境管理会計の導入」『監査科学研究雑誌』第6巻第8号，22-27頁。（ベトナム語）

（グェン・ティ・ビック・フエ，國部 克彦，西谷 公孝）

第18章

台湾，タイ，マレーシア，インドにおけるMFCAの展開

1. はじめに

　MFCAは2011年にISO14051が発行されてから，国際的な普及過程にある。なかでも，アジア諸国は世界的に見て，MFCAの普及が急速に進んでいる。MFCAは，環境管理会計の一手法であり，環境管理会計はコスト削減という具体的な経済効果をもたらす点で，中小企業にとっても導入しやすい手法として政府機関が奨励してきた歴史的経緯がある。MFCAも同様で，大企業のみならず中小企業への有効性が強調されており，世界レベルで見れば，先進国のみならず発展途上国でも有効に機能することが期待されている。特に，アジア生産性機構（APO）は，MFCAのこのような特徴に注目し，アジア地域でのMFCAの普及を熱心に推進している。

　アジア諸国でのMFCAの展開は多様であり，その推進体制も，政府が促進するものから，自主的な取り組みまでいろいろなタイプに分かれる。国内機関だけで導入支援する場合もあれば，日本の専門家を海外に派遣してMFCAの技術導入を指導するようなプロジェクトもある。導入されるMFCAのレベルも，経済発展のレベルや企業の状況に応じてまちまちである。しかし，そこには共通の特徴も見られる。それは，環境保全のみならず，MFCAを通じて生産性の向上を目指すという，経済効果の追求である。

　本章では，台湾，タイ，マレーシア，インドのアジア各国におけるMFCAの代表的な導入事例を紹介して，その特徴を検討することにしたい。

2. 台湾におけるMFCAの普及と特徴

(1) 背　景

　台湾は，経済のレベルも環境保全のレベルも他のアジア諸国に比べて進んでいる。台湾のISO14001の認証取得状況を見ると，2003年時点でアジア地域では日本，中国，韓国に次いで第4位で，世界でも第11位にある[1]。台湾は，環境会計の導入にも熱心で，20世紀初から政府部門による推進や事業組織での展開などの活動を通して[2]，2015年までにおよそ100以上の企業が環境会計を導入している[3]。

　さらに，近年は環境保全コスト中心の環境会計に加えて，資源投入と環境負荷の指標を入れ，全体的なマテリアルフロー管理分析が重要視されるようになった（沈，2014）[4]。台湾におけるMFCA事業の経緯を見ると，2012年，日本の経済産業省とAPOはMFCAのアジア普及を促進するために，台湾企業の約10社を受け入れ，製造業の改善活動と環境負荷の低減を両立できるMFCAの習得を支援したことが始まりのようである[5]。これと相まって，台湾では2015年までに，台湾では群創光電（南海工場，竹南本社，南科工場，中国大陸一部工場），台湾國際彩光（台南工場6号製造ライン），中聯資源，友達光電，璨揚企業がそれぞれISO14051認証を取得した[6]。

1　http//:www.ecology.or.jp/isoworld/english/analy14k.htm（最終検索：2016年1月8日）
2　政府部門推進においては，日本の『環境会計ガイドライン』をベースに，2002年からは，経済部工業局，中小企業所，商業司，能源局，経済部国営事業考成，全国能源會議，教育部などの政府機関も続々と環境会計制度の導入と展開に力を注ぎ，台湾の企業環境会計制度の構築を行い，2014年に「環境会計作業ガイドブック（初版）」を発行した。
3　それぞれの企業に関しては，台湾環境管理會計協會から参照されたい。(http://www.bcsd.org.tw/domain_node/domainresource/166/202, 最終検索：2017年6月6日)
4　沈（2014）の論文では，台湾における環境会計とマテリアルフロー管理という新環境会計制度との統合に関して，台湾のA電力会社における環境会計の実務応用というケース研究を紹介している。
5　「日本発環境改善会計MFCA アジア企業の導入支援」『日刊工業新聞（朝刊）』2012年11月20日，15面。

台湾経済部工業局は，2015年から企業に投入コスト削減や利益増加の同時に，環境負荷の削減および環境保全活動を協力し，企業が国内企業改善と競争力向上の管理モデルに発展することを目的として，以下のようにMFCAを推進した（台湾経済部工業局，2015）。まず，2015年に工業局の主導のもとで，友達光電と璨揚企業がモデル企業となり，企業における改善活動と環境負荷を両立できるMFCAの習得を社員に支援し，ISO14051規格の認証取得に協力した。また50社の企業を募集し企業への視察やMFCAによる製造プロセスの診断を行った。次に，2016年以降も，MFCAの普及促進プロジェクトを継続している。

(2) 台湾企業におけるMFCA導入事例
① 群創光電のケース[7]

群創光電（以下，イノラックス社[8]）は2003年に創業し，台湾のフォックスコン・グループの液晶パネル製造会社で，資本金が995億台湾ドル，従業員数が6.8万いる世界四大液晶パネル製造会社[9]の1つである。2013年から台湾に液晶パネルの生産工場14ヵ所を所有し，深圳，寧波，南京，南海，上海等にも生産拠点を持っている。そのうち，佛山生産工場（薄膜トランジスタ（TFT）から液晶ディスプレー（LCD）），液晶テレビまで一貫した生産工場は，2012年からMFCAの事業適用対象となった。佛山生産工場は，まずMFCAの導入を通して，生産工程における負の製品の経済価値とロス発生原因を分析した。次に，3R（Reuse, Reduce, Recycle）を結合し，11項目のロス削減施策を行い，計

---

[6] なお，台湾では独自のISO14051の認証をコンサルティング会社が行っている。詳細については各社のCSR報告書を参照されたい。

[7] 本ケースは群創光電の2013～2014年のCSR報告書やTrappey et al.（2013），詹（2014），陳（2014）などに基づいて作成したものである。

[8] 群創光電（中国社名：群創光電股份有限公司，英文社名：Innolux Corporation）は2003年に創業し，台湾のフォックスコングループの液晶パネル製造会社である。2010年に液晶パネルの奇美電子（CMO）と低温ポリシリコン（LTPS）液晶パネルメーカーの統宝光電（トポリー）を買収して世界三大液晶パネル製造会社の1つとなった。

[9] 世界の液晶パネルメーカー上位5社は，BOE，LGD，友達，イノラックス，サムスンという順になる。（「日経テクノロジー」http://techon.nikkeibp.co.jp/atcl/column/15/198610/031700200/，最終検索：2017年3月21日）

1092.2万台湾ドル相当の投入資源節約ができた。これによって，世界初めてのMFCA（ISO14051）の認証を取得した。[10] 2013年からはMFCAの全社展開を目標に，寧波BLCと竹南T3と南京BLC生産工場への導入も行われている。

　イノラックス社は，材料コスト管理システムにMFCAを採用していた。イノラックス社は，MFCAの枠組みのISO14051規格に準拠することで，大幅に製造工程中の有害物質や廃棄物の削減を目指し，廃棄物とマテリアルコストの同時削減に成功した。各工場で還元されたマテリアルコストは当初の目標よりも30％を超えていた（Trappey *et al.*, 2013）。2012年から2014年までのMFCA適用を通して，各適用工場の生産工程における34種類のマテリアルの利用減少により，マテリアルロスを840トン，CO_2排出量を2,863トン，計1.48億台湾ドル（NTD）の改善利益をもたらした。この事例は，MFCAの適用で経済と環境配慮に向けた実用的かつ有益であることを示す。

② 華亜科技のケース[11]

　台北科学園にある華亜科技株式会社（以下，イノテラ・メモリーズ社）は，資本金が400億台湾ドル，従業員数が3,000人，年間約144万枚のウェハーを製造する会社である。企業の社会的責任の重要性に注目し，イノテラ・メモリーズ社は2012年までにすでにISO9001，ISO14001およびOHSAS18001などの品質，環境，労働安全衛生認証を取得している。そして，企業のマテリアル・エネルギー・廃棄物フローを追跡し，工程ごとのマテリアルフローを見える化し，生産効率の改善のための投資を行い資源生産性の向上とコスト削減の同時達成を目的として，2012年8月～2013年7月を適用対象期間としてMFCAを導入した（図表18-1）。イノテラ・メモリーズ社は積層造形法という製造方式を採用しているので，ウェハーの製造工程を黄光（Photo Lithography）→エッチング（Etching）→薄膜（Thin Film）→拡散（Diffusion）というプロセス順になっている。MFCAの適用により，以下のようなことが明らかにされた。

　まず，マテリアルコストが使用資材のシリコンと補助資材の特定化学物質か

---

10 ここで取得した認証は，英國標準協會（BSI）が発行したものである。
11 本ケースは，盧・李（2014）に基づいて作成した。

図表 18-1　イノテラ・メモリーズ社のフローコストマトリックス

対象期間：2012/8 ～ 2013/7　　　　　　　　　　　　　　　　　［単位：ニュー台湾ドル（NTD）］

	マテリアル重量	マテリアルコスト	システムコスト	エネルギーコスト	廃棄物処分コスト	計
	（トン）	（百万 NTD）	（百万 NTD）	（百万 NTD）	（百万 NTD）	（百万 NTD）
総投入コスト	255	253.24	810	1,016.58	1.22	2,081.04
正の製品	80	27.27	254.12	318.92	0	600.31
	31%	11%	31%	31%	0%	28.80%
負の製品	175	225.97	555.88	697.66	1.22	1,480.73
	69%	89%	69%	69%	100%	71.20%
総産出	255	253.24	810	1,016.58	1.22	2,081.04
小　計	100%	12%	39%	48.58%	0.06%	100%

（出所）　盧・李（2014）64 頁。

ら生じる。生産工程中に使われているシリコンがウェハー製造の主要マテリアルで，シリコン（月平均投入量：51,000 枚，40.9NTD ／枚）は高価のため，イノテラ・メモリーズ社はすべての廃材をリサイクルに回しているので，生産に投入したマテリアル量と産出量が同等になるはずである。また，特定化学物質として TMS，SF_6，NF_3 などを年間 170 トンほど利用されている。次に，システムコストとして，対象生産工場の従業員を 1,500 人，平均月給を 45,000NTD と仮定した。そして，エネルギーコストとして，ウェハー洗浄のため一枚あたり 3.68㎡（3.3NTD/㎡）の浄水と 658kWh（2.52 NTD/kWh）の電力を使用する。最後に，廃棄物処理コストとしては，ウェハー生産工程において高濃度の化学廃棄物（363 トン，3.75 NTD/kg）の他に，廃水（2.14 百万㎡，30 NTD/㎡），廃気（8.61 トン，平均 13NTD/kg）が大量発生する。MFCA の分析の結果は図表 18-1 で示している。

　この結果，イノテラ・メモリーズ社の年間総コストが 20.81 億 NTD で，そのうち正の製品のコストが 28.8%，負の製品コストが 71.2% となり，イノテラ・メモリーズ社の生産工程でのマテリアル利用率がわずか 31% で，そのうち

特定化学物質の利用率が最も低かったことがわかった。そのため，マテリアル利用率の向上には，まず特定化学物質の利用改善から着手することが有効であることがわかった。また，負の製品にはシステムとエネルギーのロスコストが中心で，それぞれ26.71％と33.52％となっている。そのうち，エネルギーコストに対する各部門の消費割合についてさらに追跡すると，製造工程と空調設備が全体の電力使用の76.67％を占め，それぞれ45.63％と31.04％となっていることがわかった。これより，エネルギーコストの削減には，製造工程における設備更新や温度制御システムの改善によるエネルギー利用率向上などの対策が考えられる。そして，物量センターごとのコスト変化については，負の製品が最も発生しているのがエッチング工程における浄水の利用（水資源総利用量は2.26万トンで，これは総マテリアル消耗量の99.9％を占めている）と拡散工程における汚水の排出で，続いて固形廃棄物と特化化学物質との順になる。

最後に，改善点としては，シリコンの利用率や空調システムおよび水の利用率などが焦点となった。盧・李（2014）は，改善のプロセス順として，イノテラ・メモリーズ社は良品率が低くて技術更新サイクルも短く，そのためイノテラ・メモリーズ社は先に製品の良品率向上による利益増で，ロスコストからの損失を補ったうえで，技術革新サイクルを遅らせてから，エネルギー利用率を改善すると提案している。

3. タイにおけるMFCAの普及と特徴

(1) 背　景

タイは，経済成長の一方で，人口と産業の集中するバンコク都とその周辺4県（ノンタブリ，パトムタニ，サムットプラカーン，ナコンパトム）を中心に環境問題も引き起こされている。タイ政府もこれらに対応するため，環境法令の整備や環境規制の強化，処理施設の整備などに取り組んでいるが，急速な経

---

[12] タイでは，河川の水質汚濁，自動車および工場からの大気汚染，不適切な処理による廃棄物，特に有害廃棄物による汚染が深刻化している。

済成長による汚染に追いつかない状況が続いている。特に国の北部地域では，少数の大規模企業が存在する一方で，ほとんどの企業は中小企業である。このため，中小企業の成長は，タイ北部の経済にとって極めて重要である。

　中小企業は効果的に廃棄物を管理し通常の処分方法がわからず，環境汚染の重要な源として同定されている（Hoof and Lyon, 2013）。その結果，タイ北部の多くの地方が直面しているゴミ問題は，ゴミの燃焼による大気汚染などがその重要な要素の1つとなる。このような廃棄物の野焼きからの靄と煙がタイ北部全体に深刻な大気汚染問題につながっている。したがって，中小企業は生産プロセスの標準化と持続可能な方法を使用して製品を製造することが不可欠である（Kuram *et al.*, 2013）。しかし，中小企業で働く従業員は多くは非熟練者で，政府機関や地元の教育機関による支援が必要である。この問題に対応して，チェンマイ大学では，2013年からタイにおける最初のMFCAパイロットプロジェクトを実施し[13]，タイ北部から異なるコスト構造を持つ異業種の20の自主参加中小企業におけるMFCAの導入を主導した。Chompu-inwai *et al.* (2015) は以下のように，MFCAパイロットプロジェクトの目的と効果を述べている。

　　MFCAはタイの政府機関や産業界に全く新しい概念で，タイの中小企業にMFCAを採用することが困難になっている。そのため，パイロットプロジェクトに先立って，モデル企業に対しMFCA概念上および生産工学技術や品質管理ツールなどに基づいて講演，研修会を開催した。これにより，モデル中小企業の多くはMFCAに対して熟知し，迅速にMFCAを採用して自分自身の継続的な改善システムに組み込むことができた。また，タイ中小企業でのMFCA適用の成功は，企業の組織文化だけでなく，適切な政府機関からの体系的な支援の有無にも大きく依存した。MFCAパイロットプロジェクトは開始後に，タイの国家科学技術開発庁によって資金が供給された。そして，多くのタイ企業では他の品質管理システムも実施しているので，MFCA概念が近い将来，ISO14051と同等のタイ標準を確

---

[13] MFCAパイロットプロジェクトは開始後に，タイの国家科学技術開発庁によって資金が供給された。

立し，それらのビジネス・プロセスに組み込めることが考えられる (p.1353)。

以上のように，農業関連製品を製造する中小企業が多いタイでは，MFCAパイロットプロジェクトの実施により，多くの企業がロス削減による企業生産性の向上に着目し，MFCAの導入に関心を持つようになってきた。以下では，このような企業でのMFCAの普及事例をいくつか紹介し，タイでのMFCA普及の特徴について考察する。

(2) タイにおけるMFCAの普及事例[14]

A社はMFCAパイロットプロジェクト参加企業の1つで，種類別に木材製品の生産を分析するためにMFCAが有用だと考え適用した。A社では，ミュージックボックスを製作するのにマテリアル消費量の削減と廃棄物を最小限にするために，MFCAの適用が提案された。欠陥のある木材シートの量を減らすために，木材の切断プロセスに最適なパラメータを決定するための実験計画法 (DOE)[15] を適用した。

対象工程は上記の図表18-2に示すように，6つの物量センターに分けられた。分析結果として，A社におけるMFCA導入工程のフローコストマトリックスは図表18-3で示している。まず，マテリアルロス率の物量センター1（切断），物量センター2（組立），物量センター4（装飾）で発見され，それぞれ69.2％，6.8％と10％となっている。ほとんどのマテリアルロスは物量センター1の切断工程で発生したことがわかった。その原因として，工程使用されているX型木材の45度切断プロセスにおいて，製品の損傷が時々発生したこと

---

[14] 本ケースはChompu-inwai *et al.* (2015) に基づいて作成したものである。同論文ではタイにあるミュージックボックスを製造する木材製造所（A社）でのMFCA適用事例を紹介している。

[15] 実験計画法とは，製品，サービス，プロセスのパフォーマンスを改善し，最適化したい場合に，どのような実験をするのが最も効果的であるかを計画し，また実験によって得られたデータをどのように解析して結果を予測していくかを効率的に求める統計的実験手法である。

図表 18-2　A 社のミュージックボックス製造フロー

投入物:
- 物量センター1 切断: X型木材
- 物量センター2 組立: 接着剤, サンド
- 物量センター3 塗装: 塗料, 防水剤
- 物量センター4 装飾: のり, 紙, ガラス, テープ, ボトル等
- 物量センター5 包装: 紙, 紙ボックス

フロー: 物量センター1 切断 → 物量センター2 組立 → 物量センター3 塗装 → 物量センター4 装飾 → 物量センター5 包装 → 完成品

マテリアルロス:
- 切断: 69.2%
- 組立: 6.8%
- 装飾: 10%

（出所）Chompu-inwai *et al.*（2015）p.1357.

図表 18-3　A 社のフローコストマトリックス

[単位：タイバーツ（THB）]

コスト ＼ 工程	切断	組立	塗装	装飾	包装
マテリアルコスト	13,600	4,659	7,053	26,495	28,112
（製品）	(4,300)	(4,394)	(7,053)	(23,846)	(28,112)
（ロス）	(9,300)	(265)	(0)	(2,649)	(0)
システムコスト	2,772	7,535	16,260	17,908	16,535
（製品）	(855)	(7,020)	(16,260)	(16,118)	(16,530)
（ロス）	(1,917)	(515)	(0)	(1,790)	(0)
エネルギーコスト	120	232	417	417	376
（製品）	(37)	(216)	(417)	(376)	(376)
（ロス）	(83)	(16)	(0)	(41)	(0)
廃棄物処理コスト	0	0	0	0	0
ロス	0	0	0	0	0

（出所）Chompu-inwai *et al.*（2015）p.1358.

を示した。この問題は，木材を無駄にするだけでなく，再切断の面で余分なステップを追加することとなる。これは木材の使用量と労働力の増加をもたらし，結果として，切断工程で発生したロス削減が必要である。

　伝統的な原価計算と対照的に，MFCAアプローチはマテリアルロスと関連するコストを識別することができる。生産プロセスに固有のマテリアルロスに加え，生産の非効率性を強調して，この情報を経営陣に明示し改善のための意思決定を支援する。たとえば，このケースでは，伝統的な原価計算の場合にはマテリアルロスをコスト評価していないため，経営陣はマテリアルロスに伴うコスト情報がわからなかった。一方，MFCA導入実施後に，対象企業の物量センター1（切断）工程において，マテリアルロスの割合が69.2％もあることがわかった。そのため木材をX型からY型に変更する対策を取った。Y型木材の価格は元々使用されるX型木材よりも高かったが，変更により，元々のマテリアルロス率を69％から54％まで削減でき，製品の損傷による追加的再切断の手順が必要なくなって，総システムコストとエネルギーコストも減少した。

　タイでのMFCAの実務への拡張可能性を考察した他の事例として，Laosititaworn et al. (2013) は，ファクトリーオートメーション用アルミ部品メーカーのロストワックス鋳造法（lost-wax casting process）におけるMFCAの導入事例を紹介している。導入目的はMFCAを通して，負の製品コストと非効率的な生産プロセスを識別することである。MFCAの導入により，生産工程におけるシェル除去と脱ワックスプロセスが最も廃棄物を多く生成するプロセスであることを発見した。これより，シェル除去プロセスからの砂と脱ワックスプロセスにおけるワックスの再利用という改善策を考案された。結果として，両方のプロセスとも導入前より2.19％のコスト削減ができた。

　他方，Chattinnawat (2013) は経済的な改善計画を識別するために，タイの金網企業におけるMFCAとダイナミックプログラミングのコンセプトとの組み合わせ適用を考察している。MFCAの適用により，金網製造物量センター

---

　16 ダイナミックプログラミング（dynamic programming）は，計算機科学の分野におけるアルゴリズムの分類法の1つで，これは，対象となる問題を複数の部分問題に分割し，部分問題の計算結果を記録しながら解いていく手法を総称したものである。

1，物量センター 2，物量センター 3 各段階の負の製品の割合はそれぞれ 0.43%と 5.44%と 0.58%だと発見した。そして，改善場所と優先度を決定するために，ダイナミックプログラミング計算した結果として，物量センター 1，物量センター 2，物量センター 3 での改善により，それぞれ負の製品を 0.11%，4.35%，0.15%削減できることがわかった。つまり，先に物量センター 2 での改善投資は経済的で，次は物量センター 3，物量センター 1 との順番が最も合理的である。最後に，改善効果としては，各物量センターにおける負の製品が削減でき，増加した利得は総投資額よりも大きかった。

4. マレーシアにおける MFCA の普及と特徴

(1) 背 景

マレーシアでは，全事業所の 97%が中小企業で，中小企業の生産活動は大気汚染や水質汚染などの自然環境に重大な影響を与えている（Department of Statistics, 2011）。MFCA は，環境と経済を同時達成できるため，以上の問題に対処する可能性を秘めている。

マレーシアでは，2010 年から 2012 年にかけて MFCA の実行プロジェクトが実施された（中嶌・木村，2012）。具体的には，APO の支援のもと，マレーシア生産性本部（MPC）を実施事務局として，2 年間にわたり日本の MFCA エキスパートの指導により，全部で 5 つの企業に対し MFCA を展開した。対象企業の業種は自動車オーディオ部品製造業者，自動車金属パーツ製造業者 2 社，石油ガスパーツ製造業社，電線製造業社の計 5 社である。いずれも中小企業で，MFCA に専任であたる人員が確保できる余裕のある状況ではなかった（立川，2012）。しかし，日本発の改善手法であること，緑の生産性というテーマの下で環境とコスト削減を両立できることから各社関係者間で高い注目を集め，品質管理や生産管理部門を中心に，1～5 人程度の人員がプロジェクトメンバーとして任命された。これらの企業に対して，日本からの専門家は ISO14051 をベ

ースに，マテリアルコストの計算方法および改善ポイントに関して指導ならびに関連知識について解説した。以下では，その5社での導入に関する論文から，MFCAの展開による効果をまとめた。

(2) マレーシアにおけるMFCAの普及事例
① Alpha社のケース[17]

Sulong *et al.*（2015）では，Alphaという自動車組立企業をMFCA導入対象とする。Alpha社での年間1.8トン（RM720万）スクラップボリュームの削減のためにMFCAの導入事例を説明している。Sulong *et al.*（2015）は，生産工程におけるMFCAの計算方法や改善効果などを課題にせず，MFCA導入プロセスにおける潜在的な促進要因と阻害要因をE.ロジャースのイノベーションの普及理論[18]によって考察している（Rogers, 2003）。

Alpha社でのMFCA導入の促進要因については，第1に，MFCA自体の属性に関連する。Alpha社では，MFCAの実施が潜在的な利益を明確化でき，それを関連する改善活動に結んだ。MFCAは，Alpha社の使用している全体的品質管理，リーン生産システムなどとの互換性があって，必要なデータは既存のデータから提供され組織メンバーに容易に採用でき，実施により簡単にコスト削減と廃棄物の減少を達成できた。

第2に，コミュニケーション・チャネルである。Alpha社で効果的なコミュニケーション・チャネルがMFCAのためにも重要で，改善努力のための一定の会議を含め，コミュニケーション活動はすべてのチームメンバーがそれぞれのMFCAカイゼン活動の詳細に合意した。

第3に，企業の社会システムの性質に関するものである。Alpha社はMFCA

---

[17] 本ケースはSulong *et al.*（2015）に基づいて作成したものである。
[18] イノベーションの普及理論は，2003年にE.ロジャースによって提示された理論である。ロジャースはイノベーションの普及速度を説明するのに，有用なイノベーションの知覚属性を5つ提示している。つまり，イノベーションの普及速度に影響する変動要因を，①イノベーションの知覚属性，②イノベーション決定の種類，③コミュニケーション・チャネル，④社会システムの性質，⑤チェンジ・エージェントの努力のかけ方との5つに特定している（Rogers, 2003, pp.152-154）。

に関する意思決定を容易にできるように，チームメンバーは，複数の関連部署や様々なレベルからで構成された。チーム構成に重要な点の1つは，専用のチームリーダーである。MPC の MFCA プロジェクトでは専用チームリーダーがいることで事業の進展を速めた。

第4は，Alpha 社での MFCA を実施する過程で，チェンジ・エージェントのプロモーションの努力のかけ方に関したことである。MPC や日本からの専門家，Alpha 社自身の渉外係と，ローカルコンサルタントなどが Alpha 社での MFCA の導入を促進するうえで，各自の役割を果たしていた。

Alpha 社に MFCA を導入する際の阻害要因については，その1つは業績管理システム（PMS）であった。PMS は主要な業績指標（KPI），業績評価やボーナス分配など報酬の問題に関連する。Alpha 社の現在の PMS には，MFCA 活動のためのいずれかの報酬，KPI やボーナス分配面での措置が含まれていなくて MFCA 導入のためのインセンティブが働いていなかった。もう1つ重要な阻害要因は，サプライヤーの制約である。新しい生産計画を実行する前に，Alpha 社は新しいプレカット材のサイズの供給のためにサプライヤーからの認可を取得する必要がある。これは彼らの株価に影響を与えるため，Alpha 社とサプライヤーの間で合意が達成されなければならない。MFCA の活動分析と導入試行が2週間以内に完了するのに対し，新しいプレカット材の調達は3ヵ月もかかることがあり，改善が必要とされた。

② **Alif 社のケース**[19]

Sulaiman（2013）では，Alif 社というマレーシアの自動車オーディオ部品製造所での MFCA の適用が考察されている。対象製品は自動車用のマグネットおよびプラスチック部品である。製造フローは材料受入→破砕→混合→乾燥→成型→中間品質管理→磁力調整→バレル工程→ブラスター工程→品質確認→保管のようになる。

対象となる製品のプロセスが決まった後，作業現場の視察や現場作業スタッ

---

[19] 本ケースは Sulaiman（2013）に基づいて作成したものである。

フへのヒアリングを通して，各プロセスでのマテリアルの投入と産出の内容（材料コスト，エネルギーコスト，人件費等）など入手可能な物量データを収集し，金額換算する。このように，それぞれのプロセスにかかる詳しい費用を「見える化」することで，マテリアルロスコストをより正確に把握し，削減すべきプロセスや材料コスト，エネルギーコスト，人件費などについて把握できるようになった。MFCAの適用による詳しいデータを検証してロスの原因を突き止めた後，プロジェクト参加メンバーでその解決策や改善策について話し合った。主な原因としては，マテリアル成形の条件や劣化による亀裂やマテリアル成形における圧力の問題や異物混入や製品を加熱する際の受熱不均一からなるシワなどから生じる。具体的な解決策の多くも現場作業員が思いついたものである。

　たとえば，シワという課題に対して，当該生産工程においてはMFCAを実施してロスを特定し，ロスの詳細な分析を実施したところ，繰り返し端材としてプロセスから排出され，リサイクルして再利用される際に，マテリアルの品質・サイズの熱温度が均等に伝わらずロスとなることが製品に大きく影響を与えることが確認できた。当該ロスの削減のために，リサイクル材のリサイクル工程を改善することを目的にパレタイザーという機器を導入することが決定された。この決定は，ロスの量及びロスコストから導出される金額に基づき，機械導入の費用対効果を精査することがMFCAを通して可能となり，その結果，投資に対する費用対効果についての合理的判断を下すことができた。そのほかにも，MFCAによって，補助材料である機械油，金型のメンテナンス用薬品等多くのマテリアルにおいて多量の過剰使用が確認された。これらのマテリアルにおいても標準量の設定や使用方法のルール化を実施し，マテリアルロスの削減を実施することができた。

　図表18-4に示したMFCAによる計算の結果，導入までのマテリアルロスは物量単位・金額単位共に全製造コストの約45％を占めていたことが確認できた。つまり，投入されたマテリアルのうち，実際に製品となったマテリアルは約55％しかなかった。この事実を会社の経営層とプロジェクト参加メンバーで共有し，改善策について議論した結果，マテリアルロスを物量単位・金額単位

図表18-4　Alif社のMFCA導入前後のロス産出比較

［単位：リンギット（RM）］

	導入前	導入後	削減
製　品	1,485kg	1,485kg	—
	3800 RM	3800 RM	—
マテリアルロス	1,215kg	918kg	297kg
	3,000 RM	2,300 RM	700 RM
計	2,700kg	2,403kg	—
	6,800 RM	6,100 RM	—

（出所）　Sulaiman (2013) p.114.

共38％まで削減し，金額面でおよそ23％の削減効果を得られた。つまり，同じ量のマテリアルからこれまでよりも700RM分多く製品を製造することができるようになった（図表18-4）。

また，対象となった自動車オーディオ部品製造工場では，ISO9001とISO14001を導入している。今後はMFCAの活動をこれらのマネジメントシステムへ組み込み，品質・環境管理をMFCAに基づき統合していく可能性が大いに考えられ，MFCAは品質・環境マネジメントシステムを効果的に統合するツールとしても有効に機能する。

5.　インドにおけるMFCAの普及と特徴

(1)　背　景

インドの商業産業局の国家生産性審議会（NPC）は日本の経済産業省とAPOからの支援を受けて，製造業の改善活動や環境負荷の低減を両立できることを目的に，2012年6月から2014年3月にかけてMFCA加盟国支援プログラムを実施した。[20] そのうち，2013年1月には現地指導したモデル企業の担当者など約20人が来日して，東京での研修や日本でMFCAを実践する工場を視察し，

第18章　台湾，タイ，マレーシア，インドにおけるMFCAの展開　315

生産工程の無駄の分析などのMFCA習得支援を受けた。MFCAの導入と評価のために，全部で4つのモデル企業を選択した。対象企業の業種は，セラミック製造業社，チューブ製造業社，製鉄業社，鋳型・金型製造業社の各1社であった。プロジェクトの実行に向けた提携組織には零細・中小企業開発研究所とファウンドリー教育研究推進センターが含まれる（NPC, 2014）。実施したMCSPの範囲は，MFCAの概念や導入原則・手順の他に，モデル企業での導入の際に直面した問題や適応する克服方法およびにタイ国内でのMFCAコンサルタントの開発とMFCAの国内普及などに及んでいる。日本のMFCAエキスパートの指導によるMFCAの導入実施を通じて，全体的な生産性の向上とマテリアル，資源・エネルギーの節約に伴う金銭的節約をもたらしたなどモデル企業の4社はそれぞれ大きな実績を出した。以下では，NPCが作成した*MFCA Booklet Manual*をベースに，モデル企業4社での導入に関するケース紹介から，インドでのMFCAの展開による効果を考察する。

(2)　インドにおけるMFCAの普及事例[21]

*MFCA Booklet Manual*では，Somany社というセラミックの艶タイルの製造企業を対象としている。Somany社は1969年設立し，一般消費者向け製品を製造し，「消費者向けの広告」もしている。マテリアル・エネルギーコストの削減や生産性の向上などを目的に2012年から2013年にかけてMFCAの導入を適用した。Somany社はISO 9001およびISO14001を導入している。この点で，MFCA活動も既存のマネジメントシステムに基づき実施され，システムマチックに環境負荷およびコストの削減を大きく推進するものと考えられる。MFCAの適用において，日本からのエキスパートはNPCの職員と共に計7回の訪問を行い，企業におけるマテリアル・エネルギーロスを描き，詳細なMFCAモデルを開発した。企業における基本製造プロセスは，原材料の乾燥→プレス加工・成型→艶出し→焼結・乾燥→サイジング→仕分け→包装とのようになる。MFCA適用の評価として，以下のようなことが挙げられる。

20「日刊工業新聞」2012年11月20日。
21 本ケースはNPC（2014）に基づいて作成したものである。

第1に，図表18-5に示すように，2013年9月と10月の2ヵ月でボディー組成を7粘土から4粘土に変更することによって，全体的に691.2万（Rs）の解膠剤消耗とコスト削減ができた。

第2に，図表18-6に示すように，2013年9月と10月の間におけるディッピング工程での釉薬減少で，全体の1％のコスト削減ができた。

第3に，図表18-7に示すように，粉砕中でのボールミルの流出スリップ回避，セラミックス産業で初の大きいサイズダスト顆粒研削，ダストとグリーン釉ピッチャー（Green glaze pitcher, 以下GGP）のためのスクラップ混合容器再処理，吸引速度の増加による集塵機ダストの採取，充電システムの変更などの工程が改善への10万（Rs）の投資で，511.2万（Rs）の年間マテリアル削減効果をもたらした。

第4に，少数の悪いプリントグリーンタイルは，再処理するために再利用され，しかしリサイクルは，入力原料に比べ6倍のコストがかかり，GGPが減少することで，年間111.9万（Rs）のマテリアル節約ができた（図表18-8）。

MFCAの適用結果として，Somany社でのMFCAとしてグリーン・プロダクトの採用により，環境，経済，社会的利益が得られた結果を示している。Somany社は20万（Rs）の投資によって，即座に1450万（Rs）の投資回収を実現した。また，Somany社は，MFCAを実践し工場内のプロセスの全体的な生産性を向上させるために，すべてのステークホルダーからの貴重な提案を収集し改善活動を開始した。

図表18-5　ボディー組成の変化による解膠剤消耗とコスト削減

［単位：インドルピー（Rs）］

	ボディー （コスト／百万トン）	ボディーマテリアル （百万トン／月）	ボディーマテリアル コスト（万Rs）	削減率
9月	1,151	10,067	1,691.3	—
10月	1,227	10,650	1,633.7	3.40％
相違	－76		57.6	—
年間節減	—	—	691.2	—

（出所）　NPC（2014）p.57.

図表 18-6 釉薬利用率の向上によるコスト削減

	釉薬投入(kg)	釉薬戻り(kg)	戻り率
9月	1,372,110.58	3,714.3	2.71%
10月	96,277.61	1,645.22	1.71%
削減率	—	—	1%

（出所）　NPC（2014）p.58.

図表 18-7 スクラップ混合容器再処理からの削減

［単位：インドルピー（Rs）］

	月間リサイクル量（百万トン）	エネルギーコスト（百万トン）	削減率	月間節減（万Rs）	年間節減（万Rs）
1月-3月	835	1,812	—	—	—
4月-10月	600	1,812	28.14%	4.26%	511.2
相違	235	0	—	—	—

（出所）　NPC（2014）p.58.

図表 18-8 GGP減少によるマテリアル節減

［単位：インドルピー（Rs）］

	製品（㎡）	GGP（㎡）	GGP率	マテリアル削減量（kg）	コスト／kg（Rs）	月間コスト削減（万Rs）
1月-3月	328,087	11,643	3.54%	—	—	—
4月-10月	334,512	9,677	2.89%	2,247	41.48	9.3
年間節減	—	—	—	269,646	501.6	111.9

（出所）　NPC（2014）p.57.

6. おわりに

　本章ではMFCAのアジア諸国への普及について，普及が比較的進んでいる台湾，タイ，マレーシア，インドについて，各国のプロジェクトの紹介と代表

的な事例を検討した。これらの諸国のMFCAの導入目的の共通点は消費マテリアルの削減による生産性の向上やコストダウンとエネルギー使用量の削減であった。たとえば、台湾では、華亜科技のケースにおいて、生産効率の改善のための投資を行い資源生産性の向上とコスト削減の同時達成を目的としてMFCAを導入した。また、タイやマレーシアでは、MFCAは改善志向でロス削減など企業実務への有効性を獲得することを目的に、導入される傾向が分析により強く見られた。インドでは、マテリアルロスの金額的定量化と可視化で、廃棄物による生産の非効率化を減少することが見られ、MFCAによるさらなる精度の高い企業会計計算よりも、MFCAを通じた企業内の改善活動が志向される傾向が見られた。

このように、MFCAは短期的な生産効率の向上を目的として、多くのアジア諸国で導入されていることが見られる。これは、すなわちMFCA分析でマテリアルロスの物量的・金額的定量化と可視化で、廃棄物による生産の非効率性を減少することである。これは、MFCAの導入は、さらなる精度の高い企業会計計算というよりも、MFCAを通した企業内の改善活動が志向される傾向がよくわかる。

このようなアジア企業の改善志向は、財政的な余裕がない企業の場合、経済的効果が見られる分野から環境対応を促進することができるので、環境保全にも貢献するものである。そのためにはMFCAの複雑な計算は必ずしも必要ではなく、アジア諸国のMFCA計算は本章で示したように簡易なものが多い。しかし、簡易なものであっても、企業ごとに独自に実施してしまうと、環境と経済のwin-win関係が十分に達成可能かどうかはわからないところも多い。環境目的が経済目的の陰に隠れて、生産性向上だけが目標となってしまいかねないからである。この問題を克服するためには、中小企業企業向けのMFCAの計算手法を規格として確立することが求められる。ISO/TC207/WG8ではMFCAの3つ目の規格として、中小企業向けのISO14053を審議しており、その開発と普及が期待される。

〈付記〉

本章は，謝江龍「MFCAの国際的普及 (1), (2) ―アジア諸国の比較研究」『六甲台論集―経営学編―』（第63巻第2号，2016年，107-126頁；第63巻第3号，65-80頁）を要約し，新しい検討を加えたものである。また（独）環境再生保全機構の環境研究総合推進費およびJSPS科研費（基盤研究B, 16H03679）の成果の一部である。

[参考文献]

Chattinnawat, W. (2013) "Identification of Improvement for Multistage Serial Processes with respect to Material Flow Cost Accounting via Dynamic Programming," *EMAN-EU 2013 Conference on Material Flow Cost Accounting.*

Chompu-inwai, R., Jaimjit, B. and Premsuriyanunt, P. (2015) "A Combination of Material Flow Cost Accounting and Design of Experiments Techniques in an SME: The Case of a Wood Products Manufacturing Company in Northern Thailand," *Journal of Cleaner Production,* Vol.108, pp.1352-1364.

Department of Statistics (2011) "Economic Census 2011: Profile of Small and Medium Enterprise", *Department of Statistics*, Malaysia.

Hoof, B. and Lyon, T. P. (2013) "Cleaner Production in Small Firms Taking Part in Mexico's Sustainable Supplier Program," *Journal of Cleaner Production*. Vol.41, pp.270-282.

Kuram, E., Ozcelik, B., Bayramoglu, M., Demirbas, E. and Simsek, B. T. (2013) "Optimization of Cutting Fluids and Cutting Parameters during End Milling by Using D-optimal Design of Experiments," *Journal of Cleaner Production*, Vol.42, pp.159-166.

Laosititaworn, W. S., Kasemset, C., Tara, C. and Poovilai, W. (2013) "Application of Material Flow Cost Accounting Technique in Lost-Wax Casting Process," *EMAN-EU 2013 conference on Material Flow Cost Accounting.*

NPC (2014) *MFCA Booklet Manual,* National Productivity Council, Ministry of Commerce & Industry, Government of India.

Rogers, E. M. (2003) *Diffusion of Innovations* (Fifth Edition), Free Press.（三藤利雄訳『イノベーションの普及』翔泳社，2007年）。

Sulaiman, M. (2013) "Material Flow Cost Accounting (MFCA) : Turning Waste into Gold", EMAN-*EU 2013 conference on Material Flow Cost Accounting.*

Sulong, F., Sulaiman, M. and Norhayati, M. A. (2015) "Material Flow Cost Accounting (MFCA) Enablers and Barriers: The Case of a Malaysian Small and Medium-sized Enterprise (SME)," *Journal of Cleaner Production*, Vol.108, pp.1365-1374.

Trappey, AJC., Yeh, MFM. and Wu, SCY. (2013) "ISO14051-based Material Flow Cost Accounting System Framework for Collaborative Green Manufacturing," *Computer Supported Cooperative Work in Design (CSCWD), 2013 IEEE 17th*

International Conference on, pp.639-644.
國部克彦編著（2008）『実践マテリアルフローコスト会計』産業環境管理協会.
立川博巳（2012）「マレーシアでのマテリアルフローコスト会計の応用展開」『環境管理』第48巻第6号, 51-54頁.
中嶌道靖・木村麻子（2012）「MFCAのISO化によるアジアへの展開—マレーシア・ベトナムを例として」『環境管理』第48巻第7号, 105-111頁.
中嶌道靖・國部克彦（2008）『マテリアルフローコスト会計—環境管理会計の革新的手法（第2版）』日本経済新聞出版社.
陳泰明（2014）「垃圾桶煉金術 讓廢料變黃金的「物質流成本會計」」『能力雜誌』第695期, 120-124頁.
台湾経済部工業局（2015）『物質流成本會計（MFCA）國際交流研討會』財団法人工業技術研究院.
盧紀偉・李育明（2014）「物質流成本會計分析—以晶円製造所為例」国立臺北大学公共事務学院自然輿環境管理研究所碩士論文.
沈華栄（2014）「台湾環境会計実務応用—以A電力公司為例」『中国会計学会環境会計専業委員会2014学術年会論文集』, 1-14頁.
詹翔霖（2014）「發展型教育訓練 企業效能up up」『能力雜誌』695期, 44-51頁.
友達光電股份有限公司（2015）「2014友達光電企業永續報告書」
（http://www.csronereporting.com/report.download.php?report=583）
群創光電股份有限公司（2014）「2013群創光電企業社會責任報告書」
（http://www.innolux.com/Files/CWSFiles/csr/2013_INX_CSR_Chinese.pdf）
群創光電股份有限公司（2015）「2014群創光電企業社會責任報告書」
（http://www.innolux.com/Files/CWSFiles/csr/2014_INX_CSR_Chinese.pdf）
台湾凸版国際彩光股份有限公司（2014）「TOPPAN CFI 2013 企業社會責任報告書」
（http://www.toppan.co.jp/library/japanese/csr/files/pdf/2015/csr2015）
中聯資源股份有限公司（2014）「2013中聯資源企業社會責任報告書」
（http://www.csronereporting.com/report_649）
璨揚企業股份有限公司（2015）「2014璨揚企業社會責任報告書」
（http://www.csronereporting.com/report_1275）

（謝 江龍, 國部 克彦）

索　引

〔あ行〕

IE …………………………………… 215, 224
ISO …………………………… 276, 278, 282
ISO14001 ………… 149, 152, 155, 287, 314
ISO14051 ……………… 3, 6, 19, 20, 22, 95,
　　　　　　　　　　 96, 111, 258, 300, 301, 310
ISO14052 ……………… 3, 13, 19, 22, 79, 89,
　　　　　　　　　　　　　 90, 91, 111, 260
ISO14053 ………………… 3, 6, 111, 191, 318
ISO9001 ………………………………… 287, 314
ISO/TC207 ………………… 78, 111, 279, 280
IMU ……………………………………… 21, 23
IGES …………………………………………… 209
IFAC ……………………………………………… 5
アクションプラン ………………………… 49, 51
アクションリサーチ …………………… 181, 186
アクター …… 138, 148, 152, 178, 184, 185, 228
アクターネットワーク理論 …………… 115, 138,
　　　　　　　　　　　　　　　　　　 176-179
アジア生産性機構（APO）… 288, 300, 312, 317
安城泰雄 ………………………………………… 214
ERP ……………………………… 5, 23, 168, 272
ESG 投資 ……………………………………… 104

イノベーション ………………………… 50, 59-61
イノベーション促進 ……………………………… 67
イノベーションの知覚属性 …………… 210, 216
インタラクティブコントロールシステム …… 63
Intel ……………………………………………… 63
インド国家生産性審議会 ……………………… 314
インプロセス ……………………………………… 10
インベントリデータベース …………………… 102

エージェンシー（行為作用） ………… 142, 143,
　　　　　　　　　　　　　　　　　　 149, 154
ABC ……………………………………… 228, 256
APO ……………………………… 290, 302, 310, 314
エコエフィシェンシー …………… 194-196, 276
エコバランス（マスバランス） ………… 4, 5, 20
SAP ……………………………………………… 23
エネルギーコスト ……………… 9, 165, 170, 305
エネルギーロス ………………………………… 7
エネルギーロス率 ……………………………… 295

FCA ……………………………………………… 256
ME ……………………………………… 215, 227
MFCA ……………………………………………… 3
MFCA-LCA 統合モデル ……………… 102, 104
MFCA カイゼン活動 ………………………… 311
MFCA 簡易手法（ツール） …………… 165, 214
『MFCA 簡易手法ガイド』 …………… 166, 223
MFCA キット ………………………… 191, 214
『MFCA 手法導入ガイド』 …………………… 165
MFCA 情報の共有 ……………………… 233, 245
MFCA と LCA の統合 ……………… 24, 101, 102
MFCA マネジメントシステム ……… 50, 55, 56
MFCA 予算マトリックス ………………… 47, 56
LIME ……………………………………… 101, 117
LCA ……………… 19, 20, 23, 24, 29, 94, 101, 275
エンジニア ……………………………………… 72
エンドオブパイプ ……………………………… 10

オーバーフロー ………………… 143-145, 147, 148
汚染者責任 ……………………………………… 263
ORACLE ………………………………………… 23

〔か行〕

カーボンフットプリント（CFP） …… 24, 26, 28,
　　　　　　　　　　　　　　　　 88, 102, 117
改善投資 ……………………………………… 52, 55
改善予算 ……………………………………… 39, 40
外部不経済 ……………………………………… 144
加工費 …………………………………………… 9
加工歩留まりロス ……………………………… 84
過剰品質 ……………………………………… 82
価値フロー ……………………………………… 265
活動基準原価計算（ABC） ……… 229, 258, 270
過品質 ……………………………………… 68, 73
カロン, M. ……………………………… 138, 143, 177
川上企業 ……………………………………… 80
川下企業 ……………………………………… 82
川中企業 ……………………………………… 80
環境影響 ……………………………… 21, 29, 101
環境影響統合評価指標 ……………………… 117
環境影響評価 ……………………………… 19
環境会計 ……………………………… 253, 254
環境会計ガイドライン ……………………… 271
環境管理会計 ………………… 3, 5, 20, 56, 57,

.... 94, 228, 255, 264
環境管理会計研究所 237
『環境管理会計手法ワークブック』... 5, 110, 211,
　　　　　　　　　　　　212, 219, 221
環境管理会計ネットワーク 109
環境経営 193-198, 200, 202-204, 206, 207
環境経営戦略 203
環境効率 194
環境コストマトリックス 57
環境と経済の win-win 関係 3, 6, 13, 27, 95,
　　　　　　　　　　　97, 98, 100, 105, 207, 318
環境と経済の統合 193, 195, 203,
　　　　　　　　　　　　204, 206, 207
環境配慮型業績評価 57, 201
環境配慮型原価企画 57
環境配慮型設備投資決定 57
環境ビジネス発展促進等調査研究 110
環境品質原価法 256
環境負荷低減への寄与 70
環境部門 198-205
環境保護法 255
環境目標 102
韓国環境部 271
韓国産業通商資源部 271
観察可能性 217, 218, 225
感情論的次元 159
管理会計システム 32, 36, 38, 39,
　　　　　　　　　　　　42, 43, 44, 141
管理可能性原則 48, 159, 160
管理責任 48, 56

機会概念 35, 41, 43
機会損失 12, 15
技術課題 48, 53-55
規範的研究 254, 258
キャッシュフロー 221
キヤノン 67, 68, 72, 108, 110, 234, 281
QC 224
業績管理システム 312
業績評価 201
業績評価指標 65
京都 MFCA 研究会 180
緊張の創造 69

クリーナープロダクション 256, 263, 270
クロスファンクショナルチーム 16

経営管理 140
経済行動原理 159, 160

経済産業省 5, 6, 20, 78, 88, 100, 161,
　　　　　　　　　　209, 211, 219, 227, 234, 240, 314
経済的インパクト評価 101
経済的付加価値 265
経済目標 103
KPI 103, 104, 312
原価維持 39
原価改善 39
原価企画 39
原価計算 8, 21, 34, 219, 226, 309
原価計算史 29
減価償却費 9
原価低減 39, 70, 87
研究開発費予算 53
原材料調達 11
減損 9, 34
現場改善 12, 84
減量化 263

行為作用　　☞エージェンシー
工程監査 202
国際会計士連盟 108
『国際ガイダンス文書―環境管理会計』... 5, 108
国際標準化 116
國部克彦 111, 211
国連持続可能開発部（UNDSD）........ 107, 110
コストインパクト 170, 172
コスト思考 174
コスト評価手法 29
固定製造間接費 35
資源の動員 65
ゴフマン，E. 143
コミッテッドコスト 220
コントロールシステム 195

〔さ行〕

再生可能エネルギー 26
再フレイム化 151, 152-154
材料コスト管理システム 303
材料費 34
材料歩留まり 139
差額概念 36
差額利益 36, 41
サステナビリティ経営 28, 29
サステナビリティコントロールシステム ... 193
サプライチェーン 6, 11, 13, 19, 22, 78, 114,
　　　　　　　115, 137, 153, 154, 233, 275, 277, 278, 280-282
サプライチェーン省資源化連携促進事業 78,
　　　　　　　　　　　　88, 111, 240

索　引　323

サプライチェーンマネジメント ………… 234
サプライヤー ……… 11, 21, 23, 63, 73, 150, 154
産業環境管理協会 …………… 112, 211, 212, 234
サンデン ……………………… 138, 145, 153
サンワプレシジョン …………… 146, 150, 153

CNKI ……………………………………… 255
CO_2 換算係数 ………………………………… 26
JIS Q 14051 ……………………………………… 6
CT スキャン ……………………………………… 49
GPM …………………………………………… 228
JIT ……………………… 15, 32, 35, 36-41, 43
J コスト ………………………………………… 39
時間生産性 ………………… 15, 16, 35, 71, 215
資源管理 ………………………………… 138, 139
資源生産性 …… 10, 16, 17, 19, 32, 49, 50, 56, 60,
　69-71, 72, 78, 91, 99, 200, 201, 204, 205, 215, 221
資源動員 …………………… 60, 62, 63, 66, 69, 70
資源非生産性 …………………………… 46, 57
資源ロス ……………………………………… 242
システムコスト ……………… 9, 165, 170, 265
事前企画法 …………………………………… 256
仕損 …………………………………………… 9, 34
6 シグマ（6SIGMA）……………………… 278
実践理論 …………………………………… 158, 174
自動車産業 …………………………………… 87
資本支配力 ………………………………… 239
社会経済生産性本部 ……………… 110, 211
社会的影響 …………………………………… 29
シャツキ, T. ………………… 158, 169, 172
集中購買管理 ………………………………… 87
シュミット, M. ……………………………… 27
シュムペーター, J. …………………………… 59
循環経済 ………………………………… 266, 265
循環経済促進法 ……………………………… 263
省資源化サプライチェーン ………………… 91
正味作業時間比率 …………………………… 37

スコープ 3 ……………………………………… 88
ステークホルダー ……………… 92, 103, 104
3R ……………………………………………… 302

清潔生産促進法 ……………………………… 263
セイコーエプソン …………………………… 70
生産革新 ………………… 214, 215, 220, 227
生産管理 ……… 32, 34, 43, 198, 200, 203, 206
生産計画 ……………………………… 12, 51, 55
生産現場 ……………………………………… 201
生産の 3M …………………………… 220, 224

正常な作業 …………………………………… 139
正当化 ………………………………………… 62
正の製品 ……… 10, 97, 163, 166, 185, 265, 304
製品仕様書 …………………………………… 80
製品設計 ……………………………………… 12
製品歩留まり ………………………………… 51
積水化学工業 ……………………… 67, 68, 72
セットメーカー …………………………… 80, 82
設備総合効率 ………………………………… 35
設備投資決定 ………………………………… 11
設備の 6 大ロス ……………………………… 35
ゼロ・エミッション ………………………… 273
全体的品質管理 ……………………………… 311

組織間マネジメント ………………………… 78

〔た行〕
台湾経済部工業局 ………………………… 302
タキロン ……………………………………… 110
タクトタイム ………………………………… 41
脱予算経営 …………………………………… 55
田辺三菱製薬（旧・田辺製薬）……… 110, 234
短期利益計画 ………………………………… 52
段取り替え …………………………………… 12

チェンジ・エージェント ………………… 312
チェンマイ大学 …………………………… 306
知識創造 …………………… 176, 180, 181, 190
チバ・スペシャルティ・ケミカルズ …… 108
地方自治体 ………………………………… 209
中期経営計画 ………………………………… 55
中小企業 …………………… 278, 286, 306, 310
中小企業の MFCA ………………………… 177
中長期経営計画 ………………………… 52, 53
長期予算 ……………………………………… 53

TPM ………………… 12, 32, 35, 36, 40-42, 117,
　　　　　　　　　148, 162, 214, 215, 224, 279
TOC …………………………………………… 117
TQM …………………………… 12, 218, 279, 287
TQC ……………………………………… 32, 42

テクノロジー・ロードマップ ……………… 63
伝統的原価計算 …………………………… 212

ドイツ環境省・環境庁 ……………………… 5
ドイツのバイオマス ……………………… 24, 26
統合報告 ……………………………………… 103
投資 …………………………………………… 51

投資意思決定 ………………………… 47
トップマネジメント …………………… 74
TRIZ ……………………………… 117
トヨタ自動車 ………………………… 39
トヨタ生産システム ……………… 15, 36, 38

〔な行〕

日東電工 ……………………… 211, 271, 275
日本 MFCA フォーラム ………… 209, 214, 227
日本産業資材 …………………… 68, 73, 90
日本生産性本部 …………………… 211, 212
日本電気化学 ……………………… 180
日本電工 …………………………… 110, 212
日本能率協会コンサルティング(JMAC) …… 110, 147, 211

ノンバジェットマネジメント ……………… 227

〔は行〕

廃棄物 ……………………………… 174
廃棄物管理コスト …………………… 9
廃棄物損害価値 ……………………… 265
パナソニックエコシステムズ ……… 68, 73, 90
バッファロー ………………………… 66
半構造化インタビュー ……………… 146, 161

BSC ………………………………… 227
非度外視法 …………………………… 9
標準 ………………………………… 38
標準管理 …………………………… 34
標準原価 …………………………… 39
標準原価計算 ……………………… 220
品質管理 …………………………… 278
品質基準 …………………………… 80
品質コストアプローチ ……………… 160

VA ………………………………… 40
フィードバック ……………………… 104
普及チャネル ……………………… 228
複雑性 ……………………… 217, 223
物量センター ……………… 7, 50, 307
歩留まり …………………… 148, 218
歩留管理 ……………… 33, 34, 148, 149, 170
負の製品 ……………… 10, 97, 163, 166, 185, 265, 302, 304, 309, 310
負の製品コスト …………………… 46, 50
部門予算 …………………………… 53
フレイム化 …… 139, 142-145, 149, 150, 154, 155
フローコスト会計 ……………… 5, 6, 96

フローコスト計算 …………………… 7
フローコストマトリックス ………… 306, 310
フローとストック …………………… 7
プロジェクト予算 …………………… 53
プロセス改善 …………………… 28, 51
プロダクトマネージャー …………… 153

ベトナム生産性本部 ……………… 288
ベトナム中小企業開発支援センター …… 287, 288, 298
変動費予算 ………………………… 39

ホップウッド, A. G. ………………… 180
翻訳 …………………… 178, 183, 184, 186-188
翻訳の社会学 ……………………… 177, 178

〔ま行〕

マスバランス　　☞エコバランス
マテリアルコスト ……………… 8, 9, 34, 165
マテリアルバランス ………… 139, 140, 184
マテリアルフロー ………… 14-16, 20, 42, 98, 99, 140, 166, 185, 224, 265
マテリアルフロー会計 ……………… 95, 96
マテリアルフローコスト会計開発・普及調査事業 …………………………………… 110
マテリアルフローモデル ………… 24, 290, 292
マテリアルロス …… 7, 10, 20, 42, 44, 46, 50, 51, 79, 80, 139, 182, 215, 234, 275-277, 279, 281, 295, 297, 309, 313
マテリアルロスコスト …… 10, 16, 34, 42, 83, 313
マテリアルロス削減 ……………… 47, 48
マテリアルロス情報 ………………… 56
マテリアルロス率 …………… 273, 307
マネーフロー …………… 14-16, 98, 99
マネジメントコントロールシステム …… 193
マレーシア生産性本部 …………… 310

見える化 …………………………… 56
水 ………………………………… 22

ムダ …………………………… 36, 37
ムダ取り …………………………… 223
6つの資本 ………………………… 103

銘刻 (inscription) ……… 178-180, 184, 186, 188-191
目的感情構造 …………… 158, 159, 169
UNDSD ………………………… 107, 110

〔や行〕

有価物化 …………………………………… 152

予算管理 ……………………… 47, 66, 117
予算システム ……………………………… 39
予算の硬直化 ……………………………… 55
予算配分 …………………………………… 54
予算編成 ………………… 51-53, 55, 56

〔ら行〕

ライフサイクル ……………………… 20, 24
ライフサイクルコスティング ………………… 57
ラトゥール, B. ………… 138, 141, 177, 178, 186

リーダー企業 ………………………… 89, 91

リーダーシップ …………………………… 52
リーン生産システム（方式）……… 218, 287, 311
利益 ……………………………………… 38, 42
利益ポテンシャル ………………………… 39
利益目標 …………………………………… 40, 43

労働生産性 ……………………… 16, 35, 71
労務費 ……………………………………… 9
ロジャース, E. ………………………… 210
ロス概念 ……………………… 32, 35, 41, 43
ロスコスト ………………………………… 233
ロス削減 …………………… 243, 246, 248, 302
ロス率 ………………… 83, 241, 245, 276, 295

ワグナー, B. ……………………… 4, 24, 211

執筆者紹介（執筆順）〈◎は編者〉

◎國部　克彦（こくぶ　かつひこ）
　　神戸大学大学院経営学研究科教授・博士（経営学）
　　担当：第1章，第6章，第7章，第11章，第12章，第16章，第17章，第18章

◎中嶌　道靖（なかじま　みちやす）
　　関西大学商学部教授・修士（経営学）
　　担当：第2章，第4章，第15章

　Bernd Wagner（ベルン　ワグナー）
　　アウグスブルク大学　環境科学センター　科学理事，名誉教授
　　Dr. rer pol.（社会科学博士）
　　主要著作："A Report on the Origins of Material Flow Cost Accounting (MFCA) Research Activity," Journal of Cleaner Production, 108, 2015, 1249-1390; *Flow Management for Manufacturing Companies: Sustainable Re-organisation of Material and Information Flows*, Verlag Redline 2003 (with M. Strobel).
　　担当：第2章

　東田　明（ひがしだ　あきら）
　　名城大学経営学部教授・博士（経営学）
　　神戸大学大学院経営学研究科博士課程後期課程修了
　　主要著作：「マテリアルフローコスト会計のサプライチェーンへの拡張」（『企業会計』60-1，2008年），「戦略におけるサステナビリティの統合―サステナビリティ・コントロール・システム研究に見る現状と課題」（『名城論叢』17-4，2017年）
　　担当：第3章，第12章

　木村　麻子（きむら　あさこ）
　　関西大学商学部教授・博士（商学）
　　関西学院大学商学研究科博士課程後期課程単位取得退学
　　主要著作：「東芝グループにおける環境経営の涵養と実践」（『原価計算研究』40-2，2016年，共著），「環境配慮型製品の開発プロセスと業績評価システム」（『青山経営論集』51-3，2016年）
　　担当：第4章

天王寺谷 達将（てんのうじや たつまさ）
　広島経済大学経済学部准教授・博士（経営学）
　神戸大学大学院経営学研究科博士課程後期課程修了
　主要著作：「イノベーションの駆動と会計計算─「計算の方程式」に着目した一考察」（『計算と経営実践』有斐閣所収，2017年），"The inherent roles of management accounting for promoting innovation: The case of material flow cost accounting" in *Management of Innovation Strategy in Japanese Companies*, World Scientific, 2016.
　担当：第5章，第11章，第13章

岡田 華奈（おかだ かな）
　新潟産業大学経済学部助教・博士（経営学）
　神戸大学大学院経営学研究科博士課程後期課程修了
　主要著作：「実践理論からみる組織間管理会計学習の効果 ─ 非公式組織間ネットワークの事例から」（『六甲台論集』63-3，2016年），「組織間管理会計とマテリアルフローコスト会計」（『社会関連会計研究』27，2015年）
　担当：第6章，第10章

篠原 阿紀（しのはら あき）
　桜美林大学ビジネスマネジメント学群講師・博士（経営学）
　神戸大学大学院経営学研究科博士課程後期課程修了
　主要著作：「会計変化とは何か─関係性の変化の視点から」（『社会関連会計研究』22，2010年），「可視性の創造と変容─マテリアルフローコスト会計実践の時系列分析」（『計算と経営実践』有斐閣所収，2017年，共著）
　担当：第8章，第14章

北田 皓嗣（きただ ひろつぐ）
　法政大学経営学部准教授・博士（経営学）
　神戸大学大学院経営学研究科博士課程後期課程修了
　主要著作：「環境と会計とイノベーション」（『會計』191-1，2017年），"Material flow cost accounting and existing management perspectives," *Journal of Cleaner Production*, 108B, 2015，「マテリアルフローコスト会計における管理可能性の問題」（『社会関連会計研究』22，2010年）
　担当：第9章，第11章

岡田　斎（おかだ　ひとし）
　広島経済大学経済学部教授・博士（経営学）・博士（工学）
　神戸大学大学院経営学研究科博士課程後期課程修了
　主要著作：「リスクマネジメントとCSR」（『CSRの基礎』中央経済社所収，2017年），「栗本コンクリート工業―重厚長大産業へのMFCA適用」（『工場管理』57-11，2011年）
　担当：第11章

岡　照二（おか　しょうじ）
　関西大学商学部准教授・博士（商学）
　関西大学大学院商学研究科博士課程後期課程修了
　主要著作：「環境会計から自然資本会計への新たな展開―新たな価値評価に向けて」（『原価計算研究』41-2，2017年，共著），「カーボンSBSCフレームワークの構築とその有効性の検証」（『社会関連会計研究』27，2015年，共著）
　担当：第15章

呉　綺（ご　き）
　神戸大学大学院経営学研究科博士課程後期課程・修士（経営学）
　神戸大学大学院経営学研究科博士課程前期課程修了
　主要著作：「Corporate Governance and Sustainability Management: Constructing Research Framework」（『六甲台論集』63-2，2016年），「中国における低炭素型サプライチェーン経営の調査分析結果」（『低炭素型サプライチェーン経営』中央経済社所収，2015年）
　担当：第15章

金　宰弘（きむ　ぜほん）
　関東学園大学経済学部講師・博士（経営学）
　神戸大学大学院経営学研究科博士課程後期課程修了
　主要著作：「韓国製造業における原価管理の方向性―原価構造の分析から」（『六甲台論集』61-1，2014年），「CSR経営におけるマネジメント・コントロール・システム―コントロール・システム間の相互関係に注目して」（『社会関連会計研究』28，2016年）
　担当：第16章

Nguyen Thi Bich Hue（グェン ティ ビック フエ）
ベトナム貿易大学日本語学部講師・博士（経営学）
神戸大学大学院経営学研究科博士課程後期課程修了
主要著作：「インターンシッププログラムや課外活動で活躍できる高度人材育成の必要性」（『国際シンポジウムビジネス日本語教育とグローバル人材育成紀要』2017年），「グローバル時代におけるベトナム人の金融財政認識向上のための金融教育制度の取り組み」（『グローバル化時代における財政金融人材質向上紀要』ホーチミン国家大学出版社所収，2016年，共著）
担当：第17章

西谷　公孝（にしたに きみたか）
神戸大学経済経営研究所教授・博士（経営学）
神戸大学大学院経営学研究科博士課程後期課程修了
主要著作："An empirical study of the initial adoption of ISO 14001 in Japanese manufacturing firms," *Ecological Economics* 68 (3), 2009, "Product innovation in response to environmental standards and competitive advantage: A hedonic analysis of refrigerators in the Japanese retail market," *Journal of Cleaner Production* 113, 2016.
担当：第17章

謝　江龍（しゃ こうりゅう）
神戸大学大学院経営学研究科博士課程後期課程・修士（経営学）
神戸大学経営学研究科博士課程前期課程修了
主要著作：「MFCAの国際的普及（1）―アジア諸国の比較研究」（『六甲台論集』63-2, 2016年），「MFCAの国際的普及（2）―アジア諸国の比較研究」（『六甲台論集』63-3, 2016年）
担当：第18章

《編著者紹介》

國部 克彦（こくぶ かつひこ）

神戸大学大学院経営学研究科教授・博士（経営学）

1990年大阪市立大学大学院経営学研究科後期博士課程修了。大阪市立大学助教授，神戸大学助教授等を経て，2001年神戸大学大学院経営学研究科教授，現在に至る。ISO/TC/207/WG8議長，日本MFCAフォーラム会長を務める。主要著作に，『マテリアルフローコスト会計（第2版）』(日本経済新聞出版社，2008年，共著），『環境経営・会計（第2版）』（有斐閣，2012年，共著），『低炭素型サプライチェーン経営』（中央経済社，2015年，共編著），『計算と経営実践』（有斐閣，2017年，共編著），『CSRの基礎』（中央経済社，2017年，共編著），『アカウンタビリティから経営倫理へ』（有斐閣，2017年），"Material flow cost accounting and existing management perspectives," Journal of Cleaner Production, 2015（共著）等がある。

中嶌 道靖（なかじま みちやす）

関西大学商学部教授・修士（経営学）

1990年大阪市立大学経営学研究科後期博士課程退学。香川大学助教授，関西大学助教授等を経て，2004年関西大学商学部教授，現在に至る。ISO/TC/207/WG8日本エキスパート，日本MFCAフォーラム副会長を務める。主要著作に，『マテリアルフローコスト会計（第2版）』(日本経済新聞出版社，2008年，共著），『低炭素型サプライチェーン経営』（中央経済社，2015年，共編著），「東芝の環境経営に関する環境管理会計研究―新たな管理会計研究の可能性」（『原価計算研究』2016年），"Introduction of MFCA to the Supply Chain: A Questionnaire Study on the Challenges of Constructing a Low-Carbon Supply Chain to Promote Resource Efficiency," Journal of Cleaner Production, 2014（共著）等がある。

《検印省略》

平成30年2月20日 初版発行　略称：マテリアル会計

マテリアルフローコスト会計の理論と実践

◎編著者　©　國部　克彦
　　　　　　　中嶌　道靖

発行者　　　中島　治久

発行所　同文舘出版株式会社

東京都千代田区神田神保町1-41　〒101-0051
電話 営業(03)3294-1801　編集(03)3294-1803
振替 00100-8-42935　http://www.dobunkan.co.jp

Printed in Japan 2018　　印刷・製本：萩原印刷

ISBN 978-4-495-20701-4

JCOPY 〈(社) 出版者著作権管理機構 委託出版物〉
本書の無断複写は著作権法上での例外を除き禁じられています。複写される場合は，そのつど事前に，(社) 出版者著作権管理機構（電話 03-3513-6969，FAX 03-3513-6979, e-mail: info@jcopy.or.jp）の許諾を得てください。